절에 가는 날

한국불교의
세시풍속과 일생의례
바로알기

절에 가는 날

대한불교조계종 포교원
포교연구실 엮음

머리말

　불교가 이 땅에 들어와 우리 민족의 삶과 정서를 함께 해온 지 어언 1,700여 년의 성상星霜을 지나고 있습니다. 이러한 불교는 우리 민족의 정신적 고양을 위해 정성을 기울이고, 때로는 기존의 민간신앙과 서로 대립·교류하는 가운데 중생의 삶과 뗄 수 없는 하나의 문화로 융화되었습니다.

　한국의 사계四季에 담긴 불교 세시풍속歲時風俗은 자연의 순환리듬 속에서 부처님의 가피가 우리 삶에 깃들기를 바라는 간절한 발원들이 모여 형성되었고 전승되었습니다. 불교력佛敎曆 또는 동북아의 불교적 배경에 따라 정립된 5대 기념일과 주요 재일齋日 및 자연세시인 명절과 절기에 행하는 불교적 풍습은 한국의 소중한 전통문화로 뿌리내리고 있습니다.

　그런가 하면 탄생에서 죽음에 이르기까지, 삶의 중요한 단계마다 치르는 일생의례一生儀禮는 우리 민족의 불교적 일생을 그대로 투영하고 있습니다. 특히 불교의 일생의례에 대한 관심은 주로 사후에 집중되어 있지만, 부처님의 가르침에는 자식을 낳고 가정을 꾸려나가는 일에 이르기까지 일생의 전반을 어떻게 살아갈 것인지에 대한 감로의 지혜가 담겨 있습니다.

　불교 세시풍속과 일생의례에 대한 발굴과 전승은 불교의 정체성과 자긍심을 드러내는 것이라 할 수 있습니다. 따라서 이 책은 한민족의 역동적인 삶 속에서 전승되어 온 이러한 불교 생활문화를 체계적으로 다루어 그 가치를 재조명하고, 불자들이 '자연의 순환'과 '삶의 순환' 속에서 보다 불교적인 생활을 할 수 있도록 하기 위해 기획했습니다.

　이 책을 통해서 보다 많은 분들이 민중의 삶과 정서가 담긴 불교 세시풍속과 일생의례에 대해 한층 더 깊이 있게 이해하고, 선조들의 지혜 또한 배울 수 있기를 발원합니다. 비록 쉽지 않은 여정이었지만 이 책이 나오기까지 애써주신 구미래 님, 자현 스님, 이미령 님과 포교연구실 연구실장 법상 스님, 사무국장 혜안 스님, 선임연구원 고명석, 상임연구원 안유숙, 그리고 조계종출판사에 깊은 감사를 드립니다.

불기 2558(2014)년 1월
대한불교조계종 포교원장 지원

차례

머리말 | 대한불교조계종 포교원장 지원 _005

|제1부| 불교 세시풍속 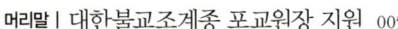 구미래

01 봄
설의 불교풍속 _016
입춘의 불교풍속 _021
대보름의 불교풍속 _025
이월의 불교풍속 _035
삼짇날의 불교풍속 _038

02 여름
초파일의 불교풍속 _044
단오의 불교풍속 _059
유두의 불교풍속 _062

03 가을
칠석의 불교풍속 _070
백중의 불교풍속 _076
한가위의 불교풍속 _083

04 겨울
시월의 불교풍속 _092
동지의 불교풍속 _095
제야의 불교풍속 _098

05 윤달
생전예수재 _108
삼사순례 _113
가사불사 _116

|제2부| **불교의례** 자현

01 불교의 5대 기념일
부처님오신날 _124
출가재일 _138
성도재일 _146
열반재일 _155
우란분절 : 백중 _164

02 불교의 재일
재와 6재일 _173
10재일의 종교적 의미와 실천 _179

|제3부| 일생의례 이미령

01 출생의례
태어남의 의미 _213
임신과 태교 _216
출산 _236

02 성년의례
부모와 자식관계 _249
자식에 대한 마음가짐 _250
부처님의 교육 예화 _258
성년의례 _266

03 화혼의례
결혼에 대한 불교의 입장 _270
불교식 혼례 _275
원만한 결혼생활을 위한 경전 속 조언 _281

04 축수의례
'나이 든다는 것'에 대하여 _285
늙음을 바라보는 시각 _291
축수의례 _302

05 임종의례
불교의 죽음관 _310
임종의례의 유래와 절차 _325

불교 세시풍속

· 구미래

01
봄

봄은 계절의 시작이자 한 해의 시작이기도 하다. 음력 정월에 봄을 알리는 입춘이 주로 드는 것과 같이, 정월은 아직 추운 겨울 날씨가 남아있지만 절기상으로 봄에 속한다. 따라서 봄은 음력 1월·2월·3월을 말하고, 절기로는 입춘·우수, 경칩·춘분, 청명·곡우가 포함된다.

'시작이 반이다', '시작이 좋으면 끝도 좋다'는 말이 있듯이 첫발을 잘 내딛는 일이 무엇보다 중요하다. 특히 한 해의 시작인 설과, 입춘·우수 등 봄의 절기가 들어 있는 정월이면 새로운 시작의 발길·손길이 분주하다. 아직 동장군이 물러가지 않았지만 뭇 생명이 깨어나는 기운을 타고 우리네 삶도 움츠렸던 겨우살이에서 깨어나 기지개를 켜며 봄을 맞는다. 집 안 곳곳의 먼지를 털어 내고 겨우내 넣어 둔 농기구를 꺼내 손질하며, 재거름과 두엄을 준비하고, 논밭의 두렁을 태워 병해충을 없애는 등 농사 준비에 들어가게 되는 것이다.

봄의 명절로는 설·대보름을 비롯해 영등날·삼짇날·한식 등이 있다. 정월에 드는 설과 대보름은 새해를 여는 중요한 명절로, 일 년 간의 복된 삶을 바라는 다양한 풍습이 전한다. 두 명절의 특징을 보면 '설'은 제사와 세배로 조상과 어른께 인사를 올리며 근신하는 가운데 새해를 잘 열어 가려는 혈연 중심의 풍속이 주를 이룬다. 이에 비해 '대보름'은 한 해의 첫 보름을 맞아 풍년과 평안을 기원하는 마을 중심의 개방적 풍속이 성행했다. 농경사회였던 우리 민족에게 대보름은 공동체의 축제일이었기에 한 해 세시풍속의 4분의 1이 몰려있었고, 지금도 마을의 제사와 축제는 이 시기에 치르는 경우가 많다.

2월은 한 해의 본격적인 농사가 시작되는 달로, 2월 초하루를 영등날·머슴날이라 한다. '영등날'이라는 명칭은 농사와 어업을 다루는 신이 이날 외지에서 마을로 찾아든다고 해서 섬기는데 그 신을 영등신·영등할미라 부르는 데서 유래한 것이다. '머슴날'이라는 명칭은 이 시기부터 일꾼들이 열심히 일하게 되므로 음식을 차려 주며 격려하는 뜻을 담고 있다.

3월의 명절로는 3월 3일의 삼짇날이 꼽힌다. 삼짇날은 9월 9일의 중양절과 짝을 이루어 봄·가을의 양기가 충만한 날로 여긴다. 동양에서는 양수陽數가 겹치는 날을 길일이라 여겨 1월 1일 설날, 3월 3일 삼짇날, 5월 5일 단오, 7월 7일 칠석, 9월 9일 중양 등을 모두 명절로 삼고 있으며 삼짇날에는 봄의 기운을 마음껏 즐기는 야외놀이에 비중을 두고 있다.

삼짇날이 음력이라면, 비슷한 시기에 드는 한식寒食은 양력 12월 22일경의 동짓날로부터 105일째 되는 날을 말한다. 한식은 예로부터 설·단오·추석과 함께 조상묘소에 제사 지내는 4대 명절로 꼽히며, 특히 찬밥을 먹는 날로 알려져 있다. 이날 나라에서 한 해 동안 사용할 새 불을 교체하는 상징적 의식을 행하면서 묵은 불을 바꿀 동안 밥을 지을 수 없어 차가운 음식을 먹는 것이다.

24절기로는 양력 2월의 4일경에 입춘立春이, 19일경에 우수雨水가 든다. 입춘은 봄이 시작되는 날이라 하여 입춘방과 세화歲畵를 붙이면서 나쁜 기운을 물리치고 복을 비는 풍속이 성행했다. 우수는 봄기운이 돌고 초목에 싹이 트는 절기로 '눈과 얼음이 빗물로 바뀐다'는 뜻을 담고 있다. '입춘추위에 김장독 깬다'는 말이 있듯이 입춘 한파가 기승을 부릴 때도 많지만, 우수 무렵이면 얼었던 땅이 녹고 본격적인 봄기운이 싹트게 된다. 눈과 얼음이 빗물로 바뀌는 우수는 생명의 근원인 물이 만물에 생명력을 공급해 봄을 부른다는 뜻을 함축시킨 듯하다.

양력 3월에는 6일경에 경칩驚蟄이, 21일경에 춘분春分이 든다. 경칩은 겨울잠을 자던 동물이 깨어나는 무렵으로 움츠려 지냈던 겨울이 끝나고 만물이 새로운 생명력으로 약동해 농사일을 본격적으로 준비하는 시기에 해당한다. 춘분은 밤과 낮의 길이가 같아지는 날이다. 농가에서는 이 시기를 전후하여 밭을 갈고 들나물을 캐어먹는다. 「농가월령가」에서는 이 시기를 '산비둘기 소리 나니 버드나무 빛이 새로워라. 보습 쟁기 차려 놓고 논과 밭을 갈리라. 기름진 밭 갈아서 봄보리를 많이 심고, 목화밭 다시 갈아 적당한 때를 기다리소'라고 노래하였다.

양력 4월에는 6일경에 청명淸明이, 20일경에 곡우穀雨가 든다. 청명은 하늘이 차츰 맑아진다는 날로 논농사를 준비하기 위해 가래질을 시작하며, 한식과 같은 날에 드는 경우가 많다. 봄의 마지막을 알리는 절기인 곡우는 봄비가 내려 온갖 곡식이 윤택해진다고 해서, 한 해 농사의 시작인 못자리를 내고 볍씨를 담그는 중요한 절기로 여겼다. 또한 나무에 본격적으로 물이 올라 수액을 마시러 산을 찾는 '곡우물 마시기'가 성행하는 시기이다.

설의 불교풍속

새해인사 '통알'

설날의 '설'의 어근은 '서다[立]'로 새해에 들어서는 날, 새해를 시작하는 날이라는 뜻을 담고 있다. 불교적 의미의 설은 새해를 뜻깊고 바람직하게 열기 위한 종교적 방식의 재충전이라 할 수 있다.

가족·친지들과 세배를 하며 신년인사를 나누는 것이 우리네 설

풍습이듯, 사찰에서도 한 해를 시작하면서 신년하례식이자 세배에 해당하는 통알通謁 의식을 행한다. 통알은 삼보와 각단, 노소의 위계질서에 따라 '두루두루[通] 인사드린다[謁]'는 뜻을 담고 있다.

　새해 첫날 새벽에 대중 스님들이 법당에 모여 먼저 본사本師이신 석가모니부처님께 삼배로써 새해 인사를 올린다. 이어서 일체불보 · 일체법보 · 일체승보의 삼보 전에 삼배를 올리고, 신중과 일체 고혼에 각각 삼배를 올림으로써 각단 통알을 마친다. 다음에는 대중 스님들 간에 절을 나누는 차례이다. 가장 어른인 스님에게 전체 대중이 삼배를 올리고, 다음 순서의 어른이 자리를 잡으면 다시 절을 올리는 식으로 합동 세배를 올리는 것이다. 이때 신도들이 함께 참석하는 경우도 많다.

　『석문의범』에는 통알을 하기에 앞서 축상작법祝上作法을 행하도록 했다. 축상작법의 절차를 보면 먼저 금고金鼓를 3번 두드리고, 범종을 108번 친다. 그 다음 법당과 선당 · 종각 · 승당의 마당에서 종을 치고, 승당 · 선당 · 법당의 순서로 향을 뿌리며, 삽향게 · 갈향게 · 연향게 등을 염송한 뒤 통알을 시작한다. 지금은 축상작법 없이 바로 통알의식을 하는 것이 일반적이다.

　통알을 마친 스님들은 떡국공양을 하고 나서 멀리 떨어진 곳에 계신 어른스님들을 찾아뵙고 세배를 드리게 된다. 신도들도 설날부터 며칠간은 스님들께 세배를 드리기 위한 발걸음이 이어진다. 이때 세배를 받는 스님은 세뱃돈을 넣은 봉투를 준비해 놓고 '부적'이라며 주거나, 세뱃돈과 함께 결명주사로 쓴 다라니 등을 넣어 주기도 한다. 신도들은 이때 받은 세뱃돈과 다라니를 고이 간직하고 부적처럼 여기며 한 해를 보내게 된다.

불교의 통알은 민간에서 웃어른께 올리는 세배를 불교적 입장에서 삼보에 인사드리는 형식으로 만든 것으로 조선시대에 성행하여 지금까지도 각 사찰에서 이어지고 있다. 가족·친지 간에 인사를 나누며 한 해의 안녕을 비는 뜻이 민간의 세배라면, 불교의 통알은 삼보에 귀의하며 뭇 중생에게 자비와 깨달음이 깃들기를 기원하는 대승적 차원에서 이루어진 것이라 할 수 있다.

민간에서 설날 아침에 차례가 먼저인지 세배가 먼저인지 설왕설래하는 경우가 있는데 불교의 통알처럼 위에서부터 아래로, 초월적 존재에서부터 현실의 존재로 내려오는 것이 바람직하다. '직접 뵙는 어른들께 먼저 새해 인사 올리는 것이 자연스럽다'고 여길 수 있으나 차례와 세배는 하나로 연결된 의례행위로 봐야 한다. 세배가 새해를 맞아 어른부터 순서대로 내려오며 인사를 나누는 것이라면, 가장 웃어른인 조상에게 올리는 세배가 바로 차례이기 때문이다.

정초기도와 합동차례

정초는 한 해를 복되고 무탈하게 보내기 위한 기원이 절실해지기 마련이어서 종교적으로도 매우 중요한 시기이다. 따라서 마을신에게 제사를 지내는 동제와 산신제 등은 대개 정초에서 보름까지의 기간에 행하는 곳이 많다. 불자들은 사찰을 찾아 정초기도를 올리며, 사찰에서 합동차례를 치르기도 하면서 새해를 열어 가고 있다.

　정초기도는 대개 정월 초3일부터 삼일 또는 일주일 간 이어진다. 설날은 흩어진 가족들이 만나는 혈연 중심의 명절로 보내고, 3일경에 입재에 들어가 삼일째 혹은 칠일째 되는 날 회향하는 식으로 정초기도를 올리는 것이 일반적이다. 기도에 참석한 이들은 삼보에 귀의하고 공양을 올리면서 새해 가족의 안녕과 자신의 소망을 지극히 발원하게 된다.

　불교에서는 개인의 소원성취를 위해 기도를 시작하는 것이 당연하지만 이러한 자기중심의 마음을 지혜와 자비의 신행(信行)으로 발전시키는 것이 기도의 본질이라고 가르친다. 따라서 정초에 기도 정진을 하는 것은 부처님의 가피를 바라는 것만이 아니라, 한 해를 어떤 원력으로 살겠다는 다짐의 의미가 더욱 크다는 것이다. 부처님 전에 좋은 계획을 발원하면서 가족과 이웃, 중생에게 선행을 베풀어 널리 공덕을 짓는 일이 기도하는 사람의 참된 모습이라고 할 수 있다.

　또한 가정에서 명절제사를 지내지 못하거나 불교적으로 제사를 모시고 싶은 이들은 설날에 사찰에서 합동차례를 치르고 있다. 각자 편리한 시간에 차례를 지낼 수 있도록 각 사찰에서는 설날의 오전과 오후에 시간대를 달리해서 합동차례를 지낼 수 있도록 준비하게 된다.

예나 지금이나 신앙심이 깊은 가정에서는 삼보의 가피 속에서 스님들이 조상영가의 극락왕생을 위해 정성껏 기도를 올려주는 데 큰 의미를 두고 있다. 그런데 점차 사찰에서 기제사를 지내는 것은 물론, 명절차례를 지내는 이들이 늘어나는 추세이다. 이러한 배경에는 가정에서 제사를 지내는 데 대한 현대인의 부담감이 크게 작용하고 있는 듯하다. 제사에 대한 책임을 다하면서 형식과 부담을 간소화하고 가족 간의 갈등을 줄이고자 하는 것이 사찰제사를 선택하는 중요한 요인이 되고 있다.

법고놀이

설날에 스님들이 마을에 내려와 법고를 두드리며 권선勸善하는 풍속이 있었는데 이를 '법고놀이'라 불렀다. 설날에 스님들이 법고를 두드리며 염불하면, 오가는 이들은 부처님께 복을 짓기 위해 공양을 올려 돈이나 물품을 시주하였던 것이다. 이러한 광경은 주로 장안에서 볼 수 있는 풍경이었고, 마을에서는 가가호호 방문하면서 탁발하는 방식으로 법고를 행하였다.

이때 스님들이 절에서 만든 떡을 가져와 하나씩 나눠 주며 속가의 떡 두 개와 바꾸어 가기도 하였다. 스님이 주는 떡을 승병僧餠이라 하는데, 『경도잡기』에는 '이 떡을 어린아이에게 먹이면 천연두를 곱게 한다는 속설이 있다'고 하였다. 승병에 부처님의 가피가 깃들어 있다고 본 것이다. 이러한 풍습은 조선시대에 성행하다가 스님들의 도성출입이 금지되면서 성 밖 마을을 중심으로 전승되었다.

불교에서는 '두드려 불법을 전한다'는 뜻에서 북을 법고法鼓라 부른다. 범종·목어·운판과 함께 불전사물佛殿四物의 하나인 법고는 아침·저녁 예불을 올릴 때 가장 먼저 두드리는 악기이다. 법고를 다루는 스님은 양손에 북채를 들고 크게 심心자를 그리며 두드리는데 이는 불법이 뭇 생명의 마음에 널리 퍼지라는 뜻이다.

법고놀이는 탁발이 일상화되었던 시절의 풍습이었다. 새해를 여는 법고소리와 함께 스님은 가가호호 방문을 통해 부처님의 가르침을 전하고 한 해의 안녕을 축원해 줄 뿐만 아니라, 떡에 담긴 가피로써 병을 치유한다는 믿음까지 주었다. 그리고 스님에게 바친 속가의 떡은 곧 부처님께 올리는 공양이기도 하여, 부처님이 내리는 가피와 부처님께 올리는 지극한 마음이 하나가 되는 풍습이라 할 만하다.

입춘의 불교풍속

입춘불공

절기를 기준으로 보면 입춘이 새해의 시작이다. 입춘은 양력으로 2월 4일~5일이어서 음력인 설과 시기상으로도 서로 앞서거니 뒤서거니 하며 드는 경우가 많다. 따라서 이날 불자들은 절을 찾아 입춘불공을 올리면서, 새롭게 펼쳐질 한 해가 원만하고 무탈하기를 기원하게 된다.

예로부터 민간에서는 입춘에 새해의 무사안녕을 기원하기 위해 '입춘대길立春大吉'과 같은 내용의 입춘방을 대문이나 기둥에 붙였다. 이와 더불어 복을 부르고 나쁜 기운을 물리치는 세화歲畵 · 문배門排 등의 그림과 부적을 붙이기도 하였다. 이처럼 입춘은 새해를 축하하고 복을 비는 입춘축立春祝과 나쁜 기운을 물리치는 입춘부立春符를 함께 붙이면서 벽사기복 하는 대표적인 날로 여겼다.

사찰에서 올리는 입춘불공에서도 부적에 해당하는 다라니[眞言]와 입춘방을 나누어주는 풍습이 성행하고 있다. 조선시대에 정조가 『부모은중경』에 나오는 진언을 백성들에게 나누어 주고 입춘에 집집마다 붙이게 하여 재앙을 물리치도록 했듯이 다라니를 부적처럼 여겼던 것이다. 이렇듯 입춘불공에는 새로운 시작을 맞아 나쁜 기운을 몰아내고자 하는 적극적 · 주술적 기원의 뜻이 포함되어 있다. 벽사辟邪의 다라니에 부처님의 위력까지 더함으로써 편안한 마음으로 한 해의 신수를 의지하려는 중생의 심성이 담겨져 있다.

특히 입춘은 동지와 함께 24절기 가운데 명절처럼 중요하게 다루어졌다. 이는 두 절기가 모두 한 해의 시작과 밀접하게 관련되기 때문이다. 동지冬至는 일 년 중 밤이 가장 길지만 이날을 지나면서부터 해가 조금씩 길어지기에 '작은 설'이라 여겼고, 입춘은 봄의 시작이자 24절기의 시작에 해당한다. 동지가 하늘의 기운을 중심으로 본 것이라면, 입춘은 그러한 기운이 땅에 미쳐 생명의 온기가 싹트는 시절인 셈이다. 특히 섣달그믐에 악귀를 쫓는 의식을 집중적으로 행했듯이, 입춘 전날 밤에는 방이나 문에 콩을 뿌려서 악귀를 쫓는 '해넘이 의식'을 행했다.

불교에서도 입춘불공과 동지불공은 나란히 중요하다. 스님들의 말에 따르면 '위쪽 지방 신도들은 입춘불공, 아래쪽 지방 신도들은 동지불공을 더 중요하게 여긴다'고 한다. 추운 지역일수록 겨울의 한가운데 있는 동지보다 봄기운이 도는 입춘의 의미가 더 크게 여겨지기 때문일 것이다.

삼재와 입춘부적

민간에서는 특히 입춘을 '삼재三災를 소멸하는 날'로 여겨 왔다. 삼재는 온갖 재난을 물·불·바람이라는 세 요소로 상징화한 것으로, 입춘과 함께 들어오고 나간다고 믿었기 때문이다. 자신의 띠에 따라 주기적으로 돌아오는 삼재에는 매사에 조심하면서 부적으로 그해의 삼재기운을 잠재우고자 하였다. 따라서 가족 중에 삼재에 든 이가 있으면 머리가 셋 달린 삼두매, 호랑이 등을 그린 삼재부三災符를 붙이는 풍습이 있었다.

입춘불공을 올리기 위해 사찰을 찾는 이들 또한 이러한 바람을 지니고 있게 마련이다. 이에 사찰에서는 중생의 마음과 입춘의 기능을 수용하여 삼재소멸기도를 올려 주고 있다. 사시불공을 마치면 삼재가 든 이들은 각기 백미와 삼재부적 등을 신중단에 올려놓고, 법주 스님의 진행에 따라 다라니주와 『불설삼재경』 등을 염송하게 된다. 이후 헌식과 소지를 함으로써 의식을 마치게 되는데, 이를 '삼재풀이'라고도 한다. 불자들은 삼재의 두려움을 불보살의 위력과 스님의 기도로 소멸시키고, 부적에 해당하는 다라니주·육자주 등을 받아 지님으로써 마음의 평안을 찾게 되는 것이다.

물론 이러한 방편적 대처가 불교의 정법이라고는 할 수 없다. 그러나 중생의 눈높이에서 볼 때 미지의 새해를 앞두고 초월적 존재에 기대어 벽사기복 하는 것은 당연한 일이다. 불자들이 지닌 이러한 마음은 불보살을 향하게 마련인데, 불교의 정법을 펴는 도량이라 하여 민간의 간절한 소망을 외면할 것이 아니라, 이를 통해 정법으로 이끄는 계기로 삼는 것이 바람직하다.

즉 주술에도 백주술과 흑주술이 있고, 남에게 해를 끼치지 않는 백주술白呪術은 그것을 행함으로써 위안이 되기도 한다. 종교의 중요한 역할이 마음을 다스리는 데 있다고 볼 때, 부처님이 처방하는 부적이야말로 최상의 심리적 안정장치인 셈이다. 삼재는 들었는지도 모르게 슬쩍 지나가면 제일 좋겠지만, '아는 것이 병'이라고 하듯이 안 이상은 처방이 따라야 안심이 되는 것이 중생의 근기이다.

그러나 이러한 심리적 처방에 머문다면 그 또한 종교로서 올바른 역할이라고 할 수 없다. 불교에서는 '최고의 벽사기복은 최선의 자비'라고 가르친다. 나의 바람이 클수록 남을 위해 베풀어야 더 큰 공덕이 되어 돌아오고, 나아가 공덕행功德行의 의도조차 떠난 자리가 바로 참 공덕이라 보는 것이다.

이러한 심성은 한국인의 마음속에도 깊이 뿌리내리고 있다. '적선공덕행積善功德行'이라 하여 입춘이나 대보름 전날 다른 이들에게 도움이 되는 선행을 하면 그해의 액을 면한다고 여겼던 것이다. 따라서 연말연시면 밤중에 몰래 냇물을 건너다닐 징검다리를 놓는다든지, 가난한 이들에게 선행을 베푸는 일 등이 성행했다. 남도의 '상여소리'에도 다음과 같이 이와 관련된 대목이 나온다.

입춘날 절기 좋은 철에 헐벗은 이 옷을 주어 구난공덕 하였는가, 깊은 물에 다리 놓아 월천공덕 하였는가, 부처님께 공양드려 염불공덕 하였는가.

이 가사처럼 선행이야말로 불가와 속가의 구분 없이 최고의 삼재액땜이라 여겨온 것이 우리네 심성이었다.

대보름의 불교풍속

대보름 포살법회

한 해의 첫 만월을 이루는 정월대보름은 새해의 연장선상에 있다. 대보름 당일만이 아니라 정월초하루부터 보름까지는 풍농을 기원하는 농경사회의 종교적 축제기간이라 할 수 있다. 불을 밝히고 밤을 새는 수세守歲는 섣달그믐의 풍습인데, 대보름에서도 그대로 등장하여 이를 '보름새기'라고도 부른다.

연등회燃燈會 또한 정월보름 연등회에서 2월보름 연등회를 거쳐 지금의 4월 초파일 연등회로 시기가 변화된 것이다. 정월연등은 성스러운 새해를 여는 대보름에 불을 밝힘으로써 광명과 풍요로움을 기원했던 전통 등불놀이와 깊이 관련되어 있다. 열두 달 가운데 대보름에 불 밝힘 민속이 성했던 이유 또한 한 해의 첫 만월이라는 데 있으며, 또한 대보름은 동지와 함께 또 하나의 설이라는 의미를 지니고 있다.

현재 거의 모든 사찰에서는 매달 초하루와 보름에 정기법회를 열고 있다. 초하루·보름 법회는 불교초기부터 포살법회의 형식으로 행해졌으며 지금도 이러한 전통을 잇는 사찰들이 많다. 포살布薩이란 대중 앞에서 자신의 허물을 돌아보고 드러내어 참회하는 수행의식이다. 본래 출가자를 중심으로 한 법회였으나 참회수행에는 출가와 재가의 구분이 없어 통합적으로 운행하고 있다. 특히 정월대보름은 동안거 해제일이기도 하여, 자신의 수행을 성찰하며 새로운 다짐으로 부끄럼 없는 불자가 되기를 서원하는 날인 셈이다.

포살법회는 부처님 당시의 초기승단에서부터 열었던 뜻 깊은 법회이다. 어느 해 여름 부처님이 비구대중 5백 명과 함께 하안거를 마치고 대중들과 마주하였다.

비구들이여, 여래의 몸과 말에서 비난받을 만한 행위를 보거나 들은 적이 있

는가. 있다면 말하라.

위없는 존자 여래는 포살법회에서 스스로에게 혹시 비난받을 행위가 있었는지 대중들에게 물었던 것이다. 부처님은 많은 대중들이 모여 수행하면서 자신도 모르게 흐트러지고 해이해지는 마음을 바로잡고자 각자 지은 허물을 반성하고 대중 앞에서 고백하는 전통을 만들어갔다.

『증일아함경』에는 본래 이러한 포살의식을 매월 8일·14일·15일·23일·29일·30일의 육재일六齋日에 행하였다고 한다. 그러다가 인도의 신월제新月祭와 만월제滿月祭의 영향을 받아 초하루와 보름의 2회로 축소된 것이다. 이러한 부처님의 뜻은 지금도 종단에서 포살과 자자自恣의 전통으로 이어지고 있다. '포살'이 스스로 자신의 허물을 돌아보는 것이라면, '자자'는 대중 앞에서 서로 상대의 허물을 지적하여 함께 고쳐나가는 참회법이다.

『사분율』에는 자자를 하는 방식을 소개하였다. 대중이 모이면 자자의식을 진행할 사람을 뽑은 다음, 모두 오른쪽 어깨를 드러낸 채 신을 벗고 꿇어앉아 합장한다. 먼저 상좌부터 이렇게 말한다.

"대덕이시여. 대중이 자자를 하는 오늘, 나 ○○비구도 자자를 합니다.
보았거나 들었거나 의심되는 죄가 있거든 대덕께서 나를 사랑하시어 말씀해
주십시오

만일 내 죄를 발견한다면 법답게 참회하겠습니다."

두세 번 같은 말을 반복한 후 바로 앉아 대중의 의견을 듣는다. 이렇게 한 사람 한 사람 돌아가며 신입비구에 이르기까지 행한 후 자자를 마치게 된다.

이처럼 포살과 자자는 교단의 질서를 유지하고 참된 수행의 길로 인도하기 위한 숭고한 의식이다. 부처님 당시부터 자신의 수행을 돌아보고 참회하는 의식이 곧 오늘날 보름과 초하루 정기법회의 시초가 된 것이다. 따라서 대보름 포살법회를 포함한 모든 법회는 출가자·재가자의 구분 없이 스스로의 생활을 갈무리하고 반성하며 새로운 다짐과 힘을 충전하는 날로 삼고 있다.

대보름 방생법회

방생放生은 불교의 생명존중과 자비를 적극적으로 실천하는 행위이다. 살생을 금하고 악업을 짓지 않는 것이 소극적 계율이라면, 한 걸음 나아가 죽음에 처한 생명을 놓아주고 선업을 짓는 것이 방생에 담긴 사상이기 때문이다. 이에 사찰에서는 새해의 첫 보름이자 동안거 해제일인 정월대보름이 되면 방생법회를 열고, 살아 있는 생명을 자연 속에 풀어 주고 있다.

방생법회는 주로 정월대보름, 3월 삼짇날, 8월 보름에 여는 전통이 있지만, 재난을 만났거나 원을 세울 때, 집안에 경사가 있을 때 선근공덕을 짓고자 행하기도 한다. 『석문의범』에서는 다음의 일곱 가지 경우에 방생을 권하고 있다. 자식이 없는 자가 잉태를 원할 때, 아이를 가진 자가 순조로운 출산을 바랄 때, 기도를 행할 때, 예수豫修코자 할 때, 재계齋戒를 가질 때, 복록을 구하고자 할 때, 염불을 하고자 할 때 등이다.

불교에서는 방생이 단순히 물고기 등의 산 생명을 놓아줌으로써 복을 짓는 것으로 여겨서는 안 됨을 경계하고 있다. 방생은 일체중생이 나의 생명을 있게 한 존재로 보는 연기적 세계관에서 출발하고 있기 때문이다.

『범망경』에 '자비로운 마음으로 방생 업을 행하라. 이 세상의 모든 남자는 다 나의 아버지요, 모든 여인은 나의 어머니라. 나의 세세생생으로 보면 그들에 의지하여 나지 않은 적이 없느니라'고 하였다. 나를 지탱해 주는 우주만물의 존재에 대해 자각한다면 모든 생명을 소중하게 여길 수밖에 없다. 따라서 연기에 대한 깨달음이 뒷받침된 방생은 모든 계율의 적극적인 실천이자 자비행의 근원이라 하겠다.

이러한 방생의 정신은 부처님 당시부터 내려오는 오랜 전통이다. 부처님과 수행자들이 맨발로 유행한 것은 딱딱한 신발에 벌레들이 밟혀 죽지 않도록 하기 위함이며, 우기에는 탁발을 하지 않고 안거에 들었던 것도 눈에 잘 보이지 않는 미물까지 보호하기 위해서였다.

또한 무분별한 방생은 생태계에 심각한 혼란을 가져올 수 있어 최근에는 방생의 참뜻을 회복하여 새롭게 인식하는 움직임이 활발하다. 환경·인권·생명에 대한 적극적인 관심과 어렵고 소외된 이웃에게 자비를 베푸는 일들이 곧 생명을 살리는 일이기 때문이다. 고통받는 뭇 생명의 고통의 여건을 제거하여 복된 삶을 누릴 수 있도록 돕는 것이야말로 참된 방생일 것이다.

특히 대보름은 개방적·공동체적 특성을 살려 마을 주민과 사찰 스님들이 다양한 민속놀이를 하며 하나가 되었던 공동체의 축제날이기도 하다. 이러한 전통은 지금도 전승되고 있어, 승속이 모여 달집을 태우며 한 해 소망을 빌기도 하고, 법당을 벗어난 열린 공간에서 스님과 주민들이 함께 주체가 되어 윷놀이·줄다리기·연날리기 등 풍요로운 전통풍속을 행하고 있다. 이날 방생법회를 개최하기도 하면서, 대보름 같은 마음으로 생명을 존중하는 동체대비의 자비심을 키워온 것이다.

성불도놀이

축제적 성격이 강한 대보름에는 특히 놀이와 점복이 성행했다. 정초의 놀이 가운데 대상과 장소를 가리지 않고 함께 즐길 수 있는 것으로 윷놀이만 한 것이 없다. 윷을 던지는 데 특별한 기술이나 힘이 필요하지 않고, 네 개의 윷가락을 던져 나오는 우연의 조합으로 상대와 내기하되, 말판을 쓸 때는 또한 지혜가 필요하기 때문이다.

이러한 윷놀이와 비슷한 것으로 불교에서는 성불도成佛圖 놀이가 있다. 이는 도판과 주사위와 불보살의 명호를 쓴 명패를 가지고 육도윤회에서 벗어나 성불을

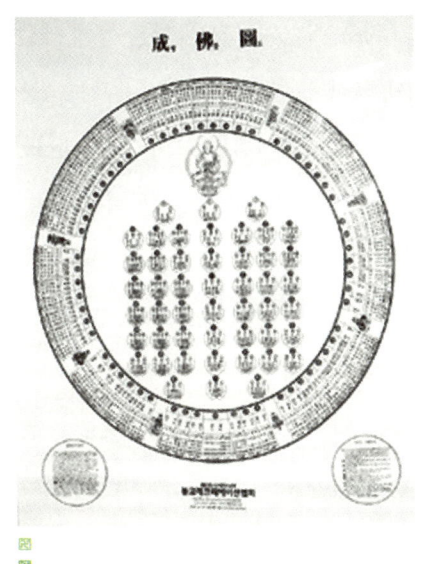
성불도놀이 모형

이루어가는 과정을 놀이로 만든 것이다. 6면에 '나무아미타불' 여섯 자를 한 글자씩 쓴 주사위 3개를 던져 글자의 조합에 따라 육도의 무수한 길을 따라가고, 윤회에서 벗어나 부처님을 이루면 게임에서 이기게 된다.

성불도놀이는 고려시대 거조암의 유래경전인 『현행경』에 나오는 정토 발원기도를 변형하여 고안된 것이라 한다. 승가에서 내려오던 이 놀이를 조선 초에 하륜河崙이 도판에 따라 규칙을 만들었다. 하륜은 같은 시기에 성불도와 비슷한 승경도陞卿圖를 만들어 관직에 이르는 과정을 놀이화한 것으로 보아, 성불도에서 다양한 놀이를 파생시켰음을 알 수 있다.

이후 서산대사가 놀이를 통해 깨달음을 탐구하도록 하기 위해 현재 전하는 성불도놀이의 체계로 만든 것이다. 이전까지 여러 종류의 놀이도판이 있었으나, 서산대사는 앞뒤가 맞지 않는 것이 많아 더할 것은 더하고 뺄 것은 빼서 최종 도판을 만들었다고 한다.

성불도의 구조는 내부에 1~49위의 수행문修行門과, 외부에 50~107위의 육도윤회문으로 구분하고 있다. 따라서 육도 중 인간에 해당하는 인취人聚의 발심에서부터 시작하여, 안으로 자신을 구제하는 길을 말하는 입산入山의 단계, 밖으로 중생을 구제하는 길인 수복修福의 단계를 거쳐 깨달음에 이르도록 제시했다.

성불도놀이를 할 때면 두 손으로 주사위를 공손히 모아들고 던질 때마다 모두 함께 "나무아미타불"을 화창和唱하게 된다. 벌칙도 상세하여 이를테면 염불하지 않는 자는 주사위의 점수가 높다 해도 '무골충'으로 가야하고, 화를 내거나 희롱하는 자는 인도의 천민계급인 '전타라'로, 속임수를 쓰면 '맹롱아'로 떨어지게 된다.

먼저 성불에 이른 이에게는 부처님처럼 콧수염과 백호를 그려 주며 축하하였다. 또한 부처를 이루었기에 법문을 할 수 있으며, 성불한 이가 제자라 하더라도 노스님들은 예를 갖추어 법문을 들었다고 한다. 즐겁게 놀이하되 규칙이 엄정하고, 참석한 모든 이가 성불해야 끝냄으로써 불성의 평등함과 대중화합의 의미를 담고 있다. 아울러 불교에 처음 입문한 불자들은 놀이를 통해 불교의 교리와 세계관을 흥미롭게 익힐 수 있으며, 수행자들은 깨달음에 이르는 과정을 되새기면서 신심을 고양시키는 격조 높은 불가의 놀이라 하겠다.

점찰법

정월에는 한 해 운수를 점쳐보는 풍속이 왕성하게 마련이며, 놀이 또한 삿된 것을 물리치고 복을 불러들이는 의미를 지닌 것이 많았다. 이 가운데 윷점은 윷을 세 번 던져 나온 괘로 운수를 점치는 것인데 64괘로 된 괘를 찾아 길흉을 판단하게 된다. 이를테면 윷을 세 번 던져 '도·도·도'가 나오면 '아이가 어머니를 만난다'는 뜻이 되어 길괘이고, '도·모·도'가 나오면 '나무에 뿌리가 없다'고 보아 흉괘가 되는 식이다.

민간에 윷점이 있듯이, 불교에는 점찰법占察法이 있다. 점찰법은 목륜木輪을 던져 삼세의 선악업보와 현재의 길흉을 점찰하여 수행의 길을 찾아나가도록 한 것이다. 세 번 던져 나온 괘로 과보와 선악의 상을 얻으면, 이에 대해 참회 수행함으로써 장애를 없애고 깨달음에 이른다고 본다. 어른의 가운데 손가락 크기의 나무를 10면으로 깎고 양끝은 뾰족하게 만들어 세워서 굴렸다가 쓰러지면 10면 중 한 면이 위로 보이게 만든다. 이처럼 나무가락으로 목륜상木輪相을 만들기 때문에 이를 목륜상법이라고도 한다.

점찰법은 목륜의 수에 따라 세 종류가 있다. 10개짜리를 쓰는 십륜상법은 주로 과거의 선악업을 알아보는 데 쓰인다. 10개의 목륜마다 한 면에 십선十善의 이름을 쓰고 반대쪽에 십악十惡의 이름을 쓰며, 목륜을 던져 선이 나오면 이를 더 강화하고 악이 나타나면 참회해서 이를 행하지 않겠다는 각오를 다진다. 3개짜리를 쓰는 삼륜상법은 주로 과거에 지은 업의 무겁고 가벼움을 점찰하며, 목륜에 신·구·의 석 자를 쓴다. 6개짜리를 쓰는 육륜상법은 과거·현재·미래의 삼세 중 앞으로 받아야 할 업을 점찰하며, 6개의 목륜에 6근·6진·6식을 뜻하는 1~18까지 숫자를 기입한다.

점찰법의 기원은 신라의 원광법사가 처음 점찰법회를 열면서 계에 의지하여 죄를 멸하는 귀계멸참歸戒滅懺의 법을 행한 데서 찾을 수 있다. 그 뒤 진표율사에 이르러 점찰 방법의 구체적인 내용이 정착되었고, 점찰을 하려면 먼저 참회를 한 뒤에 하도록 함으로써 계법을 중심으로 한 참회불교를 확립하였다. 이 법회의 소의경전은 『점찰경』으로 지장보살을 설주說主로 삼고 있다. 여기에 말법시대의 중생을 교화하고 제도하기 위한 방편으로 목륜상법의 점찰법을 제시한 것이다.

부처님 열반 후 말법시대가 되면 불자들이 많은 어려움과 장애에 처해 수행이 힘들게 되고, 산란한 마음으로 갈피를 잡지 못할 경우가 많아진다고 한다. 이때 숙세宿世의 선악업보와 현재의 고락길흉을 점찰하여 참회하면서 마음의 평안을 얻도록 하기 위해 점찰법을 행한다는 것이다.

점찰법을 기복적인 것으로 보기도 하나, 목륜을 던져 얻는 우연성에 기대어 알 수 없는 숙세와 미래의 업보를 가시화하는 것은 상징적 방편이다. 점찰법의 핵심은 지극한 마음으로 귀의하고 참회하는 데 있고, 어떤 업이 나오든 내 것으로 받아들여 참회함으로써 청정한 수행의 방편으로 삼기 위한 것이기 때문이다.

이월의 불교풍속

추위가 어느 정도 물러난 2월은 한 해의 농사일이 시작되는 달이다. 민간에서는 2월 초하루를 영등날이라 하여, 농사와 어업을 맡아 보는 영등신이 외지에서 마을로 찾아든다고 보았다. 또 『동국세시기』에는 2월 초하루를 '머슴날'이라 하여 일꾼들을 배불리 먹인다고 하는 등 본격적인 농사철로 접어들었음을 말해 주고 있다.

2월의 내방신*訪神* 이름은 지역마다 다양하며 주로 영등신·영등할미라 부른다. 그런데 몹시 까다로운 신이기 때문에 심사를 건드리지 않기 위해 애쓰며, 보름이나 한 달간 머물다 간다고 보아 2월 내내 조심하기도 한다. 그런데 영등할미가 세상에 내려올 때 딸이나 며느리를 함께 데리고 오는데, 딸과 함께 올 때에는 바람이 불어 흉년이 들고 며느리와 함께 오면 비가 와서 풍년이 든다고 보았다.

영등할미가 딸을 데리고 올 때 바람이 부는 것은 딸의 분홍치마가 바람에 보기 좋게 나부끼도록 하기 위함이고, 며느리를 데리고 올 때 비가 오는 것은 며느리의 치마가 비에 젖어 볼품없게 하기 위함이라는 것이다. 농민들은 며느리를 데리고 와서 비가 오고 풍년이 들기를 바라지만, 실제 영등할미는 고부관계인 며느리보다 딸을 잘 데리고 다닐 것이기에 바람이 불고 흉년이 들 가능성이 더 높을 수밖에 없다. 따라서 영등할미를 잘 섬겨서 흉년을 풍년으로 바꾸도록 하라는 뜻이 담긴 셈이다.

이러한 영등할미의 심술과 까다로움은 2월의 변덕스러운 날씨가 투영된 것으로 보고 있다. 2월은 겨울에서 봄으로 가는 길목이지만 기후변화가 심하고 기습적인 추위가 닥치곤 한다. 농사에 필요한 만큼 비가 오지 않는 반면 바람이 심해 고기잡이 또한 지장이 많다. 본격적인 생업을 시작하는 시기이지만 자연환경이 순조롭지 못한 2월이다. 따라서 풍농과 풍어를 기약해줄 신이 필요했고, 철마다 찾아오는 내방신이기에 계절의 특성을 반영하여 해학적으로 풀어 나갔던 것이다.

불교에서도 2월은 부처님 출가일(8일)과 열반일(15일)이 있어 각별한 달이다. 『삼국유사』에는 신라풍속에 해마다 2월이 되면 경주의 남녀가 다투어 흥륜사興輪寺의 탑을 돌며 복을 비는 복회福會 풍습이 있었다고 기록하였다. 그런데 이 복회를 행하는 시기를 8일부터 15일까지라 했으니 신라인들은 부처님 출가일에서 열반일에 이르는 성스러운 시간을 여느 시대보다 뜻있게 보냈음을 알 수 있다.

6세기에 편찬된 중국문헌 『형초세시기』에 2월 8일을 석가탄신일이라 적었듯이 한때 이 날을 석가모니가 태어나신 날로 여기던 시절이 있었다. 따라서 당시 중국에서는 2월 8일이면 이른 새벽에 향화香花를 들고 성을 도는 행사가 성행하였다. 이후 반세기가 지난 다음 『형초세시기』를 주석한 두첨공이 2월 8일은 출가일이라는 설명을 덧붙인 바 있다. 복회를 행하던 신라인들이 그날을 탄신일로 여겼는지 출가일로 여겼는지 알 수 없지만 성스러운 기간임에는 변함이 없다.

그뿐만 아니라 고려시대에는 정월대보름에 열던 연등회燃燈會를 2월 보름으로 바꾸어 왕조가 바뀔 때까지 400여 년에 걸쳐 2월 연등회를 지속하였다. 연등회는 통일신라 때부터 정월대보름 연등회로 출발하여 고려시대에는 팔관회와 더불어 국가의례로 정착되었는데, 현종원년(1010년)에 2월 보름으로 날짜를 변경한 것이다.

이처럼 연등회를 정월보름에서 2월보름으로 바꾼 배경은 두 가지로 짐작된다. 먼저 고려시대는 불교국가였기에 2월보름이 부처님 열반절이라는 사실이 중요하게 작용했으리라는 점이다. 특히 태조의 여덟 번째 아들이었던 현종은 강제출가당한 뒤 불교계의 도움으로 수차 죽을 고비를 넘겼고, 왕위에 올라 거란 침입 시 대장경을 간행하는가 하면, 연등회·팔관회를 부활하고 인왕도량·장경도량을 시설하는 등 호불군주적 특성이 강하였다.

또 하나의 배경으로 연등회는 국가행사이자 전백성의 축제였기에, 본격적인 농사절기가 시작되는 2월의 연등회가 풍농을 기원하는 농경의례에 적합하다는 점이다. 이처럼 2월 연등은 불교의 열반절과 민간의 농경의례라는 두 의미가 만나 전승기반을 공고히 해온 세시풍속이라 할 수 있다.

그뿐만 아니라 2월에 내방하는 민간의 영등신이 불교의 연등燃燈과 결합되어 있다는 사실도 드러난다. 영등신을 맞이할 때면 집집마다 장대를 세워 등을 밝히고, 영등할미를 제석월帝釋月할미 · 연등燃燈이라 하는가 하면 2월을 영등달 · 제석달이라고도 했다. 본래 불교와 무관하던 영등신앙이 연등민속과 연계되어 불교적 색채를 띄어간 것이다. 이렇듯 2월은 농사가 시작되는 달이자 부처님 출가와 열반의 시기로, 한국적 연등신앙의 뿌리 깊은 전승맥락을 확인하는 달이기도 하다.

삼진날의 불교풍속

삼월의 명절로는 3월 3일의 삼진날을 꼽는다. 이날은 봄을 알리는 명절로 강남 갔던 제비가 돌아오고, 뱀이 동면에서 깨어나며, 나비가 나타나기 시작하는 시기이다. 따라서 이날 뱀을 보면 운수가 좋고, 흰나비가 아닌 노랑나비를 보면 길하다는 속신들이 전한다. 진달래꽃을 따서 찹쌀 · 녹두가루를 입혀 전을 만들어 먹는 화전花煎 놀이, 야외로 나가 나물을 캐고 꽃을 즐기는 답청踏靑놀이 등 봄날을 즐기는 것이 삼진날 세시풍속의 주를 이루었다. 또한 산신제 · 장승제 · 용왕불공 · 방생 등과 아들 낳기를 비는 기자풍습도 성행하여 봄의 생명력으로 벽사기복 하는 다양한 풍습이 전승되어왔다.

특히 3월 3일은 중삼일重三日이라 하여, 9월 9일 중양일重陽日과 함께 봄·가을의 양기가 충만한 날로 짝을 이루어 거론되곤 한다. 이를테면 민간에서는 '중양일에 강남으로 간 제비가 중삼일에 돌아온다'거나, '약수는 3월 3일에서 9월 9일까지 효험이 가장 크다'는 속설들이 전한다. 동양에서는 양수陽數가 상대적으로 길수이고, 양수가 거듭되면 더욱 길하다고 여겼다. 설날(1.1)·삼짇날(3.3)·단오(5.5)·칠석(7.7)·중양절(9.9)처럼 중첩된 양수의 날을 모두 중요한 명절로 삼고 있는 데서도 이러한 수 관념이 잘 드러난다.

그 가운데서도 삼짇날은 최고의 길수로 여기는 3이 중첩된 날이다. 이처럼 삼짇날을 '양수 3이 겹쳐 양기가 충만한 길일'로 여겼기에 삼국시대부터 산천에 제사를 지내 국태민안을 빌었고, 고구려의 유리왕이 돼지와 사슴 등을 사냥하여 하늘과 산천에 제사를 지낸 상세한 기록도 전한다. 지금도 이날 천지신명과 조상에게 춘계 합동제사를 올리거나 산신제를 지내는 지역이 많고, 3월 3일과 9월 9일에 춘향제春享祭와 추향제秋享祭로 사당에 모신 조상에게 시제時祭를 지내기도 한다.

불교와 삼짇날의 관련도 깊다. 신라 때는 대덕大德 스님을 천거하는 중요한 날을 3월 3일로 하여 중삼일의 길상적 의미를 담았다. 특히 3월 3일과 9월 9일은 다례茶禮를 올리는 봄·가을의 주요행사로 정착되어 지금까지 전승되고 있다. 우리나라에서 본격적으로 차를 마시기 시작한 것은 7세기 전반인 신라 선덕여왕 때다. 당시 당나라에 유학을 다녀온 한 승려가 차 종자를 가져와 쌍계사 인근에 심었던 것이다. 이렇듯 한국의 다례는 불교에 근원을 두고 있으며, 불보살은 물론 천지신명과 조상에게 올리는 중삼다례·중구다례가 성행하였다.

『삼국유사』에는 「찬기파랑가」 등 향가로 이름 높은 신라의 충담忠談 스님이 매년 3월 3일과 9월 9일이면 남산 삼화령의 미륵세존께 차공양을 올린 기록이 전한다. 신라의 경덕왕은 충담 스님에게 백성들의 불안한 마음을 가라앉힐 수 있는 「안민가」를 짓도록 부탁했는데 그날이 바로 삼짇날이었다. 경덕왕은 매년 중삼일과 중구일 충담 스님이 남산에 오른다는 사실을 알고, 돌아오는 길목에서 기다리다가 우연인 것처럼 스님을 만난 것이다.

특히 이날 절에 가서 불공을 올리면 기도의 효험이 크다고 여겨 삼짇불공이 성행하였다. 근래에 생겨난 풍습으로 예천 용문사에서는 3월 3일과 9월 9일에 국내 유일의 회전식 불경보관대인 윤장대를 돌리며 각자의 소망을 빈다. 산 생명을 자연으로 돌려보내는 방생법회 또한 삼짇날의 중요한 불교의식으로 삼아왔으니, 중삼重三이 지닌 길상의 의미를 불교에서도 중요하게 받아들였음을 알 수 있다.

02
여름

조선시대의 문인 정범조는 '하자천지덕夏者天之德'이라 하여 여름을 찬미했다. 만물을 생장시키는 여름의 왕성한 기운이 하늘의 덕과 같다는 것이다. 여름은 음력 4월·5월·6월이 해당되고 중요한 명절로는 4월의 초파일, 5월의 단오, 6월의 유두를 들 수 있다. 절기로는 입하·소만·망종·하지·소서·대서가 포함된다.

부처님 탄생일인 4월의 초파일은 삼국시대 이래로 온 나라의 명절이었다. 불교가 침체되었던 조선시대에 오히려 초파일은 광범위한 민간의 축제로 확산되었고, 연등회 또한 정월과 2월에서 4월의 초파일 풍습으로 정착되었다. 이러한 배경에는 조선시대에 들어와 지배층 중심의 귀족불교에서 피지배층의 신앙으로 대중불교가 광범위하게 확산되었다는 점, 이 무렵이 모내기 전 잠시 고단한 농사에서 벗어났던 시기였기에 민간의 노동축제일로 자리매김하는 데 적합하였다는 점을 들 수 있다. 따라서 초파일이면 집집마다 마을마다 연등을 달거나 강에 띄우는 등 다양한 연등놀이를 즐겼고, 호기놀이·탑돌이 등으로 불교축제를 즐겼다.

5월 5일의 단오端午는 여름 기운이 왕성한 데다 양수 5가 겹쳐 연중 양기가 가장 강한 날이다. 단오는 설·한식·추석과 함께 4대 명절로 꼽혔으며 이날이 되면 천지신명과 조상에 제사를 지낸 기록이 삼국시대부터 등장한다. 따라서 단오축제를 열어 제사·굿·놀이 등을 행하고 다채로운 공동체의 축제일로 전승시켜오는 지역이 많으며, 그중 강릉단오제는 세계문화유산으로 지정되었다. 또한 단오는 양기가 왕성하여 온갖 잡귀를 물리치기에 좋을 때라 여겨 단오부적도 성행하며, 그네타기와 씨름 등 여름철 신체단련을 위한 놀이도 활발한 시기이다.

6월 15일의 유두流頭는 더위가 절정에 이르는 시기로, 시원한 계곡을 찾아 물맞이를 하며 하루를 즐기는 풍속이 성행했다. 단오의 양기로 나쁜 기운을 물리쳤던 풍습은 유두에도 계속되었는데, 특히 유두의 물맞이는 서쪽에서 동쪽으로 흐르는 동류수東流水가 자연의 이치에 순행하는 물이라 좋다고 보았다.

24절기로는 양력 5월 5일경에 입하가, 21일경에 소만이 든다. 여름이 시작되는 입하立夏는 볍씨의 싹이 트고 보리이삭이 패기 시작하며 산야에 신록이 일고 개구리소리가 들리기 시작하는 시기이다.

소만小滿은 곡식이 여무는 철이기에 만물이 점차 생장하여 가득 찬다는 뜻에서 '소만'이라 했다. 『주역』에서는 동지에 싹트기 시작한 양의 기운이 입춘·입하를 거쳐 소만에 이르면 꽉 차게 된다고 한다. 갓 여름에 들어선 듯한 소만 무렵에 양기가 절정에 달했다가 다음 날부터 한풀 꺾여 음의 기운이 들어설 뿐만 아니라, 땅속은 대기와 반대라서 소만의 땅속이 가장 차다고 한다.

양력 6월에는 6일경에 망종芒種이, 21일경에 하지夏至가 든다. '보리는 망종 전에 베라'는 말이 있듯이 망종은 보리를 베고 모를 심는 절기이다. 망종까지 보리추수를 해야 모내기에 전념할 수 있음은 물론, 보리를 베어낸 밭을 갈아 콩도 심어야 하니 중요한 일들이 겹친 망종 무렵은 바쁘기 그지없다. 그래서 '부지깽이도 나서서 한 몫 한다', '제 발등에 오줌 싼다'는 속담이 성행한 시기이기도 하다. 하지는 낮의 길이가 가장 길고 밤이 가장 짧은 날이다. 여러 가지 밭일과 더불어 장마와 가뭄 대비도 해야 하는 시기로, 농촌에서는 하지가 지날 때까지 비가 내리지 않으면 기우제를 지냈다.

양력 7월에는 7일경에 소서小暑가, 23일경에 대서大暑가 든다. 소서는 더위가 본격적으로 시작되고 장마철로 접어드는 시기이다. 과일과 채소가 많이 나고 밀과 보리도 이때부터 먹게 된다. 대서는 연중 가장 더운 시기이자 중복 때로 불볕더위·찜통더위가 계속되며 장마가 이어지기도 한다. 이 무렵은 지금도 방학 기간이자 휴가철이듯 잠시 더위를 식히는 농한기에 해당하여 물놀이와 마을축제 등으로 재충전하는 시기였다.

초파일의 불교풍속

연등회

초파일은 사찰은 물론 집집마다 마을마다 등을 밝히며 부처님오신날을 축하하는 명절이다. '등을 밝힌다'는 뜻의 연등燃燈은 특히 불교문화권에서 널리 성행되어온 의식으로 알려져 있다. 석가모니부처님이 열반에 드시면서 '스스로를 등불로 삼고 진리를 등불로 삼으라[自燈明法燈明]'는 가르침을 남겼듯이, 등을 켜서 어둠을 밝히는 것은 곧 무명을 밝히는 지혜를 상징했다. 이에 연등은 불보살께 올리는 핵심적인 공양행위가 되었고, 중생들은 일상의 등공양이 대규모의 축제적 연등회로 확대될 때 더욱 환희심을 느끼며 축제를 즐겼다. 연등은 등을 밝히면서 불법에 따라 살겠다는 마음을 다지는 의식인 동시에, 축제의 핵심을 이루는 놀이였던 것이다.

『삼국사기』에는 신라 경문왕이 황룡사에 행차하여 등을 구경하고 백관들에게 잔치를 열어 주었다는 기록이 등장한다. 이는 고려시대에 국가행사로 연등회가 시작되기 전부터 사찰에서 연등행사가 광범위하게 행해지고 있었음을 말해 준다. 연등풍습은 삼국시대에 불교가 들어오면서부터 사찰과 민간에 전래된 것으로 짐작되며, 고려시대에는 국가의례로 연등회가 정월 보름, 2월 보름으로 시기를 달리하며 이어졌다.

초파일 연등회에 대한 기록은 고려중기인 1166년부터 궁궐과 관료들의 집에서 초파일에 등을 밝힌 사례가 등장하기 시작한다. 공민왕대에 이르면 '나라풍속에 4월 8일의 석가탄일이 되면 집집마다 연등하였다'고 기록하였다. 따라서 고려시대에 국가의례로 규정된 연등회는 정월연등 또는 2월 연등이었고, 초파일연등은 부처님오신날을 맞아 사찰과 민간에서 자연스레 생겨난 것임을 알 수 있다. 따라서 고려 말에는 초파일이 민간의 축제로 자리잡아갔으며, 이러한 양상은 조선시대에 이르러 더욱 확산되면서 연등을 매개로 한 다양한 놀이와 풍습이 전승되었다.

『동국세시기』와 『열양세시기』에는 조선말 초파일의 연등풍습을 상세히 기록해놓았다. 민가에서는 초파일이 되기 며칠 전부터 등을 달기 위해 대나무로 만든 등간(燈竿)을 세우고, 꼭대기에는 꿩의 깃이나 소나무가지로 장식하고 비단으로 깃발을 만들어 매달았다. 민가는 물론 관청과 시전에 이르기까지 등간을 세우면서 크고 높은 깃을 자랑으로 여겼다. 등의 수는 서너 개에서 10여 개를 달았고 민간에서는 자녀의 수만큼 등을 달았다. 거리에 늘어선 가게들은 저마다 등간을 높이 세우려 경쟁하였고, 신기한 등불을 구경하려는 사람들이 몰려들었다.

특히 모양에 따라 등의 종류가 매우 많았다는 사실에 놀라게 된다. 연화등·수박등·마늘등·머루등·참외등·알등·용등·봉등·학등·새등·잉어등·거북등·자라등·사자등·호랑이 등·사슴등과 같이 꽃과 과실, 어류와 동물을 본 딴 것이 있는가 하면, 칠성등·오행등·일월등·수복등·태평등·만세등·남산등·공등·배등·북등·누각등·난간등·화분등·가마등·병등·항아리등·방울등에 이르기까지 갖가지 길상상징과 기물에 이르기까지 다양하였다. 장군이 말을 탄 모습이나 삼국지의 그림, 선관·선녀 등을 그리기도 해서 아이들은 신기한 등을 사서 가지고 놀기를 즐겨했다.

그림자를 이용해서 신기한 모습을 만드는 영등影燈도 인기였다. 등 안에 갈이틀을 만들어놓고 사냥하는 모습이나 갖가지 동물을 그린 종이를 오려서 등에다 붙이면, 바람이 불 때마다 빙빙 돌며 비쳐 나오는 그림자를 구경하도록 한 것이다.

사치를 즐기는 이들은 큰 대나무 수십 개를 이어 맨 다음 돛대를 실어다가 등간을 만들어 놓고, 꼭대기에 갖가지 장식을 꽂아 바람에 따라 어지러이 돌게 하였다. 이때 회전등을 매달아 놓으면 빙빙 도는 것이 마치 연달아 나가는 총알 같았다고 한다. 또 종이에 싼 화약을 등줄 사이사이에 매달고 불을 붙여서 마치 비가 오는 듯 찬란한 불꽃이 흩어져 내려오는 모습을 즐겼다. 종이쪽을 수십 발 되게 이어 붙여 마치 용이 꿈틀거리듯 바람에 휘날리게 하거나, 옷을 입힌 꼭두각시나 광주리를 줄에 매달아 놀리기도 하였다.

연등회를 하는 소회일·대회일 이틀간은 궁궐과 도성에 밤새 등을 밝히면서 통금을 해제하여 그야말로 불야성을 이루었다. 조명이

열악하고 통금이 철저했던 시대에 대낮처럼 환한 밤이 열려 있었으니 당시 사람들에게 초파일은 비일상적 축제의 날이었던 셈이다. 일반 백성들도 마음대로 거리를 돌아다니고 어떤 이는 악기를 연주하며 쏘다녀 밤새도록 장안이 떠들썩 했다는 기록이 있다.

지금도 강이나 바다에 등을 띄우는 유등제流燈祭가 초파일의 중요한 행사로 전승되듯 땅과 물의 구분 없이 등을 밝혀 장관을 이루었다. 장안은 사람의 바다를 이루고 등불의 성을 이루어, 인근의 야산에 올라 불야성의 등구경과 사람구경을 하는 이들이 이어졌다. 등을 밝히는 연등燃燈과 관등觀燈이 함께 어우러진 연등놀이가 백성들에게 신명을 지피는 축제였음을 실감나게 한다.

연등의 풍경에 대해 고려의 문신 최자崔滋는 『보한집』에서 '여러 개의 등불이 하늘에 이어져 대낮처럼 밝다'고 하였고, 조선시대 문신들이 한성의 아름다운 열 가지 풍경을 읊은 한도십영漢都十詠에서 서거정徐居正은 다음과 같이 종가관등鍾街觀燈을 노래하였다.

서울장안 집집마다 밤새 켜놓은 등불이 노을처럼 환하네
삼천세계가 온통 산호수요, 24 교 전부가 연꽃이로다
동쪽거리 서쪽저자 모두 대낮같아 뛰어가는 아이들은 원숭이보다 빠르구나
북두성 기울도록 등불 거두지 않아 황금누각 앞 새벽 물시계를 재촉하네

또한 연등회에서 왕은 대규모의 행렬을 이끌고 봉은사로 행차하

였다. 행렬은 예나 지금이나 축제의 백미를 이루는 것으로, 당시에는 집집마다 연등을 달았으나 다종교사회인 현대의 연등회에서는 가정마다 밝히던 등이 축제공간으로 나아가게 된 것은 당연한 일이다. 연등회의 의미에 공감하는 이들이 축제의 상징인 등불을 직접 밝혀들고 행렬에 참여하는 행위야말로 축제적 체험이 가장 충만할 것이기 때문이다. 이처럼 연등은 초파일의 핵심을 이루는 불교의식이자 한국적 축제의 역사성과 특성이 담긴 놀이로 전승되어왔음을 알 수 있다.

탑돌이

초파일에 전승되는 중요한 의식으로 탑돌이를 들 수 있다. 탑은 부처님의 사리를 모신 조형물로 탑을 도는 것은 곧 부처님을 향한 예불을 뜻한다. 불교가 성립되기 이전부터 고대인도에서는 깨달은 자에 대한 예경의 하나로 그 주위를 도는 요잡繞匝 의식이 있었고, 특히 오른쪽으로 세 번 도는 우요삼잡右繞三匝을 행하였다. 따라서 부처님 입멸 후 탑을 조성하여 부처님의 사리를 모시면서, 부처님에 대한 예경방식이 탑을 도는 것으로 자연스럽게 이어진 것이라 하겠다. 탑을 돎으로써 부처님의 덕과 가르침에 예불을 올리는 탑돌이는 출가자들의 수행과정인 동시에 재가신도들의 신행방식이었다.

우리나라에서도 탑돌이의 역사는 매우 깊어『삼국유사』에는 '신라 풍속에 매년 2월이 되면 초파일에서 15일까지 서울의 남녀가 다투어 흥륜사의 전탑을 도는 복회福會를 가졌다'고 기록되어 있다. 특히 '밤이 깊도록 탑돌이를 한다'고 표현하였듯이 탑돌이는 민속축제적 성격을 강하게 지니고 있어 초파일이나 각종 불교세시에 즐겨 행해졌다.

탑돌이는 주로 해가 진 이후에 행하였는데, 이는 인도와 한국의 탑돌이에 대한 초기기록에서부터 살펴볼 수 있다. 인도를 다녀온 당나라의 의정義淨 스님은 그들의 탑돌이 풍습을 기록하며 해질 무렵에 산문山門을 나서서 탑을 세 바퀴 돈다고 하였고, 『삼국유사』에서 묘사한 탑돌이의 배경도 밤이었다. 탑돌이는 시간에 구애받지 않고 언제든 행할 수 있는 것이지만, 재가불자들의 탑돌이는 초기부터 민속적 성격을 많이 지니고 있었기에 달밤에 행하는 강강술래처럼 불교축제의 시간이었던 것이다. 따라서 특별한 날의 행사나 의식화된 탑돌이는 주로 저녁 이후에 이루어진 것으로 보고 있다.

이처럼 탑돌이가 밤에 행해졌다는 것은 곧 연등과 밀접한 관련을 맺고 있음을 말해준다. 초기의 연등민속은 주로 보름에 성행했는데 이는 만월이 상징하는 풍요와 재생을 지상의 섭리로 옮겨놓기 위한 기원이라 할 수 있다. 따라서 한가위에 여성들이 강강술래를 하며 달을 닮은 둥근 원을 그려 공동체의 풍요다산을 기원했듯이, 탑돌이 또한 만월이 떠오른 밤에 탑을 돌아 원을 그림으로써 민간의 종교적 심성을 함께 공유했던 셈이다.

해인과 십바라밀도

탑돌이는 수행자가 정진을 실천하기 위한 수행법이기도 하였다. 『석문의범』 등에는 성도재일이나 정진 때면 스님들이 큰 방에 십바라밀도^{十波羅蜜精進圖}와 법성도^{法性圖}를 그려 놓고 돌았다'고 하였다. 십바라밀도는 깨달음을 얻기 위한 열 가지 수행법을 도형으로 만든 것이며, 법성도 또는 해인도^{海印圖}는 의상대사가 화엄경을 210자로 축약하여 사각인^{四角印}에 채워 쓴 것을 말한다. 이처럼 성도재일이나 일상의 정진 때 십바라밀도와 법성도를 돌았다는 기록은 동일한 '돌기' 계보의 탑돌이에서도 행해졌을 가능성이 크다. 따라서 근래에 복원된 탑돌이에서 십바라밀도와 법성도를 도는 것은 이러한 수행자의 의식을 수용한 것이기에 전통탑돌이의 주요한 맥락을 전승하는 것이라 할 수 있다.

초기의 탑돌이는 수행·신행의 의미가 컸으나, 점차 민간의 세시풍속과 결합되어 축제적 성격을 띠게 되었다. 법당에서 하는 안차비 의식보다 야외에서 하는 바깥차비 의식이 보다 역동적이듯, 법

---

1 정각, 『한국의 불교의례』(운주사, 2001), pp.288~295

월정사 탑돌이

당에 모신 부처님을 도는 의식에 비해 사찰마당에 모신 탑을 도는 탑돌이가 집단놀이의 성격을 지니게 된 것은 당연한 일이다. 이때는 불교의 사법악기四法樂器를 써서 짓소리와 홋소리로 부르다가 보렴·백팔정진가 등 남도민요풍으로 변하고 삼현육각이 따르기도[2] 한다.

특히 조선시대 이후 근래까지 원각사지의 탑골공원에서 탑돌이가 성행하였고, 이러한 탑돌이의 역사를 복원하여 근래에 전승되고 있는 것으로는 오대산 월정사 탑돌이, 법주사 팔상전의 탑돌이, 충중 중원탑돌이, 만복사 탑돌이, 불국사 석가탑·다보탑 탑돌이, 통도사 금강계단의 탑돌이 등을 꼽는다. 해인사에서는 팔만대장경을 머리에 이고 행하는 정대불사頂戴佛事 때 탑돌이를 병행하고 있다. 정대불사는 1년에 한 번씩 대장경에 햇볕을 쬐이며 신심을 북돋우는 의식으로, 부처님의 말씀을 머리에 이고 부처님의 신체인 탑을 돎으로써 불심을 더욱 돈독히 하였던 것이다.

또한 탑돌이는 조선시대의 언젠가부터 윤달의 대표적인 민속놀이로 정착되었다. 윤달에 불공을 드려 복을 빌고, 윤달에 세 곳의 절을 하루 만에 돌면 극락을 갈 수 있다는 세절밟기 풍습 등이 성행하면서 탑돌이 또한 윤달민속으로 자리 잡게 된 것이다. 특히 삼사순례를 세절 '밟기'라 표현하듯이, 민간에서는 탑을 도는 행위 또한

---

2 홍윤식, 『無形文化財調査報告書 第103號: 法住寺탑돌이』(文化財管理局, 1972) pp.419~420

밟는 데 의미를 두면서 윤달 세절밟기와 탑돌이가 긴밀히 연계된 듯하다.

호기놀이와 물장구놀이

초파일은 어린이의 명절이라 할 만큼 아이들이 주체가 된 독특한 놀이가 많았다. 대표적인 것으로 '호기呼旗'를 들 수 있는데 이 놀이의 역사는 고려시대로까지 거슬러 올라간다. 『고려사』 공민왕대의 기록에 '4월 8일의 석가탄일이 되면 집집마다 연등하고, 아이들은 장대에 종이를 오려붙인 기를 만들어 거리와 마을을 돌며 쌀과 베를 구해 그 비용을 삼았다. 이를 호기라 한다'며, 궁전 뜰에서 호기놀이를 구경한 공민왕이 아이들에게 베를 내주었다고 기록하였다.

이러한 풍습은 계속 이어져 조선시대의 『용재총화』·『동국세시기』 등에 따르면, 봄이 오면서부터 일찌감치 아이들은 깃대에 종이를 오려붙이고 물고기 가죽으로 북을 만들어 여기저기 몰려다녔다고 한다. 이는 연등행사에 쓰일 물건을 얻기 위함이며, 등간에 기를 다는 풍습이 호기에서 비롯되었음을 밝히고 있다.

연등행사의 사전준비에 해당하는 호기놀이는 아이들의 단순한 유희만이 아니라 하나의 의식이라 보기도 한다. 최남선은 본격적인 연등행사를 치르기 전에 제장祭場을 정화하는 의식으로 보면서, 팔관회에도 같은 맥락의 연소자가 등장한다는 데 주목하였다. 팔관회

八關會는 연등회와 함께 행했던 고려의 양대 불교 국가의례이다. 팔관회에서 양가의 자제 4명을 뽑아 아름다운 옷을 갖추어 입고 화랑무花郞舞를 추게 하였는데, 이는 아이들을 부정不淨하지 않은 존재라 여겨 신성한 의식을 행할 때 의식공간을 정화하는 역할을 부여한 것으로 동서고금을 막론한 현상이다.

초파일의 또 다른 아이들놀이로 물장구놀이인 수부희水缶戲가 있다. 이는 물동이에다 바가지를 엎어 띄워 놓고 빗자루로 두드리면서 단조로운 소리를 내는 놀이이다. 『동국세시기』에 따르면 정월보름날 저녁부터 새벽까지 아이들이 북을 치며 보내는 것을 태평고太平鼓라 하는데, 연등회가 정월보름에서 초파일로 옮겨지면서 태평고를 물장구놀이로 이어받았다고 한다. 『경도잡지』에서 수부희를 수고水鼓로 고쳐 부른 것도 태평고에서 비롯되었음을 나타내기 위함인 듯이다.

초파일의 절식

초파일은 명절과 다름없는 날이었기에 이때 여러 가지 절식節食을 해먹었다. 『경도잡지』에는 초파일이면 느티떡, 볶은 콩, 삶은 미나리 등을 차려 놓고 손님을 청해 대접하는데, 이를 부처님오신날에 고기반찬 없이 먹는 소밥[素飯]이라 한다고 하였다.

『열양세시기』에는, "초파일이 되면 아이들이 느티나무 잎으로 만든 떡과, 소금을 뿌려 볶은 콩을 먹으면서 물장구놀이를 한다"고

하였으며, 『동국세시기』에서도 "아이들이 석남나무 잎을 넣어서 만든 증편과, 볶은 검은 콩과, 삶은 미나리나물을 등간燈竿 밑에 벌여놓는다"고 하였다. 여기서 석남[石楠] 나무는 곧 느티나무를 말한다.

이날 볶은 콩을 먹는 우리의 풍습에 대해 중국 송나라의 문인 장원張遠이 『오지奧志』라는 책에서 그 유래를 기록한 바 있다. 이에 따르면 서울풍속에 부처님 앞에서 염불하는 이들이 콩으로 자신이 외우는 염불의 횟수를 헤아려두었다가, 초파일에 그 콩에다 소금을 조금 뿌려 볶아놓고 길가는 사람들에게 나눠주며 먹게 하여 불연[佛緣]을 맺는 데서 비롯되었다는 것이다.

특히 느티떡은 초파일의 대표적인 절식으로 전승되고 있다. 〈농가월령가〉 4월령에는 "초파일 불밝힘이 산촌에는 긴요한 일 아니나 느티떡 콩찐이는 제때의 별미로다"고 하였고, 〈떡타령〉에서도 "정월보름에는 달떡이요, 이월한식에는 송편이며, 삼월삼질 쑥떡이로다. 사월 팔일에는 느티떡, 오월단오에는 수리치떡, 유월유두 밀전병이라…"고 하여 느티떡이 초파일의 절식으로 자리 잡았음을 알 수 있다. 느티떡은 느티나무 어린잎을 멥쌀가루에 섞어서 시루에 찐 것으로 유엽병[鍮葉餠]이라고도 한다.

초파일에 느티떡을 해먹는 것은 늦봄에 느티나무 잎의 연한 새순이 나기 때문일 텐데, '부처님오신날'의 절식이 느티나무와 관련된 것에 특별한 의미를 부여해도 좋을 듯하다. 어느 마을에나 공동체의 상징처럼 오래된 수령의 정자나무가 있어 마을 사람들의 쉼터가 되었고, 중요한 날에는 금줄을 두른 신목[神木]이 되어 마을을 지켰는데, 주로 느티나무가 정자나무 역할을 담당했기 때문이다. 그 느티나무의 잎으로 만든 떡이 초파일의 세시음식이었으니, 부처님의 가피가 깃들었을 느티떡의 상징성이 예사롭지 않은 것이다.

미나리 또한 초파일을 전후한 무렵에 맛이 연하고 향기로워 미나리강회 등으로 즐겨 만들어먹었다. 특히 초파일은 육식을 하지 않고 채소 중심의 소찬으로 식사를 했기에 제철채소인 미나리를 초파일의 별식으로 삼았음을 알 수 있다.

단오의 불교풍속

5월 5일 단오端午는 특히 보리농사가 많은 지역에서 최대의 명절로 삼아왔다. 우리의 주곡과 관련해 벼농사가 많은 지역에서는 추석을, 보리농사가 많은 지역은 단오를 중요하게 여기기 때문이다. 따라서 농경세시를 기준으로 삼을 때 단오권·추석권·복합권의 문화영역으로 구분하기도 한다.[3] 단오권은 보리농사가 발달한 한강 이북지역이 해당하여 보리수확을 마칠 무렵인 단오가 농경축제를 열기에 적합한 시기이다. 이에 비해 추석권은 벼농사의 곡창지대인 호남지역이 중심을 이루며 영남지역은 혼합권에 속한다.

3　金宅圭, 『韓國農耕歲時의 硏究』(嶺南大學校出版部, 1985), pp.447~469

단오는 여름기운이 왕성한 데다 양수 5가 겹쳐 연중 양기가 가장 강한 날이다. 특히 이 날 오시^{午時}(11시~13시)에 부정을 물리치는 쑥·익모초를 뜯어 대문에 걸어두거나 떡을 만들어 먹는 풍습이 있었다. 생기 충만한 단옷날, 하루 중 양의 기운이 가장 강한 오시에 뜯은 쑥과 익모초로 잡귀와 더위를 쫓고자 했던 것이다. 이러한 특성에 따라 단오를 연중 으뜸가는 날이라는 뜻에서 '수릿날'이라고도 부른다. 몸의 제일 윗부분인 머리 위를 '정수리'라 하듯이 '수리'란 '높다, 귀하다, 신령스럽다'는 뜻을 지니고 있기 때문이다.

그런데 절기상으로 불교와 무관해 보이는 단오가 우리나라에선 불교와 인연이 깊다. 세계문화유산으로 지정된 강릉단오제는 주민들이 주체가 되어 전승된 역사 깊은 마을축제로, 이 단오제에서 주신으로 모시는 대관령 국사성황신이 바로 신라 말의 선승^{禪僧} 범일국사^{梵日國師}이다. 조선중기에 강릉단오제를 본 허균은 "대관령에서 산신을 모시고 내려오는 단오제 일행을 만났다. 대관령 신이 영험하여 해마다 5월이면 사람들이 대관령에 올라가서 신을 맞아 즐겁게 해준다"고 기록하였다. 범일국사의 탄생담은 다음과 같이 전승되고 있다.

강릉 학산리의 한 처녀가 석천^{石泉}에서 바가지로 물을 뜨자 물속에 해가 떠 있었다. 이상하게 여기며 물을 마신 후 태기가 있었고, 아기를 낳자 아비 없는 자식이라 하여 뒷산에 버렸다. 잠을 이루지 못한 처녀가 다음날 버린 곳에 가

보니 학과 산짐승들이 모여 아기를 보호하고 있었다. 이에 비범한 아기임을 깨닫고 다시 데려와 키웠는데 자라서 범일국사가 되었다.

스님은 구산선문九山禪門의 하나인 사굴산파의 창시자로, 굴산사 주지로 있으면서 40여 년간 영동지역에 선불교를 확산시켰다. 스님이 국사성황신으로 좌정하게 된 것은 신라왕실이 신앙한 교종과 대립되는 위치에서 지방 호족세력을 도와 이 지역의 정신적 지주가 되었고, 고려 건국에 도움을 준 인물로 평가되었기 때문인 듯하다. 범일국사를 성황신으로 모시면서 각종 신이담이 생겨났는데, 강릉에 왜구가 쳐들어오자 스님이 대관령 정상에 올라 도술을 부려 산천초목을 모두 군인으로 바꾸며 왜구를 물리쳤다고 한다.

이 외에도 영광 법성포 단오제에서는 백제불교 도래지로 '연등축제'와 '무속수륙재'를 열고 있다. 법성포는 어부들의 무사항해를 빌고 바다에서 숨진 이들의 영혼을 달래기 위한 의식이 발달하였다. 이러한 지역적 특성을 반영해 단옷날이 되면 무속인들이 굿의 형식을 빌려 행하는 수륙재를 전승해 오고 있는 것이다. 또한 경산 자인면의 단오제에서는 원효 스님 탄생지를 기념해 '원효성사 탄생다례제'를 봉행하고 있다.

이러한 사례들은 모두 불교권에서 주체로 나선 것이 아니라 민간에서 스스로 불교를 적극 수용한 경우이다. 그뿐만 아니라 전국의 여러 사찰에서는 단오를 주민과 스님들이 다양한 민속놀이를 하며 하나 되는 공동체의 축제일로 삼고 있다. 중생의 삶 속에서 역사성·민중성·역동성을 지닌 채 전승되어 온 우리불교의 면모가 잘 드러나는 대목이다.

대표적인 사례로 속리산 법주사에서는 매년 단옷날이면 사하촌의 주민들이 큰절로 올라가 단오체육대회를 열어온 지 40년을 훌쩍 넘겼다. 이 지역에서는 승속이 팀을 짜서 윷놀이·씨름·탁구·축구 등으로 경기를 벌이는데 많을 때는 20개 팀을 웃돌았다. 절에서는 스님들이 강원과 선원으로 나누어 팀을 짜고, 사찰 종무소를 비롯해 마을의 파출소·방범대·소방대와 신도단체에 이르기까지 팀이 꾸려진다. 경기를 하지 않는 이들도 구경거리를 놓칠 수 없어 절로 올라갔기에 이 날은 마을이 텅 비었고, 절 마당이 떠들썩하도록 승속이 하나 된 축제를 펼쳐온 것이다.

유두의 불교풍속

더위가 절정에 이르는 6월 보름의 유두流頭 날이면, 먹거리를 준비해 시원한 계곡을 찾아 물맞이를 하며 즐기는 풍속이 있었다. 맑은 물에 머리를 감고 목욕하여 청결한 몸으로 하루를 노닐면 상서롭지 못한 기운을 없애고 더위를 먹지 않는다고 하였다. 점잖은 이들은 물맞이 대신 흐르는 물에 발을 담그는 탁족濯足을 즐겼다.

특히 유두의 물맞이는 동류수가 좋다고 하였다. '유두'라는 이름도 동쪽으로 흐르는 물에 머리와 몸을 씻는다는 '동류수東流水 두목욕頭沐浴'에서 유래했다. 서쪽에서 동쪽으로 흐르는 물을 '서출동류수西出東流水'라 하는데『동의보감』에 '서출동류수는 곧 약수'라 하였다. 서쪽은 오행의 물[水], 동쪽은 나무[木]에 해당하여 서쪽에서 생긴 물이 동쪽으로 흘러 초목을 자라게 하므로 자연의 이치에 순행하는 물이라 보았던 것이다.

유두는 조상에게 새로 나온 수확물을 올리는 천신薦新의 명절이기도 하다. 집안에 새로운 음식이 생기면 어른께 올리고 아랫사람들이 먹듯이, 처음 수확한 결실을 조상신의 음덕이라 여겨 먼저 조상께 바쳐 고하는 것이 당연하다고 여겼기 때문이다.

불교에서는 유두날에 보살계를 받는 보살계도량菩薩戒道場을 개설하였다.『고려사』에 따르면 6월 보름이 되면 궁중에서 보살계도량을 열어, 국사와 왕사를 비롯한 고승 대덕이 주재하는 가운데 국왕이 보살계를 받았다. 보살계도량이 시작된 시기는 확실하지 않으나, 이른 시기에 소의경전이 들어와 통일신라 때 관련연구가 활발히 이루어진 것으로 보아 신라시대부터 연 것으로 추정된다.

보살계는 출가자와 재가자의 구분 없이 불자라면 누구나 지켜야 할 실천덕목이다. 보살계 가운데에도 십중계十重戒와 십선계十善戒가 대표적이다. 해서는 안 될 십중계를 어기면 파문을 당하고, 실천해야 할 십선계는 몸과 말과 마음의 신구의身口意 삼업을 올바로 하도록 이끄는 내용으로 되어 있다. 이러한 보살계는 보살의 자격을 새로 얻을 때 받게 되지만, 거듭 보살계를 받음으로써 보살의 자격을 확인하는 의미를 지닌다.

따라서 고려시대에 왕실에서 보살계도량을 열어 역대의 국왕이 주기적으로 보살계를 받았던 것은 스스로 불제자임을 다짐하고 널리 선언하는 의식이기도 하였다. 고려왕실의 보살계도량을 살펴보면 정종 때는 재위 13년 동안 한 차례만 열었고, 문종 때는 재위 37년 동안 5회, 예종 때는 재위 18년 동안 7회, 인종 때는 재위 25년 중 16회에 걸쳐 보살계를 받았다. 원래 6월 보름에 여는 것을 원칙으로 하였으나, 때에 따라 6월 14일이나 25일에 연 기록도 발견된다.

이 보살계는 누구나 받을 수 있는 계율로 계단戒壇이 설치된 많은 사찰에서 승속을 대상으로 열어왔다. 다만 불교가 성했던 고려시대에는 왕실에서도 중요한 의식으로 개설하였기에 『고려사』에 기록되었던 것이다. 조선시대에 들어서는 왕실에서 여는 보살계도량은 사라지고, 주로 스님들을 위해 계를 설하는 의식을 행하였으며 재가자들에게도 보살계를 설하였으나 일정한 날짜가 정해져 있지는 않았다. 지금도 각 사찰에서는 수시로 보살계도량을 열고 있다. 절차는 정해진 의식을 마친 뒤 『범망경』을 읽고 계를 설하면서 그것을 지킬 것인지에 대해 문답형식으로 진행한다. 이 의식에는 계사戒師, 율사律師, 7명의 증명법사가 참석하는 것이 관례이다.[4]

---

4 「보살계도량」, 『한국민족문화대백과사전』(한국정신문화연구원, 1991)

보살계도량을 6월 보름에 열게 된 유래는 전하지 않지만, 수계의 식을 할 때 정수리에 물을 뿌리는 관정灌頂을 행하는 것과 관련이 깊은 듯하다. 유두날 동쪽으로 흐르는 물에 머리와 몸을 씻는 풍습이 몸과 마음을 깨끗이 하는 재계齋戒의 의식과 통하기 때문이다. 부처님을 비롯한 초월적 존재들을 맞을 때 관욕으로 씻어주는 의식을 행하듯, 일종의 정화의식으로 유두 물맞이를 받아들였던 셈이다.

이처럼 물의 정화력으로 부정하고 삿된 것들을 씻어 내는 풍습은 광범위하다. 불교의 관욕, 무속의 정화수, 기독교의 세례는 물론, 삿된 것을 물리칠 때 정화수 그릇을 들고 뿌리는 풍습은 민간에 일반화되어 있다. 조상제사를 지낼 때 올리는 현수玄水, 개인 치성에 떠놓는 정화수도 맑은 영혼으로 신에게 다가가기 위한 필수적인 정성의 제물이다.

유두의 물맞이가 더위를 쫓는 것만이 아니라 온갖 재액을 씻는 뜻을 담고 있듯이, 불교의 보살계도량과 결합하여 물이 지닌 종교적 의미를 되새기게 한다. 유두날의 보살계도량이야말로 더럽혀진 세속의 삶을 씻고 맑은 심신으로 성스러운 영역에 들어설 수 있게 하는 주요한 매개체의 구실을 한 것이다.

03

가을

결실의 계절인 가을에는 수확과 관련된 세시풍속이 많다. 만월은 풍요와 생명력을 상징하기에 수확철에는 보름의 의미가 더욱 커지게 마련이다. 따라서 이 시기에 7월 보름 백중과 8월 보름 추석의 보름명절이 두 차례 들어있고, 7월 7일의 칠석과 9월 9일의 중양절은 모두 홀수가 겹쳐 양이 강한 날이다. 정월 대보름의 세시풍속이 주로 풍작을 기원하고 예축하는 의미를 지녔다면, 팔월 추석은 햇 결실의 시작을 감사하는 의미를 지닌다. 이에 새로 거둔 곡식을 신에게 바치고 감사드리며 그동안 애쓴 마을 사람들이 모여 한바탕 축제로 즐기는 것이 가을철 풍습의 핵심을 이룬다.

가을은 음력 7월·8월·9월이 해당되고 중요한 명절로는 7월의 칠석·백중, 8월의 한가위를 들 수 있다. 절기로는 입추·처서, 백로・추분, 한로・상강이 포함된다.

 7월에 들어있는 칠석과 백중은 종교적 의미가 크다. 7월 7일의 칠석七夕은 칠성신을 섬기는 날로, 집안의 평안과 자손의 복을 비는 칠석제七夕祭・칠성제七星祭가 성행하였다. 또한 새로 나온 곡식이나 과일을 조상에게 올리며 칠석차례를 지내거나 논에서 용신제龍神祭를 지내며 풍농을 빌기도 하였다. 특히 은하수를 사이에 둔 견우와 직녀가 오작교를 건너 1년에 한 번 만난다는 날로 널리 알려져 있으며 도교적 성격이 짙은 명절이기도 하다.

 7월 보름의 백중은 민간과 불교에서 모두 중요한 날이다. 이 시기는 고된 여름농사일이 웬만큼 마무리되고 가을을 앞둔 비교적 한가한 농한기로 민간의 축제일이었을 뿐만 아니라, 스님들의 하안거夏安居가 끝나는 날이기 때문이다. 따라서 농가에서는 이날을 호미씻이・머슴날・풋굿 등이라 부르면서 대대적으로 잔치를 벌였다. 또한 불교에서는 이날을 우란분절盂蘭盆節이라고도 부르며, 하안거를 마치는 날 재를 올려 스님들을 공양함으로써 그 공덕으로 조상영가의 극락왕생을 기원하는 풍습이 성행하고 있다.

 8월 보름의 한가위는 설과 함께 우리민족의 가장 큰 명절이다. '더도 말고 덜도 말고 한가위만 같아라'라는 말이 있듯이 풍요로운 가을 추수를 앞두고 이를 감사하며 서로 축하하는 날인 것이다. 따라서 햇곡식으로 빚은 송편과 갖가지 과일을 차려 놓고 조상에게 차례를 지내며, 조상의 묘를 돌보며 성묘하는 날이기도 하다. 이날

부녀자들을 중심으로 전승해 온 강강술래는 고대 제천의례에서부터 기원을 찾을 수 있으며, 달이 떠오를 때 소원을 비는 달맞이 등은 우리 고유의 정서가 담긴 역사 깊은 무형의 유산이다.

9월 9일은 중구重九·중양절重陽節이라 한다. 특히 3월 3일 삼짇날과 함께 봄·가을의 양기가 강한 날로 짝을 이루는 풍습이 많다. 삼짇날 날아온 제비가 이날 다시 강남으로 돌아간다고 하며, '삼짇날 꽃구경 중굿날 단풍구경'으로 산과 들을 찾는다. 조선시대에는 3월 3일과 9월 9일에 유생들이 시험을 봐서 1등한 자에게 특전을 주는 풍습도 있었다. 중양절은 신라 때부터 쇠기 시작하여 조선시대까지 성행했으나 근래에는 의미가 약화되어 명절이라기보다는 길일로 여기고 있다. 그러나 불보살과 천지신명·조상에게 다례茶禮를 올리는 풍습은 지금까지 전승되고 있다. 신라의 충담忠談 스님이 매년 3월 3일과 9월 9일에 남산 삼화령의 미륵세존께 차공양을 올린 기록이 전하듯이, 이러한 중삼다례·중구다례의 전통은 깊다. 또 춘향제·추향제로 조상에게 시제時祭를 지내는 시기이기도 하다. 특히 불교에서는 중양절에 조상의 기일을 모르거나 자손이 없는 이들이나 전사한 이들, 억울하게 세상을 떠난 이들을 위한 천도재를 지내주는 전통이 있다.

24절기로는 양력 8월의 7일경에 입추가, 23일경에 처서가 든다. 가을이 시작되는 입추立秋는 늦더위가 기승을 부리지만 한편으로 서늘한 바람이 불어 가을에 필요한 채비를 하게 된다. 김장거리로 쓸

배추와 무를 파종해 일찌감치 겨울을 날 준비를 하는 시기이기도 하다. 처서處暑는 더위를 마감한다는 절기이다. '처서가 지나면 모기도 입이 비뚤어진다'는 말처럼 모기도 힘을 잃고, 볕이 누그러져 풀도 더 자라지 않는다. 입춘 다음 절기인 청명에 하늘이 맑듯이, 입추 다음 절기인 처서도 날씨가 청명해져 여름습기로 눅눅해진 옷이나 책 등을 말리는 풍습이 있다.

양력 9월에는 8일경에 백로가, 23일경에 추분이 든다. 백로白露는 풀잎에 이슬이 맺히며 가을 기운이 완연한 절기이다. 오곡백과가 익어가는 때라서 이날 햇볕이 강하면 풍년이 들고, 비가 오면 오곡이 겉여물며 백과의 단물이 빠진다고 보았다. 추분秋分은 춘분과 함께 밤낮이 같아지는 날로 춘분은 양기가, 추분은 음기가 우위를 점해가는 시점이다. 옛사람들은 '춘분과 추분에 도度와 양量을 동일하게, 형衡과 석石을 고르게, 두斗와 통筩을 모나게, 권權과 개槩를 바르게 한다'고 했다. '권權'에는 '저울을 단다'는 뜻이, '개槩'에는 계량기구의 뜻이 있다. 낮밤의 길이가 같아 음양이 일치하는 시기에 길이·무게 등의 단위인 도량형을 통일하도록 한 것이다.

양력 10월에는 8일경에 한로가, 23일경에 상강이 든다. 한로寒露는 찬이슬이 맺히는 때이다. 한로에 이르면 오곡백과에 맛이 무르익고 이때 추수도 하게 되며, 겨울잠을 자는 동물들도 추운 겨울을 나기 위해 마지막 영양분을 비축해둔다. 상강霜降에는 날씨가 차가워져 서리가 내리는 절기이다. 가을의 마지막 절기로, 추수를 마무리하고 겨울 준비에 들어가게 된다.

칠석의 불교풍속

칠석과 칠성신앙

7월 7일 칠석七夕은 행운의 수 '럭키세븐'이 겹친 날이다. 숫자 7은 서양뿐만 아니라 동양에서도 길수吉數이다. 하늘이 인간의 운명을 좌우한다고 믿었던 고대인들은 1년 여느 때라도 볼 수 있는 북두칠성이 곧 하늘을 상징하는 것으로 여겨 섬기게 되었다. 또한 하늘에는 해·달과 수성·금성·화성·목성·토성의 7개 천체가 있다고 보아 일주일의 기준으로 삼고, 우주만물의 근원인 음양(일월)과 오행(화수목금토)을 이들 천체의 이름에 대입하였다. 동양에서는 양수가 겹친 1.1, 3.3, 5.5, 7.7, 9.9 등은 양기 충만한 길일이라 여겨 명절로 삼았는데, 그 가운데 7월 7일은 북두칠성을 상징하기에 충분한 날이었던 것이다.

북두칠성에 대한 신앙은 특히 별이 인간의 길흉화복과 수명을 지배한다는 도교의 사상에 근거를 두고 있다. 따라서 일곱 신을 모시는 도교의 칠성신七星神으로 체계화되었고, 칠성신은 수명장수와 길흉화복을 기원하는 중요한 대상으로 자리 잡았다. 중국신화에는, 단명한 운수를 타고난 아이가 남두칠성과 북두칠성이 바둑을 두고 있는 곳에 찾아가 북두칠성으로부터 수명을 연장 받았다는 내용도 등장한다. 북두칠성을 신앙의 대상으로 삼은 칠성신앙은 별이 인간의 길흉화복과 수명을 지배한다는 도교의 믿음에서 유래하였다.

숫자 7의 신성성이 별자리와 천체에서 비롯되었듯, 7이 겹친 이 날은 견우성·직녀성이라는 두 별자리를 두고 사랑이야기가 생겨난 날이기도 하다. 실제 칠석 무렵이면 은하수를 사이에 둔 두 별이 가깝게 보이기 때문에, 옥황상제의 노여움으로 헤어지게 된 견우와 직녀가 일 년에 단 한 번 만나는 날이라는 상상력을 펼친 셈이다.

놀라운 것은 408년에 이미 고구려 사람들이 무덤 속 천장에 은하수를 사이에 둔 견우와 직녀의 모습을 새겨 놓았다는 사실이다. 덕흥리 고분에 그려진 이 벽화는 견우와 직녀가 칠석날 만나고 헤어지는 장면을 담은 듯, 소를 몰고 가는 견우의 뒷모습을 직녀가 쓸쓸히 바라보고 있어 더욱 애틋하다. 『고려사』에는 공민왕이 노국공주와 함께 칠석날 견우·직녀에 제사를 지낸 기록이 있어 궁중과 민간에서 칠석제七夕祭를 지내왔음을 알 수 있다.

견우·직녀설화는 이른 시기에 중국에서 비롯되어, 점차 이야기에 윤색·첨가가 따르면서 칠석풍습 또한 풍성해졌다. 칠석날 비가 내리면 견우·직녀의 눈물이라 보는가 하면, 두 사람이 만날 때 다리역할을 하는 까치도 등장하게 되었다. 그런데 처음에는 조릉작彫陵鵲이라는 한 마리의 거대한 까치였던 것이 점차 수백수천의 까치가 몸을 맞대어 그 유명한 오작교烏鵲橋를 탄생시켰고, 두 사람이 다리를 밟고 지나가면서 까치의 머리가 벗어지게 되는 감동과 유머의 스토리가 추가된다.

견우와 직녀성에 지내는 칠석제

　이로 인해 민간에서는 칠석날 까치에게 밥을 주는 풍속이 생겨났다. 오작교를 놓아 둘의 만남을 이어주느라 고생하고 머리까지 벗겨진 데 대한 사려 깊은 보답이다. 까치밥주기 풍속은 또한 칠석날과 까치에 그치지 않고, 굶주린 새들을 위해 과실나무에 마지막 결실을 서너 개쯤 남겨 두는 까치밥의 정신으로 이어졌다. 견우牽牛와 직녀織女는 소를 키우는 목동과 베를 짜는 여인의 만남이기도 했으니, 여성들이 바느질감과 과일을 차려 놓고 길쌈·바느질솜씨가 좋아지기를 비는 칠석날의 걸교乞巧 풍습 또한 유명하다.
　민간에서는 칠석날에 칠성신을 섬겨왔다. 칠성신의 북두칠성과 칠석의 주인공인 견우성·직녀성은 서로 다른 별이지만, 7월 7일의 제의대상으로 결합되어 있는 것이다. 견우성·직녀성에 지내는 칠석제에 하늘의 우두머리인 북두칠성을 함께 모시는 것은 당연하고, 칠성신을 모시는 날이 7월 7일인 것 또한 적절하다. 칠석의 유래는 견우·직녀에서 비롯되었으나, 칠석제=칠성제라는 의례의 당위성에 공감하게 된다.

이에 '칠석의 견우·직녀 만남'과 '칠성의 기자·수복'의 의미도 자연스레 결합하여 칠석날은 수복壽福과 남녀인연을 모두 비는 날이 되었고, 칠성신 또한 이러한 기도를 해결해주는 신적 존재로 좌정하고 있다. 민간의 칠석풍습은 사라졌지만 칠석의 칠성불공은 지속되었고, 국적불명의 밸런타인데이를 대신해 미혼남녀의 소중한 인연을 맺어주는 칠석법회가 확산되고 있다. 불교에서 전통문화의 견인차역할은 물론, 전통의 현대적 창조까지 실천하고 있음이 분명하다.

칠성신앙의 불교적 수용

불자들은 칠석날이면 절을 찾아 불공을 올리고 있다. 칠성七星, 즉 칠원성군은 인간의 수명장수를 주로 관장하는 신이라 알려져 있으며, 법당의 신중단 또는 칠성각에 모셔져 있다. 칠성은 산신과 더불어 불법을 수호하는 104위 신중神衆에 소속되어 있으나, 민간의 중요한 신앙대상이기에 독자적으로 전각에 모시게 된 것이다.

칠성각은 우리나라 사찰에서만 볼 수 있는 특유의 전각으로, 조선 중기에 나타나기 시작하여 현재는 대부분의 사찰에 세워져 있다. 그런데 사찰의 칠성각에는 단순히 도교의 북두칠성을 모신 것이 아니라, 칠성신을 불교적으로 수용한 일곱 분의 여래와 도교의 칠성신 등이 함께 봉안되어 있다. 민중의 염원을 담아 칠성신을 부처의 화현인 칠성여래七星如來로 변용시킨 것이다. 칠성신을 칠성여래로 바꾼 것이라기보다는 북두칠성 일곱 개의 별마다 스승의 존재로 각 여래의 역할을 부여한 것이라 보기도 한다.

먼저 칠성각 탱화를 살펴보면, 대체로 중앙에 치성광여래, 좌우 보처에 일광·월광보살이 중심을 이루고, 좌우에 칠여래와 칠원성군을 모신다.

도교의 칠성신앙 체계를 보면 북극성을 자미대제紫微大帝라 부르면서 모든 복덕을 관장한다고 보았고, 그 아래 일월신日月神을 두었으며, 일곱 개 별에 각기 이름과 맡은 바 능력을 부여하였다. 이를테면 탐낭성군貪狼星君은 자손에 대한 만덕을, 거문성군巨文星君은 장애와 고난을 멀리하는 덕을, 녹존성군祿存星君은 업장을 소멸하는 덕을, 문곡성군文曲星君은 구하는 바를 모두 얻게 하는 덕을, 염정성군廉貞星君은 백 가지 장애를 없애는 덕을, 무곡성군武曲星君은 복덕을 구족하게 하는 덕을, 파군성군破軍星君은 수명을 길게 하는 덕을 지녔다는 것이다.

이에 대해 불교에서는 북극성을 상징하는 치성광여래熾盛光如來를 모시며, 일광보살·월광보살을 좌우 보처의 양대 보살로 삼고, 일곱 분의 성군을 일곱 분의 여래로 모셔 각기 관장하는 세계를 두고 있는 것이다. 따라서 북극성을 최상에 두면서 도교에서는 이를 모든 별의 통솔자인 자미대제로, 불교에서는 치성광여래로 수용하였음을 알 수 있다. 일곱 분의 칠원성군 또는 칠성여래에 각각 인간 운명의 길흉화복을 관장하는 역할을 부여하고, 모든 것을 통괄하는 중심에 북극성의 상징적 존재를 둔 것이다.

북극성은 별 중의 왕이라는 뜻으로 존성왕尊星王이라고도 부르며 하늘의 임금인 천제가 거처하는 곳이라고도 한다. 인도에서도 북극성을 신격화하여 묘견보살妙見菩薩이라 부르면서, 북두칠성을 권속으로 거느리는 것이라 보았다. 밝기가 한량없는 북극성의 특성을 담아 여래의 명호를 '치성광熾盛光'이라 하였다. 이는 중생이 도움을 청하는 곳이면 어디든지 밝은 눈으로 보고, 광명이 사방으로 뻗어나가는 것처럼 응험한다는 뜻일 것이다.

당나라의 일행一行 스님은 칠성신앙으로 인해 불교와 도교가 마찰이 생길 것을 염려하여, 약사신앙에 근거하여 칠성을 수용하였다고 한다.『약사칠불경』을 보면 약사불을 주체로 한 칠불에 각 칠성의 이름을 접목하였음을 알 수 있다.

「별회심곡別回心曲」에는 다음과 같은 역할로 칠성신이 등장한다.

이세상에 나온사람 뉘덕으로 나왔는가

석가여래 공덕으로 아버님전 뼈를빌고

어머님전 살을빌며 칠성님전 명을빌고

제석님전 복을빌어 이내일신 탄생하니

  이 세상 사람들은 석가여래의 공덕으로 부모의 몸을 빌리고, 칠성에게 수명을 빌고, 제석에게 복을 빌어 세상에 태어났다고 하였다. 칠성신이 인간의 탄생과 운명을 좌우하는 존재로 석가모니·제석신과 나란히 등장하고 있어 민간에 칠성신앙이 깊이 뿌리 내려있음을 알 수 있다.

백중의 불교풍속

'백중'의 어원과 풍습

  7월 보름 백중百中은 우란분절盂蘭盆節이라고도 한다. 불교에서 석 달간의 여름안거가 끝나는 7월 보름날 스님들에게 공양을 올리면 지옥에 떨어진 조상의 영혼을 구할 수 있다고 하여 명절화한 것이 우란분절이다. 이날 올리는 재를 우란분회·우란분재라 하는데, 양나라 무제가 처음 개최하여 당나라 이후 민속적 종교행사로 정착되었다. 현재 중국·대만·홍콩 등에서는 7월 보름을 우란분절·귀절鬼節·중원中元이라 하며, 일본에서는 오봉御盆이라 부른다.

  불교가 융성했던 신라와 고려시대에는 백중 때 우란분재를 열어 스님들께 공양하는 의식을 행했으나, 조선시대에 와서는 사찰에서 여러 가지 음식을 갖추어 재를 올리는 것으로 축소되었다. 『동국세시기』에는 백중날을 망혼일亡魂日이라 하며, 이날 밤 달이 뜨면 채소·과일·술·밥 등을 차려놓고 죽은 부모의 혼을 불러들여 제사 지낸다고 하였다. 이는 우란분재의 영향을 받아 전승된 풍습이라 하겠다.

백중을 중원中元이라고 하는데, 이는 1월·7월·10월의 보름을 상원·중원·하원이라 본 도교의 삼원三元사상에서 유래한 것이다. 도교에서는 삼원 날이면 천제가 인간의 선악을 살피며, 그 가운데 중원은 망자의 죄가 사면되는 날이라 보았다. 따라서 이날 선망부모의 안식을 기원하며 초제醮祭를 지내는데 이를 중원보도中元普度라 한다.

'백중百中'이라는 말은 다른 나라에 없는 우리만의 용어로, 문헌에 처음 등장한 것은 19세기경이다. 고려시대에는 이날을 백종百種·우란盂蘭盆·중원中元 등이라 불렀고, 조선시대에는 개국 초부터 일관되게 백종百種이라는 용어를 사용했다. 그런데 고려가요 〈동동〉의 7월령을 보면 '7월 보름에 아, 백종百種을 차려두고 임과 함께 살아가고자 원을 비옵니다.'라는 내용이 나온다. 또 서진 축법호가 한역한 『우란분경』에도 "밥·백미百味·오과五果를 갖추고, 물 긷는 그릇에 향유를 담아 켜고, 상에 좌복을 펴고, 세상의 온갖 감미로운 것을 발우에 담아 시방의 대덕스님들께 공양하라"고 하였다. 따라서 백종百種이라는 용어는 이 무렵이 각종 과일과 채소가 수확되는 철이어서 여러 종류의 음식과, 우란분의 온갖 감미로운 음식이라는 뜻을 지닌 것으로 보인다. 따라서 조선후기에 등장한 백중[百中]이라는 말은 백종[百種]과 중원[中元]의 첫 글자를 땄다고 보는 것이 통설이다.

이후 발음이 서로 비슷한 백종·백중이 혼용되면서 같은 발음에 다른 한자, 다른 뜻을 적용한 동음이어들이 연달아 만들어졌다. 먼저 '무리 중[衆]'에 각각 '흰 백[白]'과 '일백 백[百]'을 쓰는 '백중[白衆]', '백중[百衆]'이라는 용어가 있다. 전자는 하안거의 공부를 끝낸 스님들이 대중스님 앞에서 자신의 허물을 참회하는 시간을 갖게 되므로, '여러 대중 앞에서 석 달간 행한 수행의 허물을, 자신의 허물을 남김없이[白] 고백한다'는 뜻을 담아 생겨난 말이며, 후자는 '많은[百] 대중스님들께 공양한다'고 하여 붙여진 이름이다. 일반적으로 사용한 '일백 백[百]', '흰 백[白]' 대신 '넋 백[魄]'을 쓰고, 자유롭게 해 준다는 뜻의 '늘어질 종[縱]'을 따와서 만든 '백종[魄縱]'도 있다. 이는 혼백을 놓아 준다는 의미로, 이 날이 고통받는 망자를 극락으로 천도하는 날임을 드러내고 있는 것이다.

또한 '흰 백[白]'에 '발뒤꿈치 종[踵]'을 쓴 '백종[白踵]'이란 용어가 등장했는데, 이는 농부들이 세벌 김매기, 제초작업 등을 끝낸 다음 힘든 농사를 마무리하고 발뒤꿈치를 희게, 곧 깨끗이 씻는다는 의미를 담고 있다. 일시적 농한기를 맞아 농민들이 일터에서 나와 발을 깨끗이 씻고 잔치를 벌였기 때문에 그렇게 이름한 것이다. 그런데 불교권에서는 같은 한자어를 두고, 하안거를 마친 스님들이 발을 닦아 뒤꿈치가 하애졌다는 뜻으로 풀이하였다. 뒤꿈치를 씻는다는 뜻의 '백종[白踵]'이란, 김매기, 제초작업 등의 농사일이 거의 끝나서 호미를 씻어 걸어놓는다는 호미씻이·호미걸이와 동일선상에 있는 것으로, 민간에서 먼저 만든 용어를 불교권에서도 관련 의례와 연결해 해석을 시도한 것으로 보인다.

그뿐만 아니라 '끝날 종[終]'을 쓴 '백종[百終]'이라는 용어가 있는데, 이는 '백일의 끝'이라는 의미로 석 달을 백일의 개념으로 넓게 잡아 백일 간의 하안거가 끝나는 날을 나타낸 표현이다. 근래의 어느 학자는 '백종[百終]'으로 백중행사가 충청지역에서 집중 전승된다는 점에 주목해, 백제[百]가 망한 날[終]과 관련된 것이 아닐까라는 새로운 기원설을 제시하기도 했다.

이러한 용어들을 다 모아놓으면 그 속에서 백중이라는 명절이 지닌 의미와 풍습을 모두 알 수 있어 흥미롭다. 다양한 동음이어가 생성되고 거기에 서로 다른 해석들이 첨가되는 양상에서 중생의 삶과 어우러진 역동적인 불교를 접할 수 있다.

민간에서 백중百中은 호미씻이·머슴날·풋굿 등이라고도 부르는 농한기 축제일이다. 7월은 제초작업·논매기를 끝낸 농민들이 무더운 삼복중에 맞는 농한기로, 이 날 머슴들은 특별한 아침상을 받고 새 옷과 백중 돈을 타서 하루를 쉬게 된다. 또한 농사가 가장 잘된 집의 머슴을 상머슴으로 뽑아 황소에 태워 마을을 돌아다니고, 백중장이 들어서서 새경을 받은 머슴들이 술과 음식을 사 먹고 물건도 구입해 활발한 상거래가 이루어진다. 청장년들간에는 씨름판을 벌여 장원을 뽑고, 정자나무 아래선 소년들이 '들돌 들기'로 성인식을 치러 두레에 가입할 자격을 심사받아 성인 품삯을 받을 수 있게 된다.

이처럼 열심히 일한 뒤에 고단함을 풀어내는 공동체의 농경의례로서의 백중은, 일하는 자들의 축제에서 볼 수 있는 건강함과 당위성을 지니고 있다. 일 잘 하고 힘세고 잘 노는 이가 최고로 대접받는, '생산과 놀이'의 원리에 바탕을 둔 풍요와 신명이 어우러진 잔치였던 것이다.

'우란분절'의 합동천도재

7월 보름 우란분절盂蘭盆節은 삼악도에서 고통 받는 영혼을 천도하는 날로, 사찰에서는 신도들의 조상과 유주무주 고혼의 극락왕생을 기원하는 우란분재盂蘭盆齋를 올리고 있다. '우란분'은 산스크리트어 '울람바나Ullambana'의 음을 따서 만든 한자어로, 울람바나는 '거꾸로 매달린 자의 고통'이라는 뜻을 지니고 있다. 따라서 우란분재는 고통받는 망자들을 위해 베푸는 재齋임을 알 수 있으며, 고통을 풀어주고 혼백을 구해낸다는 뜻에서 해도현解倒懸·구도현救倒懸이라고도 한다.

이날은 석 달에 걸친 스님들의 하안거가 끝나는 날이기도 하여, 해제解制한 스님들이 신도들로부터 공양을 받고 대중스님들 앞에서 그동안의 공부에서 제기된 의문점 등을 문의하며 자신의 허물을 참회하는 시간을 갖는다. 이에 하안거가 끝나는 날 스님들에게 공양을 올리면 조상천도의 공덕이 크다고 여겨왔다.

이날이 지옥중생을 구제하는 날로 정해진 내력은 매우 극적이다. 부처님 10대 제자 중 한 분인 목련 존자目連尊者가 신통력으로 살펴보니, 돌아가신 어머니가 살아생전에 많은 죄를 지어 지옥에서 고통받고 있음을 알게 되어 부처님께 어머니를 구할 수 있는 방법을 간청하였다. 이에 스님들의 안거가 끝나는 날 대덕大德 스님들을 청해 정성껏 공양을 올림으로써 어머니는 천상에 태어나 무량한 복락을 받게 되었다는 것이다.

이날 치르는 의례내용을 보면, 부모·조상에 대한 효사상이 중심을 이루고 있음을 알 수 있다. 불교세시로서의 우란분재는 조상을 천도하고 스님을 공경함으로써 궁극적으로 불법을 수호하는 것이라면, 민속세시로서의 백중은 조상에 천신하고 일꾼을 공경함으로써 궁극적으로 풍농을 보장하는 차이점을 가진다.

『조선왕조실록』에는 조선 초기에 관리들이 '여름안거에 들어간 승려들에게 백성들이 다투어 공양한다'고 통탄하며 이를 금하도록 상소를 올린 기록이 등장한다. 이에 세종은 '승려도 나의 백성이라 절에서 살면서 아니 먹을 수는 없을 터, 그들이 굶주린다면 국가가 모른 척 하겠느냐. 그러니 민중이 다투어 공양함은 해로울 것이 없다'고 명쾌한 답변을 내린 바 있다. 7월 보름의 하안거와 우란분재

풍습이 깊은 뿌리를 지니고 있음을 알 수 있는 대목이다.

지금도 사찰에서 합동으로 치르는 백중천도재·우란분재는 중요한 조상 섬김의 날로 전승되고 있어, 농민 축제로서의 의미는 사라지고 불교적 의미가 주를 이루게 되었다. 기제사의 대상을 포함하여 윗대조상, 문제 있는 조상 등을 위해 공덕을 쌓고 싶을 때 사찰에 의존하게 되고 백중은 그러한 마음을 적극 수용하는 의례인 것이다. 백중천도재는 4월 보름에 지장기도를 입재入齋하여 7월 보름에 천도재를 지내어 회향하는 것을 말하며, 요즘은 7월 보름을 회향일로 하여 49일 이전부터 입재하여 매 7일마다 일곱 번에 걸쳐 재를 치르는 형태로 행해지고 있다. 마지막 날에는 합동천도재에 참여하는 이들이 각자 발원문을 가져와 재가 끝날 때 종이위패, 망자의 옷 등과 함께 태우기도 한다.

이처럼 백중이자 우란분절은 종교와 민속의 융합을 잘 드러내고 있는 세시풍속이다. 민속은 인간 본연의 종교적 심성을 지니고 있게 마련이고, 종교는 민간의 삶에 뿌리내리기 위한 토착성을 필요로 한다. 이들 두 영역의 공통분모는 서로 흡인력을 지니면서 융합되게 마련인 것이다. 백중 우란분재 역시 그 시행시기에서부터 정신적·현실적 필요성에 이르기까지, 상호간의 공통요소를 중심으로 결합하여 전승되어 온 것이라 하겠다.

한가위의 불교풍속

추석의 기원

'더도 덜도 말고 한가위'만 같기를 소원했듯이 추석은 으뜸가는 명절로 꼽힌다. '5월 농부 8월 신선'이라는 말도 여름철까지 힘겨운 농사를 마무리하고 오곡이 익는 쾌적한 가을날 8월이면 신선처럼 남부러울 것 없다는 뜻을 담고 있다. 추석에는 시절음식으로 송편을 빚어 조상에게 차례茶禮를 올리고 여러 가지 놀이를 즐겼다.

'추석秋夕'이란 말 그대로 풀자면 가을저녁을 말한다. 가을 '추[秋]'는 벼[禾]가 익는[火] 시절이라는 뜻이고 저녁을 강조한 것은 곧 달이 떴음을 나타낸다. 따라서 추석은 '오곡백과가 무르익는 보름'으로, 달의 명절이자 수확의 명절이라는 뜻을 유추할 수 있다. 그런데 중국과 일본에서는 예부터 추석 대신 '중추中秋'라는 말을 주로 쓰고 있어 추석은 한국에서만 쓰는 한자임을 알 수 있다.

'추석秋夕'이라는 말의 유래에는 두 가지 설이 있다. 하나는 신라 중엽 이후에, 중국에서 8월 보름을 뜻하는 말로 쓰던 '중추中秋'와 '월석月夕'을 합해서 추석이라 쓰기 시작했다는 설이다. 또 하나는 사마천의 『사기』에 대한 주석과 원문을 모아 5세기에 편집한 『사기집해史記集解』에 나오는 '천자는 봄에 태양에 제사를 지내고 가을에는 달에 제사를 지낸다[天子 春朝日 秋夕月]'는 구절에서 따온 말[5]이라 한다.

---

5 http://blog.daum.net/jc7202/8323485 이는 지금까지 『예기』에 나온 말로 알려졌으나 한 네티즌의 고증으로 『사기집해』인 것이 밝혀졌다.

『삼국사기』에는 추석이 고대신라의 대표적인 명절이었음을 기록하고 있다. 신라 유리왕 9년[32년]에 육부六部의 여인들을 두 패로 나누어 7월 16일부터 한 달 간 길쌈대회를 열게 하였다. 8월 보름에 승패를 가려 진 쪽에서 음식을 장만해 이긴 편에 사례하며 하루를 즐겁게 보냈는데, 이를 '가배'라 불렀다는 것이다. '가배'는 ᄀᆞ빗라는 우리말로, 곱[중앙]＋이[日]이 합하여 '가운뎃날'이라는 뜻을 지닌다. 가을의 한가운데라는 중추中秋의 우리말인 셈이다. 이 ᄀᆞ빗가 음운변화를 거쳐 '가위'가 되었고, 거기에 '크다'라는 뜻의 접두사 '한'이 붙어 '한가위'가 된 것이다. 따라서 ᄀᆞ빗라는 말이 '한가위'라는 우리말로 변하고, 한편에서는 이두식으로 표기하여 가배嘉俳라는 한자어로 변한 셈이다.

그런데 일본의 승려 엔닌圓仁이 9세기에 당나라를 10년 가까이 여행하면서 쓴 『입당구법순례행기』를 보면, 팔월보름 오직 신라에만 있는 명절이라는 기록이 나온다. 당시 당나라에는 신라인의 왕래가 많은 지역에 신라인 집단거주지인 신라방新羅坊이 있어 이곳의 사찰을 신라원新羅院이라 하였다. 엔닌은 당나라에 머무는 동안 이곳에서 많은 도움을 받았다고 한다.

절에서 수제비와 떡을 장만하고 8월 보름 명절을 지냈다. 다른 나라에는 이 명절이 없고 유독 신라에만 있는 명절이다. 노승들의 말에 의하면, 신라가 옛날 발해와 전쟁을 할 때 이 날 승리하여 명절로 정하고 즐거운 음악과 춤을 즐기던 것이 오래도록 이어져 끊이지 않았다고 한다. 우리는 이날 온갖 음식을 마련하여 노래하고 춤추고 음악을 즐기며 밤낮으로 사흘을 쉰다. 이곳 적산원赤山院은 고국을 그리워하며 오늘 이렇게 명절을 치렀다.

이처럼 중국에 있는 신라인의 사찰에서 떡과 음식을 마련해 불교적 방식으로 추석을 기렸다고 하였다. 중국에서는 당나라 이전에는 중추절에 대한 기록이 전무하고, 송나라 때까지 중추절보다 9월 9일의 중양절을 더 큰 명절로 여기고 있었다. 서기 32년에 성행했던 고대신라의 가배풍습과, 800년대에 이르러 '추석이 신라만의 명절'이라는 일본 승려의 기록을 고려할 때, 추석 또한 중국에서 기원되었으리라는 생각을 재고하게 된다.

불교와 추석차례

근래 들어 설과 추석 등 명절에 치르는 차례를 사찰에서 합동차례로 치르는 사례가 늘어나고 있다. 차례茶禮라는 말이 '차를 올리는 예'이건만 유교제사에서는 실제 차 대신 술을 쓰고 있어 이에 대한 궁금증을 지닌 이들이 많다.

차는 이 땅에 전래되면서 불교와 밀접한 관계를 맺어 수행자들이 심신을 닦는 방편이자 부처님께 올리는 주된 공양물이 되어왔다. 고대의 불상과 탑·부도에 차를 공양하는 모습이 새겨져 있듯이, 불전에 차를 올리는 헌다의식은 이른 시기부터 정착되어 향·등·꽃·과일·쌀과 함께 육법공양물의 하나로 자리하게 된 것이다.

고려 때는 왕실과 지배층에도 차가 널리 유행하여 중요한 국가행사에 진다의식進茶儀式이 빠짐없이 등장하였고, 궁중에는 차에 관한 일을 맡아보는 다방茶房을 두었으며 민간에는 차를 재배하여 사찰에 공급하는 다촌茶村이 생겨났다. 그러다가 조선시대에 와서 차를 불교의 산물로 봄에 따라 차문화가 조금씩 쇠퇴하기 시작했으나, 이러한 정책기조와 달리 고려의 진다에 해당하는 의식이 다례茶禮라는 이름으로 바뀌어 여전히 활발하게 행해졌다.

특히 제사에서 차를 사용한 역사는 매우 오래되었다.『삼국유사』는 삼국을 통일한 문무왕이 수로왕을 외가 쪽 15대 시조로 밝히면서, 수로왕의 사당을 종묘에 합하여 제사를 계속 지내도록 하였다. 매년 세시마다 지내는 이 제사에 술·감주·떡·밥·차·과일 등을 차렸는데 이는 종묘에 차를 올린 우리나라 최초의 기록이 되고 있다.

『조선왕조실록』세종 29년의 기록을 보면 주다례晝茶禮라는 말이 등장한다. 기제사와 달리 시제·묘제와 명절제사는 낮에 지내기에 주다례라 한 것이다. 아울러 제사에서 술을 쓸 것인가 차를 쓸 것인가에 대한 갑론을박이 많았는데, 주자가례에 따라 정비된 제사절차에는 술과 차를 올리는 순서가 따로 마련되어 있었다. 초헌·아헌·종헌으로 세 차례 술을 올린 뒤, 조상신이 식사를 마친 다음 헌다 혹은 진다의 순서에서 차를 올리도록 하였기 때문이다.

이렇듯 조선 초에 술과 차를 함께 또는 선택적으로 사용한 과도기를 거쳐, 점차 '헌다'라는 용어는 그대로 두면서 물을 쓰게 된 것이다. 이때 국을 내리고 물을 올려 밥을 조금 말아놓는 것은 곧 숭늉을 의미한다. 이율곡은 '국속國俗에는 차를 썼지만 지금은 물로 대신 한다'면서, 기제와 시제에서는 차를 올려야 한다고 주장한 바 있다.

그런데 '술이냐, 차냐'의 문제는 어디까지나 지배층의 문제였다. 술 역시 기강과 풍속을 해친다는 이유로 금주령을 내려 자유로운 허용의 대상이 아니었지만, 고급기호품이었던 당시의 차는 애초부터 일반백성들이 접근하기 어려운 제물祭物이었다. 제사에 차가 사라지고 술이 남게 된 것은, 차를 불교의 산물로 여겼던 이념적 이유도 있겠지만, 빈부와 무관하게 선택의 폭이 넓고 차보다는 쉽게 구할 수 있었다는 점을 함께 살펴볼 필요가 있다.

한편 『연려실기술』에서는 '우리나라의 문소전 제향은 세종조 때부터 시작되었는데, 한漢나라 원묘의 제도를 모방하여 매일 두 차례의 상식과 한 차례의 다례茶禮가 있었는데, 음식은 소찬을 썼다'고 하였다. 다례뿐만 아니라 기제사에서도 마찬가지였다.

『상변통고』에는 '기제사에서 소찬을 사용하는 잘못[忌祭用素饌之非]'이라는 글에서 여러 학자들의 글을 인용하였다. 이황은 제사에 고기를 쓰는 것은 당연한 일인데, 제주가 근신하며 고기를 먹지 않는다 하여 제상에도 올리지 않는 것은 잘못된 것임을 탄식하였다. 그런데 이수광과 왕씨는 이러한 풍습이 단지 제주의 행소 관례에서 비롯된 것만이 아니라 사찰제사와 밀접하게 관련되어 있음을 지적하였다. 왕씨는 사찰에서 제사를 지냄으로써 선대가 혈식血食을 하지 못하게 되었음을 말하였고, 이수광은 사찰에서 기신재를 열던 풍습으로 인해 사대부 집안에서는 고기를 쓰지만 국가의 기신제에는 오히려 소찬素饌을 쓰게 되었다고 하였다.

제사상에 올리는 제수祭需의 경우, 유가의 도리에 따르면 육류·어류와 같이 귀한 제물을 잘 갖추어 조상신이 흠향토록 하는 반면, 제주祭主는 기일忌日에 술이나 고기를 금하며 근신하였다. 그런데 고려시대는 물론 조선시대에도 사찰에서 기제사를 지내다보니 제사음식으로 술과 고기를 쓰지 않게 되면서, 유교식 제사를 지낼 때조차 이러한 풍습이 적용되었던 것이다.

이처럼 사찰에서 치른 기제사와 차례는 조상의 극락왕생을 기원하는 종교적 바람을 반영하는 것이었기에 고려시대는 물론, 조선시대에도 왕실과 지배층에서 널리 행해졌다. 사찰제사는 근대에 접어들면서 점차 줄어들었다가, 근래에는 사찰에서 치르는 기제사가 증가하고 있을 뿐만 아니라 명절의 합동제사 또한 점차 늘고 있어 '불교와 제사'의 오랜 전통이 현대적으로 새롭게 조명되고 있는 듯하다.

04

겨울

❋

겨울은 수확을 갈무리하고 다가오는 한 해를 준비하는 시기이다. '겨울'의 어원도 가만히 집에 거처하며 지내는 때라는 겨슬[居室]에서 왔으니, 혹한을 앞두고 겨울잠에 들며 월동준비를 하는 것은 사람이나 동식물이나 매한가지인 듯하다. 그러나 겨울의 우물과 동굴 속이 따뜻하듯이, 사람도 바깥이 추울수록 몸속과 마음이 따뜻해지는 것이 이치이다. 따라서 겨울에는 이웃을 돌아보며 마음을 나누는 풍습, 새해와 봄을 준비하는 세시풍속이 성행하였다. 특히 태양이 부활하는 날이라 여겨 작은설이라 부르며 새해를 준비했던 동지를 비롯하여, 섣달의 송구영신하는 다양한 세밑풍습들이 부각되는 시기이다. 겨울은 음력 10월 · 11월 · 12월이 해당되고, 절기로는 입동 · 소설 · 대설 · 동지, 소한 · 대한이 포함된다.

10월은 고구려의 동맹東盟과 예의 무천舞天 등 고대로부터 제천의식을 연 시기로, 수확을 마무리하며 천지신명께 감사를 올려왔다. 따라서 이 시기에 단군檀君이 나라를 세웠다고 보아 개천절을 삼았고, 본래 음력 10월 3일이던 것을 양력으로 바꾸어 국경일로 기념하고 있다. 예로부터 10월은 상달[上月]이라 하여 새로 난 곡식을 신에게 올리기 가장 좋은 신성한 달이라 여겼던 것이다. 이에 가정에서는 가신신앙을 섬기고 묘제를 지내며, 민간신앙에서도 당제堂祭를 치르는 등 새 곡식을 천신薦新하면서 감사와 기원을 올리는 시기였다.

  12월에는 24절기 가운데 명절처럼 중요하게 여기는 동지冬至가 들어 있다. 양력 12월 22일경에 드는 동지는 낮이 가장 짧고 밤이 가장 길지만 다음 날부터 해가 조금씩 길어져 태양의 부활이라는 중요한 의미를 부여하였고, 작은설·아세亞歲라 불렀다. 율리우스력에 따르면 동지는 12월 25일이었고 이 날을 태양의 부활로 여긴 것은 서양에서도 마찬가지였다. 이에 예수의 탄생일이 태양의 부활을 축하하는 동지축제에서 비롯되었다는 것은 공공연한 사실이다. 이처럼 어둠의 극대화, 태양의 부활이라는 키워드를 고려할 때 동지에 불을 밝히는 풍습과 삿된 기운을 쫓는 일련의 풍습은 보편적 심성에 기반을 둔 것이라 하겠다.

  섣달그믐에는 불을 밝히고 밤을 새워 새해를 광명으로 맞음으로써 벽사기복 하는 수세守歲 풍습이 성행했다. 이에 민간에는 '섣달그믐에 잠을 자면 눈썹이 센다'는 속설들이 전한다. 또 섣달그믐에 재앙을 쫓기 위한 연종제年終祭로 궁중에서는 나례儺禮를 펼치고 연종포年終砲를 터트리며, 민간에서는 대나무를 태워 요란한 소리를 내거나 대총·딱총을 놓아 잡귀를 쫓았던 풍습이 광범위하게 전승되었다.

24절기로는 양력 11월의 7일경에 입동이, 22일경에 소설이 든다. 겨울이 시작되는 입동立冬은 김장을 담고 메주를 쑤는 등 겨울 준비에 바쁜 절기이다. 농가에서는 이 시기에 햇곡식으로 떡을 해서 고사를 지내고 이웃과 나누어 먹는다. 특히 입동에 치계미雉鷄米라는 미풍양속이 있었는데, 이는 마을 사람들이 추렴하여 입동·동지·제석의 겨울철에 마을 노인들을 위해 열었던 잔치를 말한다. '꿩과 닭과 쌀'을 뜻하는 치계미란 본래 사또 밥상에 오를 찬값이라는 명목의 뇌물을 일컫는 것이었으나, 마을 노인들을 사또처럼 대접하라는 뜻에서 이 말을 차용한 듯하다. 소설小雪은 첫눈이 내리고 살얼음이 얼기 시작하여 '초순의 홑바지가 하순의 솜바지로 바뀐다'는 속담이 전한다. 한편으로는 '소설 추위는 빚을 내서라도 한다'는 말처럼 이때 날씨가 추워야 보리농사가 잘된다는 시기이다.

양력 12월에는 7일경에 대설이, 22일경에 동지가 든다. 대설大雪은 연중 눈이 가장 많이 내리는 시기이다. '눈[雪]은 보리의 이불'이라는 말이 있듯이 이날 눈이 많이 오면 겨울이 춥지 않고 다음 해 풍년이 든다고 한다. 눈이 보리를 덮어 보온의 효과가 있기 때문에 동해를 적게 입기 때문이다. 특히 대설과 동지冬至의 두 절기가 드는 음력 11월은 한겨울에 접어든 시기로 농가에서는 한 해 농사를 매듭짓고 새해를 준비하는 농한기에 해당한다.

양력 1월에는 5일경에 소한이, 20일경에 대한이 든다. 이 무렵은 연중 가장 추운 시기에 해당하며 날씨와 관련된 속담이 많이 전하는데 '소대한에 객사한 사람은 제사도 지내지 말랬다'는 말이 있다. 이는 추위를 이겨냄으로써 역경을 견디는 힘이 길러지는 것이기에 힘든 고비를 잘 넘기도록 격려하는 말이라 하겠다. 소한小寒은 '작은 추위'라는 이름을 지녔지만 우리나라에서는 이 날이 가장 춥다. 이에 '대한이 소한의 집에 가서 얼어 죽는다', '소한에 얼어 죽은 사람 있어도 대한에 얼어 죽은 사람은 없다'는 속담은 모두 매서운 소한추위를 나타내는 말이다. 대한大寒은 절기의 마지막으로, 제주도에서는 대한 후 5일에서 입춘 전 3일까지의 약 7일간을 신구간新舊間이라 하여 이사나 집수리 등 중요한 일을 해도 별 탈이 없다고 여겼다.

시월의 불교풍속

예부터 10월은 '상달'이라 하여 한 해 농사를 마무리하고 새로 거둔 결실을 천지신명과 조상신에게 올리며 감사드리는 시절로 여겼다. 최남선은 『조선상식문답』에서 '10월은 풍성한 수확과 더불어 신과 인간이 함께 즐기게 되는 달로서, 열두 달 가운데 으뜸가는 달로 생각하여 상달이라 하였다'라고 풀이하였다. 이러한 전통은 단군의 개국에서부터 고대 제천의례, 고려시대의 팔관회八關會로 이어졌으며, 지금도 가정과 마을에서는 안택고사 · 시제, 산신제 · 당제 등으로 그 맥을 잇고 있다.

　10월은 불교와도 관련이 깊은 시기이다. 10월 보름은 스님들의 동안거가 시작되는 수행의 계절이며, 팔관회가 개최된 시기이기도 하다. 초기팔관회에 대한 기록은 개최된 시기가 명확하지 않으나 신라 진흥왕 33년572년의 팔관연회는 10월에 실시한 기록이 있다. 고려시대에 들어서는 개국과 함께 11월 보름마다 개경에서 팔관회가 개최되었고, 이후 서경에서도 10월 보름 팔관회가 정착되면서 매년 두 차례의 팔관회를 치러온 것이다.

　팔관회는 고려시대의 대표적인 국가 불교의례로 서경에서 10월 보름에 개최된 것은 맹동팔관회라 불렀다. 예전에는 3개월씩 차지하는 계절마다 '맹孟' · '중仲' · '계季'를 붙여 각 달을 구분했는데 이를테면 여름은 4월을 맹하, 5월을 중하, 6월을 계하라 불렀다. 따라서 10월에 열리는 팔관회를 맹동팔관회, 11에 열리는 팔관회를 중동팔관회로 구분했던 것이다. 『고려도경』에 '고려에서는 10월 동맹을 팔관재八關齋로 개최한다'고 기록했듯이 맹동팔관은 고대 제천의례의 맥을 잇는 것이었다.

　이러한 10월의 특성은 민간에도 이어졌는데 가정과 마을의 민간신앙에서 불교를 수용한 양상을 광범위하게 살필 수 있다. 대표적인 예로 가신신앙·마을신앙의 대상을 제석帝釋·세존世尊이라 하고, 신주단지·조상단지를 제석단지·세존단지라고도 부르며 섬겼다. 단지에는 쌀·나락 등 곡물을 담아놓았다가 10월에 추수한 새 곡식을 갈아 넣으며, 이 곡식은 복이 담긴 신성한 것이라 하여 집 밖으로 내지 않고 가족들만 먹게 된다. 이때의 제석·세존은 성주신이나 터주신처럼 집을 지키는 가택신으로 여겨졌음을 알 수 있다.

이를테면 전남 강진군의 경우 베로 만든 주머니에 쌀을 넣어 안방 문 위에 걸고 세존으로 모시는데, 10월이 되면 주부가 자신의 성, 남편의 성, 시어머니의 성과 동일한 세 성姓의 남의 논에 각기 엽전 닷 푼을 실에 꿰어놓는다. 이는 세존을 모시고 가는 데 대한 사례라고 한다. '세존 공들이기'라 하여 일곱 포기의 벼 알갱이를 훑어내어 세존주머니에 넣고 아들이 태어나면 세존에게서 생겼다고 여기며 아이를 잘 키워달라고 공을 들이기도 한다. 이전의 묵은 곡식은 탁발승에게 건네준다고 한다.

『동국세시기』에는 '충북 보은의 속리산 꼭대기에 대자재천왕大自在天王의 사당이 있다. 그 천왕은 매년 10월 인일寅日에 법주사로 내려오는데, 산중사람들이 음악을 울려 신을 모셔다가 고사를 지내며 천왕은 45일간 머물다가 돌아간다'고 하였다. 지금도 속리산 일대에서는 이를 고증하여 10월에 천왕봉산신제를 지내고 있다. 천왕봉에서 직접 산신을 모셔 법주사 산신각에 모셔 두었다가 마을로 내려와 불교식 제의와 유교식 제의를 함께 치르고 있다. 이러한 사례들은 모두 상달 천지신명께 올리는 제의와 불교가 결합한 사례들이라 하겠다.

특히 사찰에서는 동안거에 들기 위해 10월 보름을 앞둔 며칠 전부터 김장을 담는 일손으로 분주하다. 사중의 스님들과 신도들이 힘을 합쳐 대중울력으로 동안거 석 달 동안의 겨울양식을 준비함으로써 수행을 응원하고 신심을 다졌던 것이다.

동지의 불교풍속

동지는 짧아지기만 하던 낮의 길이가 다시 길어지기 시작하는 경계의 시간이다.

따라서 1년은 이때 바뀐다고 여겨 동지를 '작은설', '태양이 부활하는 날'이라 부르며 새해와 같은 축제의 날로 삼았다. 크리스마스가 태양의 부활을 축하하는 동지축제였듯이, 이러한 생각은 하나의 민속현상이 아니라 우주이치에 대한 인식이기에 동서양을 막론한 공통의 것이었다.

동지가 드는 양력 12월 22일은 음력 11월에 해당하여, 이달 또한 동짓달 등이라 부르면서 한 해가 시작되는 달로 보았다. 이는 12지支가 시작되는 자월子月이 음력 11월이라는 데서도 잘 드러난다.

불교에서도 동지불공을 중요하게 여겨, 이날 절을 찾아 부처님 앞에서 한 해를 보내고 새해를 맞는 마음가짐을 경건히 다지게 된다. 절에서는 달력을 만들어 나누어 주고, 먹거리가 부족하던 시절 동짓날의 절기음식인 팥죽을 대대적으로 끓여 누구든 먹을 수 있도록 무차대회無遮大會를 열고 공동체이웃과 나누었다. 지금도 절에서 팥죽을 얻어가는 풍습은 이어지고 있다. 또한 봄을 맞는 입춘에 입춘부적·삼재부적을 받았듯이, 이날 절에서 나누어 주는 동지부적을 영험하게 여겼다.

이처럼 동지부적을 붙이고, 팥죽을 쑤어 동지고사冬至告祀를 지낸 뒤 나누어 먹는 것은 모두 민간의 오랜 풍습이다. 동지는 연중 밤이 가장 긴 날이기에 음陰의 속성을 지닌 잡귀가 들끓을 수 있다고 보았다. 이에 부적이 지닌 벽사의 힘과 팥의 붉은색으로 삿된 기운을 물리치고자 했던 것이다. 동짓날 팥죽은 지금도 설의 떡국, 추석의 송편과 함께 으뜸가는 절식으로 전승되면서 '동지팥죽을 먹어야 한 살 더 먹는다'는 말도 함께 이어가고 있다.

한편으로 11월 보름에 개경에서 열었던 고려시대의 중동팔관회를 동지의례로 보기도 한다.[6] 동지는 양력 12월 22일이고 중동팔관회는 음력 11월 보름으로 두 날짜는 비슷한 시기에 오며, 같은 동짓달에 속한다. 특히 고려팔관회가 500년이라는 긴 시간 동안 추운 겨울에 팔관회를 열었던 의미를 생각해볼 필요가 있다. 축제를 치르기에는 10월이 적합한 시기였음에도 불구하고 겨울행사를 지속했던 까닭은 이 시기가 동지와 연계된 시년제始年祭였기 때문이다.

팔관회와 연등회는 의례구조의 유사성은 물론 역사적 전승과정

---

6 편무영,「한국불교민속의 형성론(2) : 팔관·연등회를 중심으로」,『한국불교민속론』(민속원, 1998), pp.97~126.

에서 함께 거론되는 것이 일반적이다. 특히 두 의례에서 등불을 밝히는 '연등燃燈'은 필수적이었다. 정월보름 연등회가 새해의 첫 보름에 불을 밝힌다는 상징성을 중요하게 여겼다면, 중동仲冬인 11월은 태양의 소멸 및 재생과 밀접한 관련을 지닌 달이기 때문이다. 따라서 팔관회는 해가 바뀌는 시점에 전통적으로 성행한 불[火]문화의 한 형태로, 한 해 동안에 사용될 불을 점등함으로써 왕실의 상징성을 확보하는 동지의례의 맥락에서 파악해야 한다는 것이다.

특히 중동팔관회와 정월연등회는 두 번으로 나뉘어졌을 뿐 같은 개년改年의 시간대에 위치한 연속적인 의례라 할 수 있다. 동지와 대보름은 둘 다 또 다른 새해로 여겨졌듯이, 이 시기는 개년과 개화改火를 위한 재생의 시간이었고, 두 축제의 연등은 궁궐에서 왕과 나라의 활력을 일신하기 위한 의례로 볼 수 있는 것이다. 실제『고려사』에도 '동지를 전후해 팔관회가 베풀어졌다'고 표현하였다.

그렇다면 동짓날에 밝히면 될 동지연등을 구태여 동짓달 보름으로 옮긴 이유에 주목하게 된다. 이는 곧 달과 불이 만나는 보름연등의 의미를 중시했기 때문이라는 추측이 가능하다. 설이 정월대보름까지 포함하는 넓은 의미로 여겨졌듯이, 작은설로서 동지 또한 동짓달이라는 큰 틀 속에서 작동하였다면 '동짓달의 보름' 또한 중요한 의미를 지닌다. 하지 이후 태양이 쇠약해지기 시작하여 극에 이르는 동짓달을 맞아, 만월의 밝음과 풍요 속에 밤새 등불을 환히 밝히고 축제를 열었던 것이다. 불을 밝히고 피워서 원하는 바를 얻기 위해서는 만월이라는 의미세트가 필요했던 셈이다.

동지는 태양이 부활하는 작은설이라 여겼지만 실제 어둠이 극에 달하기에 부적과 팥 등으로 삿된 기운을 쫓고 삼가는 데 초점을 두고, 불 밝힘의 의미가 전승되어온 보름연등의 풍습 속에서 동짓달 보름이 부각된 것이라 할 수 있다.

제야의 불교풍속

섣달그믐의 벽사기복

섣달그믐은 제석除夕·제야除夜라고도 한다. '제除'가 없애고 지우는 뜻으로 주로 쓰이기 때문에, 제석이나 제야를 '지난해를 지우는 날'이라 새기는 경우가 많다. 그러나 '제除'자의 풀이를 보면 '해 바뀔 제'라는 뜻이 있어 한 해를 마감하는 날이라는 데 초점이 있다. '망년忘年'의 '망忘'도 '잊어버린다'는 뜻만이 아니라 '다하다, 끝나다'는 의미가 크지만, 주로 지난해를 잊어버린다는 뜻으로 받아들이고 있다. 한 해의 마지막 시점에 필요한 것은 지난 일들을 모두 없애고 잊어버리는 것이 아니라, 일단락의 의미로 받아들여 지난해를 잘 마무리하고 새로운 해를 준비하라는 뜻임을 새길 필요가 있다.

섣달그믐에는 재앙을 쫓고 광명으로 새해를 맞이하기 위한 다양한 벽사기복의 풍습이 전한다. 이날 불을 환히 밝혀 놓고 밤을 새는 수세守歲의 풍습이 성행하여 이를 해지킴·장등長燈·밤새우기 등이라고도 부른다.

'해[歲]를 지킨다[守]'는 것은 새해 또한 어두운 밤을 지나서 오는 것이기에, 불을 밝힘으로써 어둠을 몰아내고 밝은 기운으로 새해를 맞는다는 뜻이 담겨 있다. 따라서 '이날 잠을 자면 영원히 자는 죽음을 뜻한다. 새해의 첫날과 그 전해를 연결하려면 깨어 있어야 한다', '섣달그믐에 잠을 자면 눈썹이 센다'는 속설들이 전한다. 털이 세는 것은 늙음을 뜻하고, 머리칼이 아닌 눈썹이 세는 것은 눈을 감고 잠을 자기 때문에 바로 위에서 그것을 지키지 못한 눈썹을 지목한 셈이다. 『동국세시기』에서는 섣달그믐의 수세풍습을 다음과 같이 기록하였다.

민가에서는 다락·마루·방·부엌·곳간 등 집안 구석구석에 등불을 밝혀 놓는다. 흰 사기접시에 실을 여러 겹 꼬아 심지를 만들고 기름을 부어 외양간이며 변소에까지 불을 켜놓아서 마치 대낮처럼 환하다. 그리고 밤새도록 자지 않는데 이를 수세守歲라 한다.

섣달그믐에는 불을 밝혀놓고 밤을 새는 풍습 외에, 요란한 소리를 내어 잡귀를 쫓아 새해를 무탈하게 맞으려는 적극적인 풍습들이 있었다. 불을 환히 밝히는 것 자체가 어둠과 삿됨을 몰아내는 강력한 의미를 지녔지만, 보다 적극적인 벽사행위가 집중적으로 행해진 것이다. 이에 민간에서는 대나무나 솔가지 등을 태워 요란한 소리를 내거나, 대총·딱총을 놓아 잡귀를 쫓았다. 고려 말에 이규보는

〈수세〉라는 시에서 '뜰 가운데 폭죽소리 시끄러운들 어이하리'라고 읊은 바 있어 고려 때 이미 이러한 풍습이 성행했음을 알 수 있다.

조선시대에는 궁궐에서 한 해를 마무리하는 연종제年終祭를 지냈는데 연종포를 쏘았으며 지방관아에서는 소총을 쏘고 징을 울렸다. 또한 악귀를 쫓기 위해 가면을 쓰고 타악기를 치며 궁궐 이곳저곳을 돌아다니는 나례儺禮 의식을 펼쳤다. 조선후기에 홍만선은 『산림경제』에서 제야에 마당 가운데서 폭죽을 하면 전염병을 물리친다는 속설이 있음을 소개한 바 있다. 요란한 소리로 잡귀를 쫓고 등을 밝힘으로써 새해를 맞는 개년改年의 풍습이 광범위하게 정착되어 있음을 짐작케 한다.

이 외에도 한 해를 마무리하고 새로운 해를 맞이하는 다양한 풍습이 전한다. 저녁밥을 남기지 않고 다 먹거나 바느질거리 등을 해를 넘기지 않고 마무리하는 것은 물론, 그해의 모든 빚은 이 날까지 갚기 위해 애썼다. 만일 이때 청산하지 못한 빚이 있더라도 정월 대보름까지는 독촉을 하지 않는 것이 상례였다. 나와 남 모두 새로운 마음으로 새해를 맞이할 수 있게 하려는 마음가짐을 읽을 수 있다.

이날 사당에 절하고 어른들에게 절을 하는 것을 묵은세배라 하며, 부녀자들이 새해에 쓸 세찬을 만드는 동안 남자들은 집 안팎을 깨끗이 함으로써 묵은해의 액은 모두 물리치고 신성하고 깨끗한 새해를 맞고자 하였던 것이다.

섣달그믐 법회와 불교풍습

사찰에서는 섣달그믐에 송구영신법회·제야도량·포살법회 등의 이름으로 한 해의 마지막을 보내는 법회를 열고 있다. 특히 섣달그믐의 법회는 한 해 동안 자신이 지은 허물을 돌아보며 참회하는 포살布薩의 성격을 띠게 마련이다. 참회와 더불어 새해의 서원을 기도하며 새 마음을 다지는 섣달그믐 법회는 그 여느 때보다 뜻 깊은 시간이라 할 수 있다.

근래에는 이날의 의미를 살려 다양한 프로그램으로 법회를 펼치기도 한다. 이를테면 조계사에서는 한 해 동안 지은 업장이나 근심을 각자 종이에 적어 '아픔 줄'이라는 동아줄에 매달고, 이를 큰 광목에 싸서 해가 바뀌는 마지막 시간에 참회진언과 함께 태우는 행사를 치르고 있다.

제주도 약천사에서는 29일부터 사흘간 법당에서 한 해의 잘못을 참회하고 자신의 부처를 바로 보는 자비수참기도를 올리며 새해를 맞는다. 기도 마지막 날인 31일에는 저녁예불을 시작으로 자비수참기도, 소원탑돌이, 자자自恣·포살布薩, 제야의 종을 타종하고, 이어지는 새해 첫날 새벽예불을 올림으로써 새해에는 더욱 정진할 것을 발원하게 된다.

이날 가정에서 수세하는 불자들은 등을 켜고 광명진언을 외우며 밤을 새기도 한다. 광명진언은 부처님의 광명으로 업장을 소멸하고 무명에 가려진 마음을 밝힌다는 신비한 진언으로 알려져 있기 때문이다. 『열양세시기』에 따르면, 제석날 밤 자정이 지나면 인가의 문밖에서 재 올릴 쌀을 시주하라는 탁발승의 염불소리가 드높았다고 한다. '수세하느라 모여 앉아 떠들며 밤이 깊어가는 줄도 모르고 있다가, 이 소리를 듣고 '벌써 새해가 되었군' 하면서 서로 돌아본다'고 기록하였다.

오늘날에는 제야에 새해를 경건하게 맞이한다는 뜻으로 보신각의 종을 33회 울리고 있다. 이는 조선시대에 통행의 금지와 해제를 알리기 위해 새벽에 33회, 저녁에 28회의 인경을 친 데서 유래한다. 이때의 28번은 하늘의 별자리 28수[宿]를, 33회는 불교의 33천天을 상징하는 것이다.

그런데 사찰에서는 이와 반대로 새벽에 28회, 저녁에 33회 범종을 울린다. 숫자의 뜻에는 여러 설이 있으나 대개 불교의 우주관에 따른 3계28천과 관련된다고 보는 것이 통설이다. 중생이 생사 윤회하는 세계는 욕계·색계·무색계의 3계界로 이루어져 있고 세분하면 욕계 6천, 색계 18천, 무색계 4천의 28천天으로 나누어진다. 따라서 아침에 범종을 28회 울리는 것은 이들 세계를 깨워 하루를 시작한다는 뜻을 담고 있다. 저녁의 33회는 욕계6천의 하나이자 33개의 하늘로 이루어져 있다는 도리천忉利天을 상징한다. 수미산 정상에 있는 도리천은 사바세계를 다스리는 제석천왕이 살고 있는 세계로, 33천의 하늘세계를 향해 중생의 평안을 기원하는 뜻을 담고 있다.

사찰에서 범종을 울리는 것은 뭇 중생이 삼악도의 고통에서 벗어나 깨달음을 얻기를 바라는 뜻을 담고 있다. 따라서 제야에 울려 퍼지는 33회의 종소리는 모든 생명 있는 존재의 평안과 보리심을 일깨우는 범음梵音이라 하겠다.

05 윤달

인류는 기원전 수세기부터 달과 태양의 운행과 변화를 기준으로 역법曆法을 만들어 이를 태음력·태양력이라 불렀는데, 현재 우리가 말하는 '음력'은 태음태양력을 말한다.

윤달은 달을 기준으로 한 태음력과, 태양을 기준으로 한 태양력의 결합에 따라 생겨났다. 달이 한번 찼다가 기우는 데는 약 29.53일(1삭망월)이 걸리고, 지구가 태양을 한 바퀴 도는 데는 약 365.24일(1태양년)이 걸리므로 12삭망월은 1태양년보다 11일 정도가 모자란다. 따라서 달을 기준으로 하면 계절의 변화가 불분명하고 농사에 지장이 크기 때문에, 3년에 한 번 또는 19년에 일곱 번 등의 방식으로 윤달을 두어 날짜를 조절하게 된 것이다.

윤달은 달의 변화를 태양의 변화에 맞추기 위해 고안한 과학적

산물이지만, 일상 속에 찾아드는 윤달은 낯설고 비정상적인 시간이다. 이처럼 약 3년을 주기로 일상의 시간 속에 추가되는 낯선 시간에 대한 수용방식이 곧 윤달문화라 할 수 있다.

윤달의 풍습은 크게 중요한 일상사의 '하기'와 '하지 않기', 그리고 종교적 심성에 따라 행하는 '복 짓기'의 세 갈래로 구분된다. 특히 윤달에 할 일과 금할 일은 시대나 지역에 따라 해석이 달라 혼란을 주고 있는데, 이는 윤달의 양면성이 인간의 심리에 다양하게 작용하기 때문이다.

점성학적으로 보면 윤달은 길흉이 없는 달이다. 월건·월백·월신 등 택일에 필요한 요소들이 아예 존재하지 않는 무중월無中月이기 때문이다. 그런데 이처럼 길흉이 없다는 윤달의 특성은 곧바로 '길흉 있음'과 연결될 가능성이 크다. 흉이 없어 무해無害하니 길吉에 가깝지만, 동시에 길이 없어 무득無得하니 흉과 연결될 수 있는 태생적 한계를 안고 있기 때문이다. 이러한 특성은 윤달을 비정상적 시간으로 여기게 하는 데 한몫 했을 것이다.

윤달에 대한 경계심은 '문門' 가운데 '왕王'이 있는[閏] 글자모양에서도 엿볼 수 있다. 윤달에는 왕이 정전正殿에 나와 집무를 보지 않고 침전寢殿에 머문다는 뜻을 담고 있기 때문이다. 따라서 고대 중국에서는 윤달을 비상월非常月이라 보면서 '윤달에는 백사를 거행하지 않는다'며 근신하는 풍조가 강했다.

윤달을 길월로 보는가 흉월로 보는가에 따라 어떤 일을 하거나 하지 않아야 할 판단의 기준이 된다. 탈을 일으키는 나쁜 기운도 없고 인간을 감시할 신도 없는 달이라 본다면 길월이 되어, 만사에 구애됨 없이 중요한 일을 행할 수 있게 된다. 그러나 정상에서 벗어난 시간이자 길吉이 없는 달로 본다면 흉월이 되어, 만사를 금한 채 근신하는 것이 좋다는 해석이 따르게 되는 것이다.

우리나라에서는 윤달을 '길한 달'로 여기는 가운데 중요한 일상사를 하거나 하지 않는 상반된 풍습을 살펴볼 수 있다. 전통적으로 윤달을 '공달, 덤달, 손없는 달' 등이라 부르면서 이때는 인간세상을 관장하는 신도 감시를 쉬게 되므로 평소 조심스러웠던 일을 해도 무탈하다고 여겼다. 따라서 수의 장만, 산소 이전, 이사, 혼례와 같이 부정이 타기 쉬운 대소사를 처리해왔으며, '송장을 거꾸로 세워도 탈이 없다'고 할 정도로 윤달을 금기와 부정不淨의 습속에서 해방되는 자유의 달로 삼았다. 이와 더불어 윤달을 '없는 달, 남의 달, 썩은 달' 등이라 부르며 혼례나 잔치 등 중요한 일을 피하는 풍습 또한 나란히 전승되고 있다.

이처럼 중요한 일상사의 '하기'와 '하지 않기'가 공존하는 가운데, '복 짓기[祈福]'와 관련된 일련의 불교민속이 광범위하게 전승되고 있다. 윤달이면 절에 가서 불공을 드리거나 생전예수재·세절밟기·가사불사·탑돌이·영가천도 등을 행하는 풍습이 그것이다. 특히 윤달의 불교민속은 극락왕생 기원이 큰 비중을 차지하고 있다.

『동국세시기』에 '광주 봉은사奉恩寺에서는 매양 윤달을 만나면 장안의 여인들이 다투어 와서 불전에 돈을 놓고 불공을 드리기를 윤달이 다가도록 끊이지 않는다. 이렇게 하면 죽어서 극락세계로 간다고 믿으며, 서울과 그 밖의 절에서도 대개 이런 풍속이 있다'고 하였다. 사후를 위해 살아 있을 때 미리 공덕을 쌓는 예수재나 망혼을 위한 영가천도뿐 아니라, 그 외의 불교의례 역시 보다 나은 사후세계를 발원하는 의미와 밀접하게 결합되어 있다. 예컨대 전북 고창의 성밟기는 불교의례가 아니지만 '윤달에 성을 세 바퀴 돌면 저승길이 트여 극락에 간다'고 하며, 모양성牟陽城의 북문은 극락문이라 설정되어 있다.

윤달의 '복 짓기' 유형은 비일상적 시간에 대한 인식이 신적 존재에 대한 기원으로 연결되어, '기복하면 감응하는 달'로 여기게 되었음을 짐작케 한다. 그 내용이 주로 극락왕생과 관련된 것은 윤달에는 '인간을 감시·심판할 신이 없다→저승문이 열린다→극락을 갈 수 있다'는 일련의 윤달담론과 관련된 듯하다.

정상에서 벗어난 시간에 대한 이중적 인식은 인간세상을 관장하는 초월적 존재에 대한 생각과 직결된다. 따라서 윤달풍습은 인간에게 간섭하거나 피해를 줄 신적 존재가 없다는 가정 아래 행하기도 하고, 어떤 신은 더욱 적극적인 섬김의 대상이 되기도 한다. 이때 불보살은 심판하고 벌을 내리는 존재가 아니라 정성을 올리면 감응하는 존재이기에, 비일상적 시간을 맞아 벽사기복하며 기도를 올리는 주 대상이 되는 것이다.

생전예수재

생전예수재의 내력

윤달의 대표적인 불교의례로 생전예수재生前預修齋를 꼽는다. '생전에 미리[預] 닦는다[修]'는 뜻처럼 사후를 위해 살아있을 때 재를 올려 공덕을 쌓는 의례이다. 줄여서 '예수재'라 부르며, 죽어서 행할 일을 미리 한다고 하여 '역수逆修'라는 말을 쓰기도 한다.

중국 당나라 때 칠칠재 등의 천도재가 정착되어 있었는데, 이 시기에 『지장경』·『시왕경』 등이 나오면서 산 자들이 자신의 재를 미리 지내는 풍습이 생겨나게 되었다. 당시 도교에서는 명부세계를 다스리는 열 명의 왕[十王]이 인간의 선악을 심판한다는 시왕사상이 성립되어 있었는데 불교에 수용된다. 사후의 심판자를 모시고 미리 공덕을 쌓아 자신의 업보를 씻음으로써 극락왕생을 기원하는 의례로 예수재가 널리 확산된 것이다.

우리나라에서는 고려시대에 시왕신앙이 성행하고 『시왕경』이 들어온 점으로 보아, 이 시기부터 예수재를 행한 것으로 추정된다. 예수재는 본래 윤달과 무관한 의례였으나, 점차 윤달과 연결되어 사찰에서도 업장소멸과 선업을 쌓는 윤달행사로 이어져 오고 있다.

특히 사후 극락왕생을 위해 생전에 천도재를 지내는 예수재가 윤달과 결합된 것은 매우 자연스럽다. 예수재는 윤달민속의 핵심인 명부세계와 관련된 일인 데다, 10명의 시왕이 1년의 열두 달과 인간의 육십갑자를 각기 나누어 관장한다는 믿음과 연계되어 있기 때문이다.

따라서 민속사회에서는 '윤달이면 시왕들이 휴가를 가게 되므로 이때 한곳에 모인 시왕에게 정성껏 공양을 바침으로써 업장을 소멸받는다'는 담론이 성행하였다.

여기서 시왕에 대한 이중의 갈등심리를 읽어볼 수 있다. '한곳에 모인 시왕에게 정성껏 공양을 바친다'는 것은 명부세계의 심판자에게 정성을 쏟아야 한다는 뜻이다. 그런데 '시왕들이 휴가를 즐긴다'는 표현은 '인간을 감시·심판할 신이 없어 극락을 갈 수 있다, 극락문이 활짝 열린다'는 윤달의 일반적 담론을 담고 있어 시왕의 '부재'가 곧 '길한 달'임을 뜻하기 때문이다. 인간의 업을 심판하는 시왕이 두려움과 경외의 이중적 존재일 수밖에 없는 민간의 심리가 잘 드러나는 대목이다.

죽은 망자를 위해 올리는 의례를 천도재薦度齋라고 하는데, 예수재는 자신의 내세를 위해 생전에 미리 올리는 천도재인 셈이다. 불교에서는 사람이 죽으면 생전에 지은 업을 심판받아 내세가 결정된다고 보는 사상이 있어, 사후의 삶은 곧 전생의 업보를 갚는 방식을 취하게 된다. 따라서 예수재는 사후에 갚아야 할 전생의 빚과 과보를 살아 있는 동안에 미리 갚기 위한 의례라 하겠다.

생전예수재의 내용

예수재는 의례의 구성요소가 밀교적이고 민속적인 배경을 많이 지니고 있다. 사찰을 깨끗하고 화려하게 장엄하고 범패와 범무가 따르는 가운데 많은 재자齋者들이 동참하면서 마치 축제와 같은 분위기를 띠게 된다. 사찰에 따라 하루나 3·7일간 지내기도 하지만, 사람이 죽으면 다음 생을 받기 전까지 49일간 중음계에 머문다고 보아 7일마다 일곱 번에 걸쳐 행하는 것이 일반적이다. 따라서 윤달이 든 전 달에 입재하여, 49일째인 회향일이 윤달에 속하도록 날짜를 정해 진행하게 된다. 이런 까닭에 예수칠재預修七齋라고도 한다.

예수재에서는 먼저 위계에 따른 설단設壇을 하게 되는데, 크게 상단·중단·하단의 3단으로 구분한다. 상단은 증명단의 구실을 하고, 중단이 핵심위치를 차지하며, 하단은 부속단에 해당한다. 상단에는 다시 비로자나불·노사나불·석가모니불을 모신 3신불단을 중심으로, 동쪽에는 지장보살을 비롯한 여러 보살과 육대친코 및 도명존자·무독귀왕을, 서쪽에는 대범천왕·제석천왕·사방천왕 등을 위목으로 두게 된다. 중단은 다시 상중하로 나누어 주 의례대상인 시왕을 중상단에 두고 하판관에서부터 위계에 따라 각기 중중단과 중하단을 마련한다. 마지막으로 하단에는 조관단·사자단·마구단 등을 두게 된다.

의례내용의 특징은 누구나 살아 있는 동안에 빚을 안게 되는데,

이는 경전을 보지 못한 빚과 금전적인 빚이라고 본다는 점이다. 따라서 동참재자들은 각 단의 신적 존재들을 차례로 청해 경배와 공양의례를 올릴 뿐만 아니라, 경전을 봉독하고 지전紙錢을 헌납하는 과정을 치르게 된다. 특히 『예수천왕통의』에 따르면 육십갑자에 따라 개개인이 읽어야 할 책의 권수와 금액이 정해져 있다. 이를테면 갑자생의 경우 5만 3천관의 흠전欠錢과 함께 17권의 간경看經을 해야 한다.

  지전을 납입하여 빚을 갚고 나면 함합소緘合疏라는 소를 받게 되는데, 이를 반으로 찢어 한 조각은 불사르고 나머지는 재자가 간직한다. 이 종이는 영수증과 같은 징표의 구실을 하여 재자가 죽은 뒤 관 속에 넣어 명부에 가지고 가게 된다. 그곳에서 가지고 있는 불태워진 조각과 대조하여 맞으면 그 공덕을 인정받아 왕생하게 된다는 것이다.

  이처럼 예수재에서는 지전이 의례의 중요한 요소로, 이를 '금은전'이라 부른다. 따라서 본재本齋가 시작되기 전에 법당에서 조전의식造錢儀式을 행하는데, 이는 한지로 지전을 만들고 이를 다시 금은전으로 변하게 하는 과정을 말한다. 곧 버드나무가지로 만든 발 위에 지전을 놓고 진언을 외우면서 물을 흩뿌리는 일련의 의식을 행함으로써 종이돈은 금은전으로 바뀐다. 이렇듯 신묘한 힘을 불어넣어 신앙의 대상으로 변환시키는 과정만을 일컬어 점안의식點眼儀式이라고도 한다. 근래에는 인쇄용 돈으로 지전을 대치하고 있으며, 양을 줄이기 위해 명부금고 발행권인 일만관─萬貫짜리 지폐가 생겨나기도 했다.

예수재는 재가신도가 의례주체로 참여하는 불교의례의 전형을 이루는 것으로, 경전 빚은 불법으로 인도하기 위한 것이며 금전 빚은 이를 통해 재보시를 유도하는 구도를 지니고 있다. 또한 종교에 의지하여 내세의 복락을 기구하는 민간의 심성과 깊이 결합된 전통의례로서 기복불교적 특성이 크다.

그러나 '미리 닦는다'는 말에서 알 수 있듯이, 예수재는 불자들이 소홀했던 자기수행을 점검하고 선행을 발원하는 의례에서 출발하였다. 또한 많은 경전에서 '예수코자 하거든 방생부터 먼저 하라'고 한 것처럼 자신의 극락왕생만을 위해서가 아니라 이웃을 위한 보시행 등으로 공덕을 쌓는 의례이기도 하다. 따라서 망자를 위해 유족들이 행하는 천도재가 타력에 의한 것임에 비해, 자신의 노력으로 스스로를 구제하는 자력수행을 실천할 수 있는 의례라 하겠다.

나중을 위해 미리 공덕을 쌓는 역수·예수의 의미는 수의와 관을 마련하는 등, 생전에 죽음을 준비하고 복을 쌓는 여타 민속의 내용에도 영향을 미쳐왔다. '예수'의 본래 의미처럼 윤달의 다양한 예수 풍습이 자신의 죽음을 내다보면서 소홀했던 자기수행을 점검하고 선행을 발원하는 의미임을 되새길 필요가 있다.

삼사순례

윤달에는 하루에 세 곳의 절을 도는 삼사순례三寺巡禮의 풍습이 성행하고 있다. 민간에서는 이를 '세절밟기'라고도 한다. 한국불교에서는 종교적 목적으로 행하는 순례의 역사가 활성화되어 있지 않은 편이다. 수행의 방편으로 유행遊行의 삶을 살아가는 스님들을 제외하면, 전통시대에 일반신자들이 절을 순례한다는 것은 불교가 처한 시대상황이나 경제여건 등의 측면에서 힘든 일이었으리라 짐작된다.

우리나라에서 인근지역이 아닌 먼 곳의 사찰을 순례하기 시작한 것은 대중교통이 발달한 1970년대 이후, 사찰에서 주관하는 성지순례에서 비롯되었다고 보고 있다. 윤달에 불공을 드리기 위해 절을 찾는 이들이 많았기에 숫자 '3'에 특별한 의미를 부여해온 전통에 따라 세 곳의 절을 순례하는 풍습이 생겨난 것이다.

삼사순례는 예수재 등과 달리 규범적인 의례가 아니라 개별적으로 이루어지며, 나들이나 여행처럼 유희성이 커서 상세한 전승양상이 전하지 않는다. '놀기 삼아 한다'는 말처럼, 삼사순례의 열린 측면은 불자가 아닌 이들도 즐겨 참여할 수 있는 요인이기도 하다. 이처럼 삼사순례는 개인이 자유롭게 행할 수 있는 의례이지만 나름대로 규칙과 특성이 있다.

가장 중요한 규칙으로 '1일 완결성'을 꼽는다. 삼사순례는 세 곳의 절을 순례하는 것뿐만 아니라 하루에 완료해야 한다고 보는 것이다. 경우에 따라 며칠에 걸쳐 행하기도 하나 '1일 3회라야만 효험이 있다'고 여기며 비교적 엄격하게 지키고 있다. 이는 삼사순례의 특성을 뚜렷이 드러내는 것으로, 집을 떠나 순례에 오르는 순간부터 의례가 시작되며, 세 절을 밟고 돌아설 때 비로소 의례적 상황이 종결되는 것이다.

윤달이면 절과 불교단체에서 신도들을 모아 삼사순례를 떠나는 경우가 많지만, 상황과 일정에 맞추어 혼자 또는 여럿이 개별적으로 다니는 이들도 많다.

순례의 대상은 하루에 세 곳을 순례해야 하므로 가까운 절을 선택하는 것이 일반적이지만, 전통사찰이나 의미가 부여된 곳들을 묶어서 다녀오기도 한다.

먼저 신도들은 삼사순례의 가장 바람직한 선택유형으로 '삼도삼절[3道3寺]을 밟아야 한다'고 여긴다. 세 도에 있는 절을 찾아다닌다는 것은 그만큼 정성이 지극함을 의미하기 때문이다. 평소에는 사는 곳과 가까운 절에 다닐 것이기 때문에, 여러 지역의 성지를 두루 참배함으로써 신앙심을 다지는 동시에 좀 더 큰 효험을 얻을 수 있으리라는 기대감도 담겨있을 것이다.

따라서 삼도를 중요하게 여기는 이들은 지리산 자락이나, 충청도·경상도·전라도가 만나는 곳처럼 여러 도가 모여 있는 곳을 선택하게 된다. 인근에 위치한 절이더라도 경계가 다른 도를 넘나든다는 것은 그만큼 큰 의미를 담고 있다고 여기는 것이다.

또한 삼보사찰을 비롯해 3대 기도처, 5대 적멸보궁 등과 같이 명산대찰과 이름난 곳을 순례지로 선택하여 볼거리를 겸하는 것은 크고 오래된 절에 신도들이 많이 몰리는 것과 같은 이치이다. 이름난 절을 찾기보다는 윤달을 맞아 자신에게 의미를 지닌 절을 순례하는 이들도 드물지 않다. 이처럼 다양한 방식으로 순례대상 사찰을 정하는 가운데, 특히 '삼도삼절'에 의미를 부여하고 있음을 알 수 있다.

삼사순례를 하는 동안 절에서 행하는 의례내용은 사찰을 참배했을 때의 일반적 양상과 다르지 않다. 신도들에게 질문을 하면 '부처님 전에 불공 올리고, 108배도 하고, 쌀이나 불전도 놓고, 탑이 있으면 돌기도 하고, 다 똑같다'는 대답이 돌아오게 마련이다.

그런데 『동국세시기』에도 '윤달에 불공을 드리면 죽어서 극락세계로 간다고 믿었다'고 했듯이, 지금도 윤달불공에서는 특히 '내세기복'의 의미를 중시하고 있다. 그 가운데 하나가 '부적 모으기'이다. 윤달에도 입춘이나 동지처럼 절에서 부적을 나누어주는 풍습이 있는데, 일 년간 간직하다가 태우는 것이 아니라 매년 모은 부적을 죽은 뒤 관 속에 넣으면 극락왕생하고 후손에게도 복이 미친다고 본 것이다.

특히 '윤달이 있는 해에 삼재가 든 경우, 복삼재면 큰 복이 오지만 악삼재면 우환이 더 커진다'는 속신이 전하여, 절에서는 부적과 삼재 든 이의 옷을 함께 태우는 삼재풀이를 하기도 한다.

교계에서는 삼사순례를 비롯한 윤달의 불사^{佛事}가 '극락왕생'에 치중되어 있는 기복적 성격을 바람직하게 이끌기 위해 힘쓰고 있다. 더불어 공달·덤달에 해당하는 윤달을 맞아, 평소 쉽게 생각하고 저질렀던 자신의 잘못을 돌아보는 수행의 시간으로 삼도록 권장하고 있다. 또 윤달에 삼사를 순례하면 '지혜가 솟아나며, 성지순례를 통해 맺은 인연으로 다음 생에도 불법을 만나고, 병으로 고통받는 이는 쾌차한다'는 등의 목적을 추가하고 있다.

가사불사

윤달의 중요한 불교풍습 가운데 가사^{袈裟}불사가 있다. 가사는 출가자들이 장삼 위에 걸치는 법복으로, 명칭은 '괴색, 탁한 색'을 뜻하는 산스크리트어에서 유래하였다. 따라서 가사불사는 스님들에게 가사를 지어 바침으로써 복을 짓게 하는 풍습이라 하겠다.

최초로 가사를 입은 분은 부처님이다. 29세에 출가한 싯다르타 태자가 처음 만난 사냥꾼과 옷을 바꾸어 입었는데, 올이 굵고 헤진 그 옷을 가사의 시초로 보고 있다. 부처님은 제자들과 함께 재가자들이 버린 옷이나 죽은 이의 옷을 기워 입었다. 그래서 가사를 시주 받은 천 조각들을 꿰매어 만들어 입었다는 뜻에서 납의^{衲衣}, 세속사람들이 버린 헌 옷을 빨아 지은 옷이라 하여 분소의^{糞掃衣}, 세상의 복전이 되어 공덕을 낳는 옷이라는 뜻에서 복전의^{福田衣} 등이라 부른다.

이처럼 가사는 청정과 무소유의 상징이자 부처님의 가르침이 담긴 옷으로 법의法衣라 부른다. 초기에는 쓰레기더미에서 옷을 찾아 입다가 점차 승단이 커지면서 출가자들의 옷은 재가불자들의 보시로 대체되었고, 이른 시기부터 음식·약·침구와 함께 재가자가 출가자에게 올리는 사사공양四事供養의 하나로서 중요하게 다루어졌다.

가사의 형태를 보면 아무 모양 없이 네모나게 만들어 의복에 대한 집착을 여의었음을 나타내고 있다. 따라서 가사는 초기불교 당시부터 수행의 징표이자 인욕의 상징이기도 하였다.

인도, 동남아시아 등 더운 지역에서는 기온이 높아 스님들이 맨몸에 가사만 입게 되나, 우리나라처럼 추운 지역에서는 장삼과 같은 승복을 주로 입고 의식이나 행사 때 가사를 착용하고 있다. 또 발우와 함께 스승이 제자에게 법을 전해 줄 때 상징적인 증표로 사용되기도 한다.

이렇듯 가사는 삼보의 한 존재인 승보를 보호하고 불법을 상징하는 것이기에 가사불사의 공덕은 매우 크다고 여긴다. 가사불사는 필요할 때마다 수시로 이루어지는 것이지만, 특히 윤달에 여러 신도들이 힘을 모아 집중적으로 행하는 것이 불가의 풍습으로 자리 잡았다. 큰절에서는 봄·가을마다 가사불사를 벌여 가사를 전문적으로 짓는 양공良工 스님과 신도들이 정성껏 바느질하여 가사를 만들었다.

특히 가사를 지을 때는 종교적 절차와 형식을 갖추었다. 가사를 짓는 스님은 장삼을 단정히 갖춘 채 예불과 함께 바느질을 하였고, 옷이 완료되면 증명법사를 모시고 가사점안(袈裟點眼)으로 회향의식을 치렀다. 가사점안은 불법을 상징하는 가사에 생명을 불어넣는 한국불교만의 독특한 의식으로, 가사를 짓고 점안을 마침으로써 완전한 가사가 되는 것이다. 따라서 가사불사는 가사시주를 하는 이, 바느질하는 이, 가사시주를 받는 이가 모두 청정한 마음으로 임하게 된다.

그러나 근래에는 이처럼 직접 가사를 만들기보다는 주로 승복가게에서 만들어 보급함으로써 색상과 규격이 조금씩 다른 문제가 발생하였다. 이에 조계종단에서는 2006년에 가사원을 설립하여 통일가사를 종단 소속 스님들에게 보급하고 있다. 아울러 2006년의 윤달이 든 9월에 조계사 대웅전에서 가사불사를 열어, 통합종단 출범 이후 첫 통일가사로 점안의식과 이운의식을 봉행하였다. 이날 신도들은 저마다 통일가사를 불전에 바쳤다.

사찰에 따라서는 윤달의 가사불사를 7 · 7일에 걸쳐 지내기도 한다. 가사불사 입재식과 회향에 이르는 가사불사기간의 49일 동안 매주 영가천도재도 열어 가사불사의 공덕을 영가에게 미치도록 하는 구도를 지닌다.

출가자의 모습을 묘사할 때 '방포원정(方袍圓頂)'이라는 표현을 쓴다. '방포'는 가로로 긴 장방형의 가사를 말하고, '원정'은 삭발한 머리를 가리킨다. 삭발과 가사는 곧 구도와 수행의 정신이 함축하고 있어, 살아 있는 삼보를 섬기는 가사불사의 의미는 더욱 크다.

불교 의례

자현

01

불교의
5대 기념일

　불교계에서는 음력으로 4월 8일 부처님오신날, 2월 8일 출가재일, 12월 8일 성도재일, 2월 15일 열반재일, 7월 15일 백중을 합쳐서 5대 기념일, 혹은 5대 재일, 5대 명절이라고도 한다.

　이 5대 기념일은 우란분절을 제외하면 모두 부처님의 탄생·출가·성도·열반과 관련된 것으로 석가모니부처님이 중심이 된다. 우란분절, 즉 백중은 안거해제와 조상천도, 기도회향이라는 여러 가지 요인이 합쳐져 의식이 거행되는 날로, 현재 사찰에서는 '부처님오신날' 다음으로 큰 규모의 행사가 있는 날이다. 인도의 안거해제문화가 중국의 조상천도라는 효문화와 연결되어 명절로 자리하게 되었고 자연스럽게 불교의 명절로 자리매김을 하게 된 것이다.

부처님 오신날

탄생

중국과 인도의 역사인식

중국과 인도는 역사 서술에 대한 인식관점을 달리한다. 어떤 이는 그 차이를 단선적인 역사인식과 순환적인 역사인식의 차이라 이야기하기도 한다. 순환적인 역사관에서는 사건이 일어난 어떤 해당연도가 중요한 것이 아니라 그 안에 들어 있는 내용과 주제의 전달을 더 중시하며, 따라서 그 부분의 전달에 치중하게 된다.

중국은 일찍부터 문자로 기록하는 경향이 있었지만, 인도는 문자로 기록하는 것보다는 암송에 의한 전승이 더 신성성을 유지할 수 있다고 보았기 때문에 많은 부분의 기록이 뒤늦게 이루어지게 되는 차이를 보인다.

그 결과 중국의 경우, 공자는 평민 출신임에도 불구하고 『춘추春秋』의 주석서인 『춘추공양전春秋公羊傳』과 『춘추공량전春秋穀梁傳』에는 태어난 날 9월 28일이, 또 『춘추좌씨전春秋左氏傳』에는 죽은 날 4월 18일이 정확하게 기록되어 있다. 그러나 인도의 경우, 부처님은 태자출신이며 또 당대에 불세출의 업적을 남긴 위대한 종교가임에도 불구하고 일생의 중요한 사건에 대한 정확한 연도가 남아 있지 않다. 그런 까닭에 지금까지도 부처님의 탄생 연대를 비정하는데 여러 가지 편차를 보이고 있으며, 탄생일 또한 마찬가지이다.

부처님오신날의 차이

북방불교에서는 일반적으로 석가모니 부처님의 탄생일을 4월 8일로 비정한다. 우리나라에서도 이러한 영향으로 '4월 초파일'에서 파생한 '4월 초파일'이라는 말이 부처님오신날의 대명사로 일반화되어 있다.

그러나 남방불교에서는 4월 15일을 부처님오신날로 정하고 있다. 역사에 대한 인식의 차이가, 부처님의 탄생과 관련해서도 여러 가지 기술로 나타나는 것이다. 『장아함경長阿含經』권4의 「유행경遊行經」의 경우, 부처님의 탄생·출가·성도·열반을 모두 2월 8일이라고 기록하고 있다. 이에 반해 『반니원경般泥洹經』권하에서는 탄생·출가·성도·열반을 모두 4월 8일이라고 하였다. 현장玄奘의 『대당서역기大唐西域記』권6에서는, 상좌부는 5월 15일, 다른 부파는 5월 8일을 부처님의 탄신일로 한다고 하여 서로 차이가 있음을 알 수 있다.

이런 점들을 종합해 볼 때, 부처님의 탄신과 관련해서 2~5월 사이, 그리고 8일과 15일의 여러 가지 설이 존재한다는 것을 살펴볼 수 있다.

탄생불과 관욕

길 위의 탄생

아기 부처님[싯다르타]의 탄생은 까삘라국의 왕궁에서 이루어지지 않고, 국경의 동쪽으로 치우친 룸비니동

부처님께서 태어나신 룸비니 마야부인 사원
룸비니의 승원터 유적들

산에서 이루어진다. 탄생이 왕궁에서 이루어지지 않는 것은, 당시에 친정에 가서 해산하는 풍습이 있었기 때문이다.

마야부인은 친정인 꼴리야국으로 가는 도중 룸비니동산에서 해산한다. 불전佛傳들은, 마야부인이 산기를 느껴 룸비니동산에서 수레를 멈추었고, 오른손으로 무우수無憂樹 가지를 잡자 오른쪽 옆구리로 탄생했다고 기록하고 있다.

인도는 오른쪽과 왼쪽에 대한 문화차이가 심하다. 이는 유목의 오른쪽을 선호하는 문화에, 오른손은 음식을 먹을 때 사용하고 왼손은 뒤처리를 할 때 사용하는 엄격한 역할분리에서 기인한다. 그러므로 마야부인은 오른손으로 무우수를 잡게 되고, 또 붓다 역시 오른쪽 옆구리로 탄생하시게 되는 것이다.

무우수는, 산스크리트어로는 아소까aśoka이며, '무우無憂'는 근심이 없다는 의미이다. 이는 태자의 탄생이 어머니인 마야부인에게 아무런 고통을 주지 않았다는 것을 상징한다. 즉, 태자는 누구에게도 고통을 주지 않은 기쁨의 시혜자施惠者로서 탄생한 것이다.

태자가 오른쪽 옆구리로 탄생했다는 것은 인도의 4성 계급에 따라 출생을 분류한 것으로, 태자의 신분이 크샤트리아, 즉 왕족계급이라는 것을 나타낸다.

부처님은 이와 같이 '길 위의 탄생'이라는 시작을 하시게 된다. 그리고 길 위의 성자가 되어 길[道]을 가르치는 진리의 인도자로서의 삶을 살아가시게 되는 것이다.

최초의 일곱 걸음

아기 부처님은 탄생 직후 일곱 걸음을 걷고 나서 오른손으로는 하늘을 가리키고 왼손으로는 땅을 가리키며 탄생과 관련된 제1성第一聲을 외친다. 이것이 유명한 "천상천하天上天下 유아독존唯我獨尊, 삼계개고三界皆苦 아당안지我當安之"라는 탄생게이다. 『태자서응본기경』에는 '천상천하天上天下 유아위존唯我爲尊 삼계개고三界皆苦 하가락자何可樂者'라 하였고, 『대광대장엄경』에는 '천상천하天上天下 유아최존唯我最尊 유아최승唯我最勝 삼계고뇌三界苦惱 오당도지吾當度之'라 하였으며, 『대당서역기』에는 '천상천하天上天下 유아독존唯我獨尊 금자이왕今玆而往 생분이진生分已盡'이라 전한다.

탄생에 대한 경전의 기록에서, 일곱 걸음은 그냥 7보로 나오는 경우(『중아함경中阿含經』·『수행본기경修行本起經』·『사분율四分律』외 다수)와, 4방 7보(『불본행집경佛本行集經』·『중허마하제경衆許摩訶帝經』)와 6방 7보(『방광대장엄경方廣大莊嚴經』) 및 10방 7보(대승의 『대반열반경大般涅槃經』)로 나타나는 경우 등이 있다. 또는 6도 윤회를 벗어난 일곱 번째 걸음이라고 해석하기도 한다.

불전의 탄생게 중 앞 구절인 '천상천하 유아위존'은, 하늘위 신들이나 땅위의 인간계를 구제하고 제도하는 존귀한 존재가 되겠다는 위대함을 의미한다. 다음으로 '삼계개고 오당안지'는, 인간과 신들이 사는 모든 공간인 욕계·색계·무색계의 삼계는 미망의 고통세계일 뿐이니, 이들을 편안하게 해주겠다는 염원이 담겨 있다. 결과적으로 전체적인 탄생게의 의미는, 바로 부처님의 위대함과 중생구제의 원을 상징한 것이라고 하겠다.

다음은 관욕의식에 사용되는 탄생불誕生佛의 불상양식이다. 천지를 가리키고 있다고 해서 천지불天地佛이라 일컬어지기도 하며, 간혹 오른손으로 땅을 가리키고 왼손으로 하늘을 가리키는 정반대의 형태도 있다. 중국문화권은 인도문화와는 반대로 왼쪽을 오른쪽보다 높게 보는 경향이 있어서, 손 모양 즉 수인手印에 역전현상이 나타나는 것이다. 이를 뒤바뀐 수인이라는 뜻에서 역수인逆手印이라고 한다.

구룡토수九龍吐水와 관욕

관욕灌浴은 탄생불의 머리에 물을 붓는 정화의식이다. '부처님오신날'의 법회와 종교의식 후에 거행되는데, 관불灌佛 또는 욕불浴佛이라고도 한다. 이것은 탄생하신 아기 부처님을 처음으로 씻어 드림으로써 탄신을 축하드리고 부처님과 인연을 맺는 종교적 행위이다.

관욕은 새로 탄생한 아기 부처님을 씻겨 드리는 것으로, 더러운 것을 씻어 낸다는 의미보다는 탄생을 경하하여 그 기쁨을 함께한다는 의미가 강하다. 실제로 『욕불공덕경浴佛功德經』에는, 부처님을 목욕시켜 드리면 많은 공덕이 있어 깨달음의 지름길이 된다고 말하고 있다.

불전에는, 아기 부처님이 탄생하자 천지가 진동하고 삼천대천세계가 밝게 빛났으며, 사방에서 천신들이 지켜보는 가운데 용이 온

수와 냉수를 뿌려 아기를 목욕시켰고, 하늘에서 꽃비가 쏟아졌다는 내용이 나온다. 이는 종교적으로는 부처님께 더러움은 없지만, 현상적으로는 신생아에 대한 씻어 줌이 있었다는 것을 의미한다. 온수·냉수와 관련해서『수행본기경修行本起經』권상에는 두 마리의 용이 나타난다. 두 마리 용이 각각 냉수와 온수를 뿌렸다는 것이다.

흔히 '용'이라 하면, 중국문화를 떠올리기 쉽다. 그러나 용이 용왕이나 수신水神의 이미지로 나타나는 것은 불교를 타고 온 인도문화에 의한 것이다. 중국의 용은『주역周易』의 '운종룡雲從龍'에서와 같이, 구름을 동반한 신묘한 조화의 영물로 나타날 뿐이다.『방광대장엄경方廣大莊嚴經』권3에서는 이 용이 아홉 마리로 확대되어 등장한다. 즉, 구룡토수九龍吐水인 것이다. 이러한 전승에 따라 동아시아 불교에서는 아홉 마리 용이 물을 뿜는 듯한 구조의 탄생불 좌대, 즉 관욕대灌浴臺가 만들어지게 된다.

그러나 '9'라는 숫자가 인도에서는 잘 쓰이지 않는다는 점과,『주역』「중천건괘」에서 용이 숫자 '9'와 결합되어 나타난다는 점을 고려했을 때, 이는 중국적인 영향에 의한 변형으로 판단된다.

관욕의식

의정義淨의『남해기귀내법전南海寄歸內法傳』권4에는 인도불교의 관욕의식과 관련된 다음과 같은 내용이 기록되어 있다.

'화려한 관욕대 위에 탄생불을 모신 후 음악을 연주하면서 향과 향수로 씻고 흰 천으로 물기를 제거한다. 이후 꽃과 비단장식을 하였다.'

이 기록을 통해 인도에서도 관욕의식이 일반적으로 행해졌다는 것을 알 수 있다.

동아시아 불교에서는 대체로 『욕불공덕경』 등에 의거해 의식이 거행된다. 먼저 관불반灌佛盤이나 향탕분香湯盆을 안립安立하고, 그 속에 방형의 좌대를 안치한 후 탄생불을 모신다. 관불반이나 향탕분은 부처님을 씻겨 드린 향수를 받기 위한 일종의 장엄한 대야이다.

의식은, 먼저 '아금관목제여래我今灌沐諸如來 정지공덕장엄취淨智功德莊嚴聚 원피오탁중생류願彼五濁衆生類 속증여래정법신速證如來淨法身', 즉 '제가 지금 부처님을 관욕하오니 깨끗한 지혜와 공덕장엄이 모여지이다. 원컨대 더러움에 찌든 오탁의 중생들이 여래의 깨끗한 진리의 몸을 속히 이루어지이다'라는 내용의 관불게灌佛偈를 외운다. 그 후에 관욕을 행하고, 이후에 탄생불을 정갈히 닦고 새로이 향을 피워 공양한다.

관욕에 사용하는 물은 일반적으로 향탕수, 즉 향수를 사용한다. 그러나 불전에는 탄생 직후 기름으로 씻었다는 대목이 있으며, 지금도 탄생지인 룸비니 옆에는 유하油河라고 하는 기름강의 유적이 있다.

더운 지방에서는 향수가 아닌 향유를 사용하는 습관이 있는데,

이것은 물은 금방 증발해 버리기 때문이다. 또 몸에 기름을 바르는 것과 관련해서 율장에는 피부를 좋게 한다는 대목도 나온다.

오늘날 한국불교는 코끼리나 용으로 된 관욕대를 꽃으로 장엄한 후, 탄생불을 모시고 석가모니불 정근을 하면서 관욕을 한다. 코끼리가 관욕대로 등장하는 것은 마야부인의 태몽이 6아백상六牙白象, 즉 여섯 어금니를 가진 흰 코끼리이기 때문이다.

이와 같은 종교의식들은 모두 깊은 상징성을 내포한다는 점에서, 관욕에 앞서 대승의 서원이 서린 관불게를 대중이 함께 하면서 의미를 되새겨 보는 것도 바람직하다.

연등회와 사월 초파일

연등의 기원과 의미

'사월 초파일', '석가탄신일' 하면, 가장 먼저 떠오르는 것은 아마도 '연등'일 것이다. 초파일과 관련된 서울의 '연등축제'는 2012년 중요무형문화재 제122호로 지정되어 현재는 서울을 대표하는 문화축제로 자리매김하고 있다.

『삼국사기』에 의하면, 연등회는 정월 대보름의 삿된 것을 물리치고 복을 받는 벽사사복辟邪賜福과 관련된 축제였다. 일 년 중에 처음 보름달이 뜨는 날인 정월 대보름을 중국 사람들은 원소절元宵節이라 한다. 한나라 문제 때 정월 보름날 오색천으로 장식한 초롱불을 달고 휘황찬란하게 그날을 경축하였다는 기록이 전하며, 상원上元이라고도 한다. 수·당시대에도 계속된 이 원소절에 사람들은 갖가지 모양의 등을 켜고 등불을 구경하며, 새알심을 넣어 끓인 음식인 원소를 먹는다. 흔히 원소절에는 '꽃등놀이를 한다'고 말을 하기 때문에 등절燈節이라고도 부른다.

불교에서 등불은 어둠을 밝혀 나와 남을 이롭게 한다는 점에서, 부처님의 지혜를 상징하기도 한다. 특히 신라시대의 석등구조를 보면, 고려시대나 조선시대의 정료대庭燎臺에 비해 빛의 기능보다는 부처님에 대한 종교적 상징성이 강하게 나타남을 확인할 수 있다. 이것은 연등도 부처님을 상징하는 것이 될 수 있다는 한 방증이라고 하겠다.

연등과 관련해서 자주 언급되는 것이 『현우경賢愚經』권3 「빈녀난타품貧女難陀品」의 '빈자일등貧者一燈'이다. 이것은 가난한 여인이 신심으로 밝힌 등과 기원의 진실함은, 부자들이 밝힌 큰 등의 공능과 공덕을 능가한다는 교훈이 담긴 이야기다.

연등회와 관련한 가장 오래된 언급은, 『삼국사기』에 기록된 신라 진흥왕 12년(551년)에 거행된 팔관회八關會 및 백고좌법회百高座法會 부분이다. 국가적인 대규모의 종교행사가 며칠에 걸쳐 행해지면서 밤에 사찰에서 연등을 밝혔으리라는 것은 쉽게 추측할 수 있다. 또한 밤에 화려한 등을 밝히는 것이 당시로서는 아주 드문 일이었기 때문에 이것만으로도 굉장한 장엄의 효과가 있었을 것이다. '연등을 본다'는 의미의 '간등看燈'이라는 표현이 등장하는 것도 그런 이유에서이다.

이러한 연등과 불교행사의 결합은 이후 통일신라 시대에도 계속 이어지며, 점차 벽사사복의 의미를 내포한 독립적인 연등회의 성격을 확보하게 된다. 고려 태조 왕건의 「훈요십조訓要十條」에도 연등회에 대한 언급이 있는 것으로 미루어 볼 때, 통일신라 시기에는 이미 독립된 불교행사로 정착했음을 짐작할 수 있다.

연등회의 정착은, 어둠을 물리치는 등불이라는 점에서 삿되고 불길한 것들을 물리치고 복을 받고자 하는 벽사사복辟邪賜福과 결부된다. 이것이 연등회가 정월 대보름에 시행된 이유이다. 이것은 또한 일본 승려 엔닌圓仁의 『입당구법순례행기入唐求法巡禮行記』에 기록된 '839년 정월 대보름에 사찰과 거리에서 연등을 밝히고 축제를 즐겼다'는 언급을 통해서도 재삼 확인해 볼 수 있다.

앞의 여러 기록들을 미루어 볼 때 정월 대보름의 연등회는 중국문화 내지는 중국불교와의 연관성 속에서 이해될 수 있는 부분이다. 정월 대보름이라는 벽사사복의 전통과, 연등이라는 밝음의 공덕 가치가 상호 결부될 개연성이 강해서 양자가 쉽게 조화될 수 있었던 것이라 판단되기 때문이다.

우리의 전통문화에는 농경에 따른 보름과 관련된 명절들이 있는데, 대보름인 1월 15일·유두인 6월 15일·백중인 7월 15일·한가위인 8월 15일이 그것이다. 이 중 한가위는 현재 설과 더불어 가장 큰 규모의 명절이지만, 가장 큰 위치를 차지했던 것은 정월 대보름이라 할 수 있다.

정월 대보름이 보름이 아닌 '대'보름으로 특화되어 있는 것은, 일 년의 모든 나쁜 액난을 대보름에 막을 수 있다는 관점 때문이다. 즉, 한가위에 추수감사의 의미가 있다면, 정월 대보름에는 벽사의 의미가 존재한다. 과거의 우리 조상들은 비규정성이 많은 현실 속에서, 벽사를 크게 의식하였다.

현재까지도 정월 대보름에는 삿됨을 물리치는 지신밟기나 부럼 깨물기 등 '소리'와 관련된 벽사가 남아 있다. 그러나 이보다 더 중요한 것은 '불'과 관련된 부분이다. 불을 통해서 어둠이라는 삿됨을 물리치는 것과 관련된 벽사로는 쥐불놀이나 달집태우기 등이 있다.

불교라는 종교성과 관련된 연등도 이와 같은 연장선상에서 생각해 볼 수 있다. 즉, 더러움에 물들지 않는 청정성을 상징하는 연꽃의 의미와 어둠을 밝히는 가치를 지닌 등의 의미가 결합되어 벽사의 최상의 가치가 된 것이다. 낮에 지신밟기를 하듯이, 밤에 연등을 가지고 행진을 함으로써 모든 삿됨을 물리치는 것이다. 삿됨을 물리침과 동시에, 부처님의 길상의 광명이 집안과 사회에 두루하여 일체가 무탈하고 복이 넘치며 국가가 발전할 수 있기를 기원했던 것이다.

연등회와 사월 초파일의 결합

정월 대보름의 연등회는, 고려 의종1146~1170년 재위 때에 이르러 백선연白善淵이 사월 초파일에 연등회를 행했다는 기록이 나타나며, 또 고종 32년1245년 당시 무신정권의 집권자였던 최우崔瑀(崔怡)가 사월 초파일을 경축하기 위해 연등회를 행하였다는 기록이 나타난다. 공민왕대에는 사월 초파일의 연등회가 국가적인 행사로 규모가 확대되기에 이른다. 이런 기록들을 통해 정월 대보름에 행해지던 연등회는 고려 중기부터 사월 초파일로 확대되었음을 알 수 있다.

결국 초파일의 연등회 비중은 점차 커지게 되고 대보름의 연등제는 약화된다. 이것은 정월 대보름의 연등회가 초파일로 옮겨갔다기보다는 초파일로까지 확대되고, 후일 조선 시대에 이르러 축소되는 과정에서 초파일 연등만이 남게 되었다는 것을 의미한다. 이것은 초파일에 대규모의 연등회가 행해지는 중에도 2월 연등에 대한 기록이라든가, 정월 대보름 연등회에 대한 기록충렬왕 3년 1277년이 여전히 남아 있는 것을 통해서도 추측해 볼 수 있다.

2월 연등은, 2월이 나른 날에 비해서 짧은 것을 보충하려는 공덕 증장과 벽사의 의미로 행해졌던 것으로 추정된다. 그 이유는, 지금까지도 2월은 부족한 달이라고 하여 혼례나 이사를 꺼리는 풍속이 잔존하는 것을 볼 때, 2월 연등은 이러한 문제를 연등회를 통해 극복하려 했던 측면으로 이해할 수가 있기 때문이다. 또한 충렬왕 때 정월 대보름 연등회가 행해졌다는 것은, 연등이 초파일과 결합된 이후에도 단일화되지 않았다는 점을 분명히 해 준다.

연등회는 조선 시대에 들어와서도 국민적인 축제의 성격을 계속 유지한다. 이는 성현成俔의 『용재총화慵齋叢話』에, 당시의 풍속으로 깃대를 앞세우고 등 재료를 기부 받아 각종 등을 밝혔다는 기록 등을 통해서 알 수 있다. 또 세시풍속을 기록하고 있는 『동국세시기東國歲時記』 등에서도, 학·사자·호랑이·거북·사슴·잉어·선관仙官·선녀를 형상화한 등燈을 들고, 거리를 밝히는 축제가 성대하게 치러졌음을 기록하고 있다. 또 이날에는 특별히 야간통금이 해제되었다고 하니, 초파일 연등회가 불교를 넘어서 국민적인 축제였다는 것을 알 수 있다. 이것은 등의 형태가 불교적인 상징을 넘어서 다양한 양태를 나타내고 있는 점을 통해서도 판단되는 부분이다.

조선 시대의 불교적인 영향력 축소는, 대보름에도 남아 있었던 연등회를 사월 초파일로 단일화하기에 이르게 된다. 다시 말해 연등회는 독립적인 행사에서 불교의 최대명절인 사월 초파일에 부속된 행사로 정착되는 것이다.

또 사월 초파일과 연등회와의 유기적인 결합은, 사월 초파일 부처님오신날에 사찰에 연등을 밝히고 이를 통해서 일 년 동안 모든 안 좋은 일들을 물리치며 부처님의 좋은 기운이 충만하기를 기원하는 것으로 완성된다.

지금까지 살펴본 것처럼, 연등회는 며칠에 걸쳐 행해지던 대규모 법회인 팔관회나 백고좌법회의 한 부분으로 시작되었으나 별도로 독립되어 벽사사복의 의미가 강조되었고, 다시 벽사사복의 의미를 내포한 채 사월 초파일로 부속되었다고 하겠다.

출가 재일

출가

불교의 4대 재일과 4대 성지

불교도에게 있어 4대 재일이라 하면, 보통은 석가모니부처님의 탄생일·출가일·성도일·열반일을 의미한다. 그러나 인도에 가서 불교의 4대 성지를 순례하게 되면, 탄생지룸비니·성도지보드가야·첫 설법지사르나뜨, 녹야원·열반지꾸시나라, 구시나가라의 네 장소를 가게 된다. 또한 스님들이 공양할 때 외우는 게송 가운데 부처님의 은혜를 상기하는 게송에서도 '불생가비라佛生迦毘羅 성도마갈타成道摩竭陀 설법바라나說法波羅奈 입멸구시라入滅俱尸羅'라 하여 4대 성지와 같은 장소를 들고 있음을 볼 수 있다. 이들 양자는, 탄생·성도·열반이라는 세 가지에 대해서는 공통된 반면에 '출가를 넣을 것인가, 첫 설법을 넣을 것인가'에는 이견을 보이고 있는 것이다.

탄생·성도·열반의 세 가지를 드는 것에 이견이 없는 것은, 이를 통해서 부처님을 이해하는 관점이 존재하는 사실을 통해서 알 수 있다. 첫째는, 탄생을 부처님의 시작으로 보는 관점이다. 후대에 성립되는 많은 불전들은 부처님의 탄생에, '시작'으로서의 큰 의미 부여를 한다. 그것이 바로 '천지불'과 '즉행7보의 탄생게'로 나타나는 부분들로, 탄생을 가지고 부처님을 이해하는 관점이다.

둘째는 성도를 부처님의 시작으로 보는 관점이다. 인간의 육체적

탄생보다는 깨달음이라는 부처님의 자각이야말로 진정한 시작이라는 관점이다. 이것은 『사분율』, 『오분율』 및 『빨리율』의 「마하박가」와 같은 율장에 의거한다.

셋째는, 부처님의 열반을 시작으로 보는 관점이다. 현존하는 『열반경』은 한역본 5종과 빨리어본·산스크리트어본·티베트어본의 총 8종인데, 내용은 대동소이하다. 즉, 『열반경』이 전하는 것은, 부처님의 보리수 아래의 정각은 유여열반有餘涅槃, 즉 불완전한 열반이며, 80세의 열반은 무여열반無餘涅槃, 즉 완전한 열반이라는 것이다. 오늘날 불기佛紀를 부처님의 탄생시점이 아닌 열반시점으로 기록하는 것은 이와 같은 측면이 받아들여진 때문이다. 그러므로 불기를 기준으로 하는 부처님의 탄생은 현재의 불기에 79를 더해야 한다.

결과적으로 4대 재일과 4대 성지 중 공통되는 세 부분은 부처님의 시작을 이해하는 관점과 관련됨을 알 수 있다. 이 가운데 현재 우리 불교계에서 가장 큰 의미를 지니는 것은, 탄생과 관련된 사월초파일이다. 앞의 관점들에 의거해서 본다면, 우리는 후대에 성립되는 불전들에 의거한 관점을 따르고 있는 셈이 된다.

4대 성지와 관련된 내용은 『장아함경』의 「유행경」과 같은 열반경류 경전에서 보여진다. 그러나 부처님께서 자신에 대한 숭배를 금지했다는 점에서, 이 부분은 후대에 추가되었을 것으로 추측된다. 현재 남아있는 간다라미술의 '불전도상佛傳圖像'을 보면, 4대 성지와 관련된 내용이 다수 나타나는데, 이는 후대에는 4대 성지가 완전히

부처님께서 어린 시절을 보낸 가비라국 왕궁 유적

정착되었다는 것을 의미한다.

4대 명절에 대해서는 출처가 분명하지 않다. 지역적으로 탄생지인 룸비니와 인접한 까뻴라의 동문에, 출가를 기념하는 유적이 있어야 함에도 불구하고, 이를 뒷받침할 유적이 발견되지 않고 있다.

부처님의 생애를 중심으로 생각해 볼 때, 출가와 설법 모두 중요하다. 개인의 완성과 중생의 교화라는 관점에서 깨달음의 의미를 고려한다면, 양자는 서로 다른 관점을 가진 것일 뿐이지 우위의 문제는 아닌 것이다.

위대한 포기

출가는 태자라는 존귀한 세속 삶의 포기와 수행자로서의 첫걸음을 나타낸다. 출가하여 깨달음을 얻은 것은, 자신의 완성인 동시에 인류를 향한 깨달음의 제시와 구원의 성취이다. 이런 점에서 출가는 단순히 집을 등진 것이 아닌, 인류를 껴안기 위한 진정한 의미의 첫걸음이라 할 수 있다. 서양에서 부처님의 출가를 '위대한 포기'라 표현하는 것도 그런 이유일 것이다.

사람들은 자신이 가진 것에 쉽게 안주하기 마련이다. 특히 많은 것을 가진 경우 그것을 놓아 버리는 일은 훨씬 더 어려운 법이다. 그러나 부처님은 이 세상의 고통을 없애기 위해 단연히 그 떨침의 길을 가신 것이기에 사람들은 '위대한 포기'라 하는 것이다.

태자의 출가에 대해 불전에서 전하는 내용은, 이 세계의 '본질적 고통苦痛'에 대한 극복을 위해서이다. 이 세계 안에는 즐거움과 고통이 공존한다 그러나 이는 죽음이라는 숙명 위에 건립된 것일 뿐이다. 즉, 즐거움과 고통의 이면에 존재하는 죽음, 이것을 본질적인 고통이라고 한다.

이러한 본질적인 고통에 대한 이해는, 4성제四聖諦의 대전제인 고성제苦聖諦, 3법인三法印의 일체개고一切皆苦, 12연기十二緣起의 출발점인 무명無明, 『법화경』의 3계화택三界火宅 등등 부처님의 가르침 속에서 일관되게 나타난다. 부처님은 이러한 고苦라는 화택火宅으로부터, 인류와 천상의 신들까지도 구원하는 구원자인 것이다. 그리고 바로 이러한 구원의 첫걸음이 현실의 떨침, 즉 출가이며, 이러한 부처님의 정신을 계승하고 실천하는 것이 진정한 출가의 의미라고 하겠다.

출가재일에서 열반재일에 이르는 수행주간
탑돌이

동아시아 불교에서의 부처님의 출가일은 2월 8일이며, 열반일은 2월 15일이다. 이 두 재일은 2월 한 달 사이에 거의 일주일 간격으로 들어있어서, 출가에서 열반에 이르는 8일간 불교적인 발심대정진의 출가열반주간이 만들어지게 된다.

출가열반주간 행사와 관련된 기록을 살펴보면, 먼저 『삼국유사』 「김현감호金現感虎」조의 탑돌이를 들 수 있다. 이에 따르면 신라 풍속에는 2월 8일부터 15일까지 탑돌이가 행해졌으며, 이 탑돌이에는 남녀가 모두 참석해서 탑을 돌면서 예경하고 공덕을 쌓았다.

「김현감호」조에 따르면, 당시 김현은 이차돈의 순교사찰인 흥륜사의 탑돌이에 참석했다가 여인으로 변신한 호랑이를 만나게 된다. 이 사랑은 결국 비극적으로 끝나게 되지만, 이를 통해서 당시의 탑돌이가 단순한 종교의식이 아니라, 오늘날의 축제와 같은 역할도 담당했다는 것을 살펴 볼 수 있다.

탑돌이는 인도의 예경법禮敬法인 우요삼잡右遶三匝, 즉 오른쪽으로 세 바퀴를 도는 것과 관련된다. 인도 사람들은 예로부터 음식을 섭취하는 오른손과 뒤처리를 담당하는 왼손의 역할을 분리해 왔다. 존중을 표시할 때 오른쪽 무릎을 땅에 대는 우슬착지右膝着地와 오른쪽 어깨를 드러내는 편단우견偏袒右肩 역시 오른쪽을 중시하는 문화의 한 단면이라 할 수 있다. 이와 같은 연장선상에서 탑돌이 또한 오른쪽 즉, 시계방향으로 돌게 된다.

이 우요삼잡은 부처님 재세시에는 부처님에 대한 예경방식이었으며, 부처님이 열반하시고 사리탑이 만들어진 뒤에는 탑돌이의 방식으로 전환된다. 인도의 탑은 원형으로 되어 있어서 탑돌이를 하기에 용이한데, 이는 불교탑 이전에 있었던 탑과 탑돌이 문화와 관련된 것으로 보인다. 실제로 율장에는 탑을 오른쪽이 아닌 왼쪽으로 돌았을 때의 문제점이 부처님에 의해 설명되기도 하였다.

오른쪽으로 세 번 도는 것은 대상에 대한 최고의 존중표현이다. 그러므로 탑돌이는 부처님에게 다가가려는 중생의 간절한 서원과 예경의 의미를 내포한다고 할 수 있다. 탑돌이는 세 번뿐만이 아니라 더 돌아도 무방하며, 밤에는 연등을 들고 도는 것이 일반적이었다.

한국불교의 탑돌이 전통은, 조선 세종 때에 부녀자의 사찰출입이 금지되면서 점점 축소되기 시작하여 이후 거의 사라지게 된다. 현재는 법주사 탑돌이와 충주 중앙탑 탑돌이, 그리고 불국사 탑돌이와 월정사 탑돌이 정도가 그 명맥을 잇고 있는 정도이다.

물론 탑돌이가 출가열반주간에만 행해졌던 것은 아니다. 그러나 출가열반주간에 그 의미를 보다 강조하고, 발심대정진의 의미를 고취시키고자 탑돌이가 행해진 것은 주목할 만한 일이다. 이것은 부처님을 사모하고 부처님의 가르침을 실현하려는 다짐의 표현이라고 하겠다.

무애다반無礙茶飯

출가열반주간에 중국 사찰에서는 무애다반無礙茶飯이 행해졌다. 무애다반이란, 모든 이웃들과 함께 음식을 나누면서 부처님의 은혜와 공덕을 기리는 것을 의미한다.

무애다반에 대한 기록은, 엔닌의 『입당구법순례행기』의 841년 2월 8일조에 나타난다. 이에 의하면, 출가열반주간에 부처님의 치사리를 갖가지의 음식과 장엄구로 공양하고 이것을 주변의 이웃으로 회향하는 것으로 되어 있다. 즉, 부처님과 관련된 경건한 기간에 부처님께 최상의 공양을 올리고, 다시 이것을 가난한 이웃들이 두루 혜택을 입도록 나누는 것이다.

부처님은 계급차별과 남녀차이를 부정한 인류최초의 선각자이자 실천가이다. 출가열반주간에 이 뜻을 기려 보다 많이 가진 이들이 부처님께 공양을 올리고, 이것을 다시 부족하고 소외된 이들에게 돌아갈 수 있도록 하는 것이다. 이는 불교라는 종교를 통한 새로운 분배구조이다. 이것은 불교의 대사회적인 역할이라는 부분에서도 매우 긍정적인 방식으로, 오늘날 되살려도 충분한 의미를 가지는 행사라고 생각된다.

대한불교조계종단에서는 1996년부터 이 기간을 '불교도경건주간'으로 정하고, 자비나눔의 탁발행사와 같은 대사회적인 실천노력을 기울여 왔다. 현재는 '출가열반재일주간'으로 재정리되어, 승단에 공양을 올려 복을 짓는 '승보공양'과 '108참회기도' 그리고 '생명과 나눔' 등의 실천적인 행사 등으로 확대 시행하고 있다. 또 각 사찰에서는 이 시기를 용맹정진주간으로 정해 특별 수행에 진력하기도 한다.

불교는 부처님의 가르침을 받아 믿고 실천하려는 종교이다. 출가재일에서 열반재일에 이르는 한 주간만이라도, 부처님을 생각하고 진리와 승단을 생각하는 거룩한 성행^{聖行}이 이루어졌으면 한다.

성도재일

깨달음

수행과 버림

　　부처님의 깨달음은 인간의 인간을 넘어선 것이며, 신에게 예속된 이 세상의 가치를 인간에게 되돌리는 장중한 선언이었다.

　　부처님은 출가 후 먼저 박가와에게서 고행을 배우게 된다. 고행주의란 육체에 구속된 영혼의 해방을 위해서 몸을 괴롭히는 것이다. 즉, 영육靈肉의 이원론적인 관점에서, 영혼에 보다 본질적인 초점을 맞추는 수행법인 것이다. 그러나 싯닷타는 모든 고행은 익숙해지면서 점차 무뎌져 수고롭기만 할 뿐, 정신적인 각성을 주지 못한다는 점을 자각하고 명상주의로 선회하게 된다.

　　박가와를 떠난 싯닷타는 명상주의자인 알라라깔라마와 웃다까라마뿟따를 차례로 찾아가 최고의 명상단계를 터득하게 된다. 명상은 내면의 성찰을 통해 행복을 성취한다는 점에서, 수행문화에 있어서는 고행과 반대되는 낙樂, 즉 즐거움으로 분류된다. 그러나 명상상태에 잠겨 있을 때는 행복하지만, 이 상태로 삶을 살 수는 없다는 한계를 다시금 자각한다. 즉, 수행은 삶을 풍요롭게 하는 것이어야 하며 삶과 유리된 이탈의 행복이어서는 안 된다는 것이다. 이러한 자각은 싯닷타로 하여금 명상과는 또 다른 새로운 길을 모색하도록 하는 계기가 된다.

　　이렇게 하여 선택된 것이 독자적인 6년 고행이다. 이 고행은 박가와의 고행과는 달리 절식과 단식의 방법을 이용한 것이었다. 그러나 이 역시 신체적인 쇠약만을 남긴 채 무의미하게 끝나고 만다.

그래서 부처님은 6년 동안 해 오던 고행을 포기한다. 그 선언은 네란자라강尼連禪河에서 목욕하는 것으로 표현된다. 이것은 그릇된 것을 버리고 중도를 실천하려는 단호한 결단이다.

부처님의 위대성에는, 태자라는 지위도 당신의 길이 아니라는 생각이 들자 과감하게 떨쳐버리고, 또 6년 고행이라는 노력이 헛되다는 것을 안 순간 과감하게 던져버리는 등 단호한 의지의 실천가라는 점에 있다.

수자따의 공양과 정각

부처님은 네란자라강에서 목욕을 하다가 약해진 체력으로 인해 물살에 휩쓸려 떠내려가던 찰나 강변에 늘어진 나뭇가지를 잡고 겨우 강변으로 올라온다. 그리고는 쇠약해진 몸을 이끌고 나무 밑에 앉는다. 때마침 목장 주의 딸 수자따가 우유죽을 끓여 가지고 오다가 싯닷타를 보고는 공양을 올린다. 이것을 드시고 싯닷타는 체력을 회복한다.

수자따의 번역은 선생녀善生女이다. 즉, 선업善業을 만든 여성이라는 의미이다. 이는 특정인의 이름이라기보다는, 부처님께서 정각을 성취하는데 최고의 수승한 선행을 한 여성이라는 의미로 이해하는 것이 좋을 듯하다.

부다가야의 부처님께서 깨달음을 얻으신 보리수

불전은 이 공양을 통해 체력이 회복되었다고 한다. 그러나 6년간 단식과 금식의 고행을 했다는 점에서 단번에 체력이 회복되었다고 보기는 어려우므로, 여러 차례의 공양이 더 있었을 것으로 판단된다. 이것이 수자따 한 사람에 의한 반복된 공양이었는지, 아니면 수행자에 대한 마을 사람들의 공양이었는지는 알 수가 없다. 수자따의 한 번 공양으로 체력이 회복되었다는 것은, 고행을 완전히 버렸다는 것과 그 다음의 깨달음을 강조하기 위한 상징적인 표현으로 이해된다.

부처님의 목욕과 충분한 음식 섭취는 당시 고행주의자로서는 있을 수 없는 일이었다. 이로 인해 함께 당시 고행을 최상의 수행덕목으로 생각했던 다섯 수행자들은 깊은 실망감을 느끼고 부처님을 떠나게 된다. 이들은 부처님과 결별한 후 바라나시의 사르나뜨에 가서 수행을 하게 되는데, 이들은 후일 보드가야에서 정각正覺을 성취한 부처님에 의해 가장 먼저 가르침을 듣고 깨닫는 제자五比丘가 된다.

부처님은 체력을 회복한 후 가야보드가야로 가신다. 그리고 인근에서 풀을 베던 청년에게 길상초吉祥草를 얻어서 뻽팔라수보리수 아래에 깔고, 깨달음을 성취하지 않으면 다시는 일어나지 않겠다는 죽음의 의지를 동반한 수행에 돌입한다. 이러한 결연한 노력의 결과 12월 8일 새벽 지금까지 그 누구도 성취한 적이 없는 완전한 깨달음에 마침내 도달하게 된다.

고락중도의 깨달음

　부처님의 깨달음은 중도이며, 구체적으로는 고락중도苦樂中道이다. 이는 사르나뜨에서 다섯 비구를 제도하면서 말씀하신 내용을 통해서 확인된다. 고락중도란 고통과 즐거움의 양극단을 여읜, 집착을 떠난 중도를 의미한다. 호흡이 적절할 때 우리가 숨 쉰다는 것을 인식하지 않고 자연스럽게 호흡을 하듯이, 중도는 유효적절함을 통해서 존재의 깨달음을 나타낸다. 『잡아함경雜阿含經』에서 부처님은 이것을 강물 위에 떠 있는 통나무가 강의 양변에 걸리지 않고 집착 없이 흘러가 바다에 이르는 것으로 묘사하고 있다. 중도의 실천적인 세목에 해당하는 것이 바로 8정도八正道이다. 4성제가 인간의 삶의 현실에서 부처님 깨달음의 구조체계를 나타낸다면, 8정도는 중도에 입각한 실천체계이다. 이 두 가지는 불교 이전에는 없던 가르침이기 때문에 불교의 핵심사상이라고 할 수 있다. 또한 부처님이 가장 중요시한 가르침이기도 한데, 이는 부처님께서 사르나뜨에서 5비구에게 하신 최초의 설법[初轉法輪]과 꾸시나라에서 수밧다에 베푼 최후의 가르침이 모두 4성제 8정도라는 점을 통해서 분명해진다. 즉, 4성제 8정도는 부처님의 설법에 있어 핵심적인 교설이다.

　부처님은 보드가야에서 깨달음을 성취하시고 난 후 한동안 충만한 내적 기쁨法樂을 즐기신다. 사유기간은 7일씩 일곱 번에 걸쳐 행해지는데, 이때에 범천의 권청梵天勸請으로 중생구제로 마음을 전환하는 이야기가 전해진다.

철야정진과 납팔죽

철야정진

불교는 인간 싯닷타가 부처님으로 재탄생하면서 시작된다. 또 부처님이 6년 고행의 과정을 통해 인간의 굴레를 초극하고 있다는 점에서 모든 수행자의 규범이 된다. 이런 점에서 성도재일은 불교적으로 가장 중요한 기림과 축복의 날이 되기에 충분하다.

부처님의 법향을 따라 출가한 승려들은 성도절이 가까워지면 거룩한 의지를 따르는 법식에 돌입한다. 종단의 선원과 승가대학 등에서는 12월 초하루부터 특별정진에 들어가는데, 이는 12월 1일부터 8일까지 특별정진을 행하던 선종의 전통을 따른 것이다.

선원은 선종에서 깨달음을 향하여 화두를 참구하는 특별수행공간이며, 승가대학은 정식 승려가 되기 위해서 교학을 공부하는 기본교육기관이다. 선원이 깨달음에 투철한 공동체라면 승가대학은 발심을 확립하는 기관인 것이다.

선원과 승가대학에서 초하루부터 정진하는 것을 추가로 정진한다고 해서 가행정진加行精進이라고 하며, 또 부처님을 생각하며 용맹하게 정진한다고 하여 용맹정진勇猛精進이라고도 한다. 이때 거의 잠을 자지 않고 깨달음을 위해 참선 정진하기 때문에 이를 불면불휴不眠不休, 즉 철야정진이라고도 부른다. 잠을 극복하기 위해 승려들은 참선하고 거니는 것을 반복하게 된다. 잠이 인간의 생리조건에서 매우 극복하기 어려운 측면이라는 점에서, 이는 매우 어려운 노력인 동시에 부처님을 기리는 최상의 공덕 행위라고 하겠다.

성도재일의 수행의식

철야정진보다 좀 더 일반대중적인 것으로는 「십바라밀정진도十波羅蜜精進圖」와 「법성게도法性偈圖」를 따라서 도는 수행의식이 있다. 이것은 『석문의범』의 「성도재산림식成道齋山林式」을 통해 확인할 수 있는 것으로, 여기에서는 불보살님들께 귀의하고, 「십바라밀정진도」와 「법성게도」를 따라서 도는 방식이 제시된다.

먼저 「십바라밀정진도」를 살펴보면, 십바라밀이란, 보시布施 · 지계持戒 · 인욕忍辱 · 정진精進 · 선정禪定 · 반야般若 · 방편方便 · 원願 · 력力 · 지智의 열 가지 바라밀을 말한다. 이러한 십바라밀을 상징적으로 도시화한 것이 바로 「십바라밀정진도」이다. 대중들은 성도재일에 이를 따라 돌면서 부처님의 헌신적인 보살행과 이를 통한 깨달음의 의미를 실천으로 구현하기 위해 되새겨 보게 된다.

다음의 「법성게도」의 정식 명칭은 「화엄일승법계도華嚴一乘法界圖」이다. 이것은 의상대사가 중국 종남산 지엄智儼스님의 문하에서 60권 『화엄경』을 공부하면서 그 정수를 뽑아 만든 것이다. 대사는 신라로 귀국한 뒤 전법제자에게 「법성게도」를 주어 신표信標로 삼았다. 「법성게도」는 대승불교의 『화엄경』 핵심이자 깨달음에 대한 도상적인 표현이다. 그러므로 이것을 따라서 돈다는 것은 그 진리의 체현을 의미한다.

「십바라밀정진도」와 「법성게도」를 따라서 돈다는 것은 결국 바라밀의 실천과 화엄의 깨달음을 말하는 것으로, 이는 대승의 두 날개인 '방편'과 '반야'를 성도재일에 대중들이 새기는 의식이 되는 것이다.

납팔죽臘八粥과 민간풍속

납팔죽臘八粥이란, 납월 8일에 먹는 죽이라는 의미이다. 우리는 전통적으로 11월을 동짓달이라 하고 12월을 섣달이라고 하는데, 섣달의 한자식 명칭이 바로 납월臘月이다.

납월 8일은 12월 8일로 부처님의 성도일을 가리킨다. 이때 사찰에서는 오곡과 말린 과실을 넣어 죽을 쑤어 부처님께 올리고, 신도들과 함께 나누어 먹으며 철야정진을 한다. 이것은 부처님께서 수자따의 우유죽[乳米粥] 공양을 드시고 성도하신 것을 본받아, 죽 공양을 올리고 성도를 위한 경건한 정진을 행하고자 하는 것이다. 그래서 이것을 납월 8일의 죽, 납팔죽이라고 한다.

부처님 당시의 인도는 유목문화가 많이 존재했기 때문에 유미죽, 즉 우유죽이 공양되었지만, 이는 동아시아의 농경문화에서는 어려운 일이었다. 그래서 이 죽이 최상의 공덕을 산출하는 최고의 죽이라는 의미를 차용하여, 잣이나 밤·팥·땅콩·대추·말린 과일 등의 좋은 재료를 넣어 끓이는 것으로 대체하게 되었다. 이 죽을 칠보

죽七寶粥 또는 오미죽五味粥이라고도 한다.

　납팔죽을 먹는 풍속은 중국 당나라 때부터 시작되었는데, 처음에는 성도재일 전날의 철야정진과 연결되어 제한적으로 시작되었다. 이것이 성도재일에 부처님께 납팔죽 공양을 올리고 난 후, 신도들과 나누는 과정에서 점차 민간으로까지 확대되기에 이른다.

　송나라·명나라 때에는 납팔죽을 먹는 것이 매우 성행하여 동짓날 팥죽을 먹는 것처럼 납팔죽을 나누고, 부처님의 공덕을 기리는 성대한 축제로 자리 잡게 된다. 이로 인하여 동지에 신하들에게 달력을 하사하듯, 백관에게 죽을 주는 풍습이 생겼고, 귀족들도 백성들과 나누는 것으로 확대되기에 이른다.

　납팔죽을 나누는 것이 일반풍속에서도 유행하게 되자, 죽의 맛과 장식을 겨루거나 이를 통해서 길흉을 점치는 등 민간적인 요소가 첨가된다. 우리는 조선이라는 숭유억불시대를 거치면서 납팔죽 축제문화는 완전히 사라지고, 동지에 팥죽을 쑤어 부처님께 올리고 신도들과 나누어 먹는 동지팥죽 풍습만 남아 있다. 그러나 중국의 경우 현재까지도 납팔절臘八節이라 하여 전통 명절로 남아 있으며, 사찰이나 가정에서는 이 날 납팔죽을 만들어 나누어 먹는 등의 풍습이 아직도 행해지고 있음을 확인해 볼 수 있다.

　연등회가 불교를 넘어서 우리나라를 대표하는 세계적인 축제가 된 것처럼, 납팔죽을 통한 불교축제 역시 동지팥죽을 넘어서는 새로운 전환기적 부활을 맞이했으면 하는 바람이다. 또 거기에는 반드시 성도재일이라는 부처님의 수행정신이 동반되어야 할 것이다.

열반재일

열반

열반과 해탈

열반이란 '니르바나nirvāna'의 음역어로, 타오르는 번뇌의 불꽃을 지혜로 꺼서 일체의 번뇌나 고뇌가 소멸된 상태를 의미한다. 즉 수행에 의해 진리를 체득하여 미혹과 집착을 끊고 일체의 속박에서 해탈解脫한 최고의 경지 또는 최상의 행복을 표현하는 말인 것이다. 또한 큰스님의 죽음, 즉 원적圓寂과 같은 의미로도 사용되는데 이것은 큰스님께서 원적을 통해 완전한 깨달음을 성취하셨다는 것을 상징하는 것이지, 죽음만을 나타내는 것은 아니다. 다시 말해 원적은 열반에 포함되지만 죽음 자체가 열반은 아닌 것이다. 그것은 마치 태평양은 바다에 포함되지만 바다가 곧 태평양만은 아닌 것과 같다.

해탈과 열반이 동의어처럼 사용되는 것은, 열반이 반드시 수행완성자의 죽음에만 한정되는 개념이 아니라는 점을 분명히 한다. 해탈이 번뇌나 윤회의 구속과 같은 문제의 속박으로부터 벗어나는 것을 의미한다면, 열반은 오고감이 없는 존재의 완성이라는 실존의 의미가 강하다. 부처님은 열반에 대한 설명에서, '그것은 마치 꺼진 불과 같아서, 어디로 간다거나 오는 것이 아니라는 점'을 분명히 밝히고 있다. 즉, 불교에서 말하는 깨달음은 꿈에서 깨어나는 것과 같이 벗어나는 것이 아니라, 현재의 실존을 정면으로 주시하는 것이라는 말이다.

부처님의 생애와 열반에 대한 기록

부처님의 열반은 초기불교에서부터 매우 중요하게 다루어졌다. 부처님의 제자들은 부처님의 유언도 있었지만, 부처님이라는 위인의 삶보다는 수행과 깨달음이라는 보다 자기적인 부분에 관심이 많았다. 그렇기 때문에 부처님의 생애는 열반 직후 바로 정리되지 못했고, 여러 단편들에 의한 재정립과정을 거쳐 수백 년이 경과된 뒤에야 비로소 완성되게 된다. 즉, 불교가 종교화되면서 교조에 대한 특수성을 자각하게 되고, 그 이후에 비로소 부처님의 생애가 정리되는 것이다.

부처님은 제자들에게 가르침을 주시는 과정에서 자연스레 당신의 경험과 관련된 이야기들을 하고 계시는데, 이것은 부처님의 생애를 구성하는 중요한 소재가 된다. 그러나 시간적인 것보다는 내용을 중시하는 인도문화의 여건상 일생동안 일어났던 일들의 선후를 파악하는 것은 결코 용이한 일이 아니다. 예를 들면, 모든 불교경전의 첫머리에는 영취산이나 기원정사 등등 법을 설하는 장소가 분명하게 언급되어 있다. 그러나 그 가르침이 설해진 시점에 관해서는 단지 '일시一時', 즉 '어느 때'라고만 되어 있다. 만일 '부처님의 몇 세 때'라는 언급이 한 구절만 들어갔다면, 불교학은 비약적인 진보를 할 수 있었을 것이다.

당시 제자들은 쉽게 알 수 있었던 부처님의 생애에 대해서는 관심이 없었다. 그리고 후대 불교도들이 부처님의 생애에 관심을 기울이게 될 무렵에는, 이번에는 정반대로 부처님의 생애를 정확하게 알고 있는 사람들이 사라지고 없었다. 이 두 번의 없음이, 부처님의 생애가 불확실성을 가지게 되는 특수성이다.

그런데 부처님의 생애 중 유독 두 부분만은 자세하게 남아 있다. 그 첫째는 부처님의 성도 및 초기전도와 관련된 부분이며, 둘째는 열반과 관련된 3개월의 기록이다. 성도와 열반에 대한 기록이 구체적으로 잘 남아 있는 것은, 제자들의 깨달음에 대한 관심을 반영한다. 특히 성도보다 열반이 더 자세한데, 이는 열반이 보다 완전한 깨달음이라는 당시의 인식에 기초한 것이다.

부처님 열반의 여정

부처님은 최후의 안거를 공화제국가였던 웨살리^{바이샬리}에서 보내시는데, 이 시기에 수명을 마칠 결심을 하시게 된다. 여기에서 등장하는 교설이 유명한 '자등명 법등명^{自燈明 法燈明}'의 가르침이다. 이것은 본래 '자신을 섬[島]으로 삼고 진리를 섬으로 삼으라'는 내용이었다. 인도의 경우 우기에 주기적으로 홍수가 발생하기 때문에 홍수의 의지처가 되는 피난 섬을 빗대서 한 가르침이다. 그러나 중국문화권에는 이에 해당하는 개념이 없었기 때문에, '피난 섬'을 '등

부처님께서 열반의 땅인 꾸시나가라로 가시는 길에서 건넌 히란냐와띠강

불'로 번역했던 것이다.

이 가르침은 시자인 아난이 부처님의 열반 후 부처님을 대신할 교단의 수장을 묻는 대목에서 제시된다. 그리고 이것은 웨살리에서 설해진 열반 3개월 전의 가르침이므로, 일반적으로 알려진 것처럼 열반 전 최후의 가르침은 아니다.

이후 부처님은 다시 여정에 오르셨고, 도중에서 금세공업자인 쭌다^{純陀}에게 수카라맛다바라는 최후의 공양을 받으신 후 꾸시나라로 향하게 된다. 이때 쭌다의 공양은 부처님의 육신에 극심한 고통을 준다. 그러나 『열반경』계통의 경전들에서는, 부처님께서 직접 이 공양이 수자따의 우유죽 공양과 비견되는 최고의 공양이라고 말씀하고 계신다. 이는 정각과 열반이라는 '깨달음'과 '완성'에 대한 인식적 공유를 확인해 볼 수 있는 대목이다.

부처님은 히란냐와띠 강을 건너, 말라족의 땅이며 불교적으로는 열반의 땅이 되는 꾸시나가라에 이르신다. 부처님은 꾸시나라의 두 그루의 살라나무^{사라} 사이에 열반의 자리를 마련한다. 이를 사라쌍수^{沙羅雙樹}라고 하는데, 사라쌍수의 존재 이유에 대해서는 『잡아함경』 등의 승상^{繩床}, 즉 그물침대에 대한 기록을 통해 알 수 있다. 인도는 아주 더운 지방이기 때문에 그물침대를 사용하며, 이것은 인도승려들이 사용하는 대표적인 물품 중 하나이다.

부처님은 이후 말라족들의 인사를 차례로 받고, 깨닫지 못할 수도 있다는 불안감에 휩싸여 있던 시자 아난에게 반드시 깨달을 수 있다는 수기를 주어 위로하신다. 그리고 끝으로 마지막 제자가 되는 수밧다에게, 초전법륜에서처럼 4성제와 8정도로 깨닫게 하시고 제자들에게 '방일하지 말라'는 유훈을 끝으로 완전하고 고요한 원적, 즉 영원한 열반에 드신다. 이렇게 놓고 본다면 '방일하지 말라'는 가르침이야말로 부처님의 최후의 가르침인 것이다.

열반 후에도 부처님은 슬픔에 복받쳐 우는 도리천에 환생한 어머니 마야부인을 위해 관에서 일어나 설법해 주시고, 운구행렬과 관련해서 아난에게 팔을 뻗어서 길을 지시해 주신다. 또 늦게 와서 임종을 보지 못한 제자 마하가섭을 위해서는, 관 밖으로 발을 보여 예를 표할 수 있도록 배려하신다. 이것을 부처님 열반 후 세 가지 이적이라고 하는데, 이것은 부처님께서 죽음을 넘어서 불생불멸의 열반성涅槃城에 계시다는 것을 의미하는 것이다. 이러한 내용들은 율장의 1차 결집관련 기록들과 『대당서역기』 등에서 확인된다.

완전한 깨달음과 불기
유여열반과 무여열반

인도인의 육체에 대한 사고는 정신이 본질이고 육체는 이러한 정신을 속박하는 장애라는 관점을 견지한다. 이는 같은 아리안족인 플라톤이, '육체는 영혼의 감옥'이라고 한 것과 일치한다. 이러한 이원론적인 관점에서 육체가 있는 깨달음은 완전한 것일 수 없다. 그래서 부처님의 보리수 아래에서의 정각은 아직 남음이 있는 불완전한 열반이 된다. 이것을 불교에서는 유여열반이라고 한다. 이에 반해 사라쌍수 사이의 열반은 육체의 사멸과 함께 정신은 완전한 깨달음을 성취하게 되는 것이다. 그래서 이를 남음이 없는 완전한 열반, 즉 무여열반이라고 한다.

유여열반을 통해서 무여열반을 증득하게 되며, 양자 중 더 수승하고 완전한 것은 무여열반이다. 이와 같은 두 가지의 서로 다른 관점으로 인하여, '보리수 아래에서의 깨달음'과 '사라쌍수 아래에서의 열반'은 초기불교에서부터 비중 있게 다루어지게 되는 것이다.

이와 같이 무여열반이 유여열반보다 본질적인 완성을 의미한다는 점에서, 불교의 기준점이 되는 불기佛紀는 이때를 기점으로 삼는다. 기독교의 예수는 신의 아들이라는 신성이 주장되기 때문에, 탄생에서부터 완전한 존재가 된다. 그러므로 서기西紀는 예수의 탄생을 기점으로 삼는다. 이에 반해 국조인 단군과 관련된 단기는 국가의 건국과 관련되기 때문에 단군이 즉위하는 해를 기점으로 한다. 즉, 단기는 단군이 탄생한 해가 아닌 군장郡長이 된 해에서 시작되는 것이다.

이처럼 특정기점에는 해당 집단의 관점에 따른 차이가 존재하는데, 불교의 불기는 열반을 기점으로 한다. 그래서 부처님이 탄생하신 해는 불기에 79를 더해야 한다. 이 점은 많은 사람들이 착각하기 쉬운 부분이지만, 그 관점이 어디에 있는 것인가를 이해한다면 혼동의 우려가 없게 될 것이다. 더불어 이를 통해 불교가 지향하는 바에 대한 인식도 확립할 수 있게 된다. 즉, 부처님의 열반은 완전한 진리의 몸으로 환원된 것이다.

중국문화권의 생사관과 죽음에 대한 터부

동아시아불교는 부처님의 열반일과 관련해서 '부처님오신날'의 관욕이나 성도재일의 납팔죽과 같은 특별한 기념의례나 풍속을 가지고 있지 않다. 이 이유는 다음과 같이 크게 두 가지로 나누어 생각해 볼 수 있다.

첫째는, 출가재일에서 열반재일에 이르는 기간 전체가 불교의 경건한 축제기간이므로 열반일 만의 의미가 두드러지지 못했다는 점이며, 둘째는, 동아시아 중국문화권 영향하의 죽음을 터부시하는 문화가 존재한다는 점이 그것이다. 이 중 전자는 쉽게 납득될 수 있는 부분이다. 그러나 후자는 조금 복잡하다.

즉, 인도문화는 윤회론을 바탕으로 하기 때문에 죽음에 대한 두려움이나 슬픔이 상대적으로 적다. 그러나 고대의 중국문화는 한 번 사람이 죽으면 기氣가 흩어져서 다시 모이지 않는다고 생각하였다. 즉, 소멸을 주장하는 것이다. 물론 기가 흩어지는 시간은 조건에 따라서 차이가 있다. 주희朱熹,주자는 『주자어류朱子語類』 권1 「귀신鬼神」편에서 모든 인간의 기는 흩어지는 것으로 끝난다고 정의한다. 단, 특수한 경우에는 기운이 잘 흩어지지 않아서 귀신이 되지만 이것도 한시적인 것일 뿐이다. 그러나 성인은 흩어질 때 잘 흩어지기 때문에 귀신이 되지 않는다고 한다. 또한 귀신의 기운이 흩어지지 않고 영속한다면 태초부터 죽은 귀신들로 이 세계가 꽉 차 있어야 한다는 재미있는 주장까지도 개진하고 있다. 이러한 견해는 중국적인 생사관을 잘 집약한 것이다.

만일 이와 같이 죽음이 윤회와 같은 순환이 아니라 단선적인 마감이라 상정한다면, 죽음에 대한 공포는 자연 증대되게 마련일 것이다. 이로 인하여 동아시아의 중국문화권에서는 죽음을 상기시키는 행위에 대한 강한 터부가 나타나게 된다. 한중일 삼국에서 지금까지도 '넉 사[四]'자와 '죽을 사[死]'자가 발음이 같기 때문에 '4四'라는 숫자를 회피하는 것 등이 여기에 해당한다. 또 윤달에 수의를 미리 장만해 놓으면, 오래 산다는 것과 같은 장수에 대한 갈망도 이의 반대급부로 나타나는 현상이라고 하겠다.

동아시아문화의 죽음에 대한 터부는, 인도문화권의 불교에서 열반을 완성으로 여기는 관점과는 정면으로 상치된다. 열반재일의 특정의례 같은 것도 이런 문화적인 충돌로 인하여 성행하지 못하고 위축되게 되었을 것이다. 이것은 또한 인도문화권에는 널리 퍼져있는 열반상이, 동아시아에서는 거의 나타나지 않는다는 점을 통해서도 단적인 인식이 가능하다.

이렇게 놓고 볼 때, 인도불교에는 열반일과 관련된 특정의식이 존재했을 개연성이 크다. 그러나 오늘날 이와 관련된 내용이나 자료는 전해지는 것이 없다. 그리고 동아시아 불교전통에서 열반재일은, 출가재일에서 열반재일에 이르는 경건축제기간 속으로 흡수되어 축제 회향의 의미 정도를 내포하고 있을 뿐이다.

우란분절: 백중

결제와 해제
안거와 자자

　　　　　　　　　인도는 우리와 달리 여름과 겨울 그리고 우기의 3계절로 되어 있다. 우리나라도 지구온난화의 영향으로 인해 점차 아열대기후로 바뀌면서, 장마대신 우기라는 표현을 사용해야한다는 주장도 나오고 있다. 인도의 우기는 3개월 동안 거의 집중적으로 폭우가 내리는데, 이 시기 인도수행문화는 한곳에 정주해서 집중적으로 수행하는 것을 규범으로 한다. 이것은 '비'라고 하는 이동에 불편한 제약도 있지만, 비가 오면 땅 속에 사는 벌레 등이 지표로 나오게 되어 살생의 개연성이 커지는 측면도 존재하기 때문이다. 이런 이유에서 정주와 집중수행으로 가닥이 잡혀가게 되는 것이다.

　『사분율』권37 등의 율장에는, 불교승단이 우기에 이동을 했다가 사회적인 비판을 받았고, 빔비사라왕의 건의로 부처님께서 안거제도를 두게 되었다고 기록하고 있다. 이는 인도수행문화의 일반론을 불교가 수용하는 과정을 잘 나타내준다.

　이런 기록들을 통해 안거는 우기 때의 집중수행을 의미하는 것이며, 기간은 3개월이라는 것을 알 수 있다. 우리나라의 경우 음력 4

월 15일에서 7월 15일에 이르는 3개월간 여름안거가 시행된다. 그러나 인도의 경우, 지역이 넓고 이에 따라 기후대가 다르게 나타나기 때문에 우기도 지역에 따라서 다르게 나타난다. 그런 까닭에 4월 15일에서 7월 15일까지의 전안거, 5월 15일에서 8월 15일까지의 후안거의 두 가지 안거가 시행되게 된다.

　이에 비해 동아시아 불교는 여름과 대비되는 겨울이 있으므로, 4월 15일에서 7월 15일까지의 여름안거夏安居와 10월 15일에서 1월 15일까지의 겨울안거冬安居가 존재한다. 기후환경적인 조건에 따라 정신은 계승하되 제도는 탄력적으로 적용하고 있는 것이다.

　안거를 마치는 날 거행하는 종교 행사가 자자自恣이다. 이것은 집중수행기간의 수행에 대한 일종의 점검이라고 할 수 있으며, 이때 안거 중에 있었던 여러 가지 문제들에 대한 토론도 함께 이루어진다. 3개월 동안을 함께 지내다 보면 서로 간에 생각지 않았던 문제들도 발생하게 되고, 이런 부분들에 대해 화합적 차원에서 정리하는 의미도 내포되어 있었을 것이다. 즉, 자자에는 '수행의 진전'과 '승단의 화합'이라는 두 가지 의미가 내포는 것이다.

　인도의 경우 날씨가 무덥기 때문에 거의 모든 종교행사들은 밤에 이루어진다. 그러므로 자자 역시 15일 밤에 시작되어 16일에 마치게 된다. 그러나 기후조건이 다른 동아시아에서는 오전에 이루어지며, 점심공양 이전에 마치는 것을 원칙으로 하고 있다.

결제結制와 입재入齋

안거의 시작을 '결제結制'라고 하고 마치는 것을 '해제解制'라고 한다. 인도의 승단은 안거와 관련하여 함께 사는 현전승가의 범위를 규정하는 결계結界를 하게 되는데, 이로 인하여 결제라는 표현을 사용하게 되며, 이 결계를 푸는 것을 해제라고 한다. 이는 다시 말하면 단체적인 부분의 맺고 푸는 것을 의미한다.

'결제'와 유사한 표현으로 자주 사용되는 것에 '입재入齋'라는 것이 있다. 이는 결제에서의 '제制'와는 달리 재계齋戒라는 의미의 '재齋'자를 쓴다. 재계란 몸과 마음을 청정히 하여 계율을 지키면서 자신을 되돌아보고 불보살에게 다가가는 것을 의미한다. 이런 점에서 '제'가 외형적인 것이며 제도적인 것이라면, '재'는 보다 내면적인 마음가짐과 관련된다는 것을 알 수 있다.

'입재'한 것을 마치는 것을 '회향'이라고 하는데, 이는 입재기간 중에 쌓은 수행과 공덕을 널리 중생들과 함께 나눈다는 의미이다. 이렇게 볼 때, 결제와 해제는 승단의 제도와 관련된 초기불교 이래의 용어이며, 입재와 회향은 대승불교적인 관점의 표현이라는 것을 알 수가 있다.

결제와 해제, 입재와 회향 등은 유사한 용어, 특히 '제'와 '재'라는 비슷한 발음으로 인하여, 같은 의미로 사용되기도 하는 과오를 낳고 있다. 그러므로 이에 대한 관점을 분명히 하는 것도 매우 중요하다.

우란분절

우란분절과 조상천도

우란분절의 우란분盂蘭盆은, 산스크리트어 울람바나Ullambana를 음사한 것으로 '거꾸로 매달려 있는 이를 구제한다'는 의미의 '구도현救倒懸'으로 번역한다. 거꾸로 매달려 있다는 것은, 이미 죽은 사람이 사후세계에서 고통 받는 것을 상징한다.

우란분절은, 『우란분경盂蘭盆經』과 『목련경目蓮經』에서 유래한다. 그 내용을 살펴보면, 목련존자의 어머니가 생전에 삿된 행위를 많이 하다가 죽어서 지옥에 가게 된다. 그는 후일 출가하여 신통력으로 이러한 상황을 알고 어머니를 구해내고자 하지만, 뛰어난 신통력으로도 뜻을 이루지 못한다. 그래서 부처님께 도움을 요청하게 되는데, 7월 15일 안거 해제일에 승단에 오미백과와 필요한 물품을 공양하면 그 공덕으로 어머니를 구할 수 있다고 말씀하신다. 결국 이를 통해 그의 어머니는 지옥에서 벗어나 천상에 태어나게 된다.

안거 해제일인 7월 15일은 집중수행기간이 끝나는 날로, 당시 승단에서는 깨달은 승려들이 많이 배출되었다. 깨달은 분들에게 공양을 올림으로 해서, 그 무량한 공덕을 악도에서 고통 받고 있는 돌아가신 분들에게 되돌려 선망조상을 천도하게 되는 것이다.

관련 경전의 중국 찬술설

중국문화권에는 효도의 전통이 강하게 존재하는 데 반해, 인도문화권에는 이러한 면이 약하다는 점에서 우란분절과 관련된 경전들이 중국에서 찬술되었다는 주장이 있다. 불교가 중국에 정착한지 2천년이나 되었다는 점에서, 중국적인 문제의식 수용에 따른 처방으로서 충분히 있을 수 있는 일이다.

그러나 이것을 단정 지어 말하기는 어렵다. 왜냐하면, 불교적인 효는 중국적인 효와는 다른 관점을 가지기 때문이다. 즉, 중국전통의 효 문화가 가부장적인 남성중심의 아버지에 대한 효를 강조하는 것으로 되어 있다면, 불교적인 효 문화는 어머니를 중심으로 한다는 것이다. 『목련경』 역시 목련이 악도에서 괴로움을 받고 있는 어머니를 제도하는 것으로 되어 있다.

또 『부모은중경』이나 『관무량수경』 「서분序分」에도 모두 어머니에 대한 효가 강조되어 있다. 그러므로 중국적인 문제의식 수용에 의해서 변형된 것이라는 주장은 가능해도, 완전히 처음부터 중국에서 만들어진 것이라고 보는 견해는 인정할 수 없다. 즉, 인도의 어머니에 대한 효 문화가, 중국적인 효의식의 영향하에서 보다 중국적으로 변형된 것이라 이해하는 것이 타당하다고 판단된다.

우란분절과 백중

불교의 4대 기념일이 부처님의 생애와 직접 관련되어 있다면, 우란분절은 부처님 당시 인도의 안거해제의 수행문화가 중국에 들어와 효 및 조상천도와 연결되어 발전하면서 확고한 불교명절로 자리매김하게 된다는 차이점을 가진다. 또한 부처님과 관련된 기념일이 일반적으로 '재일齋日'이라 일컬어지는데 반해 우란분절은 석탄절釋誕節과 더불어 '절節'이라 하여 명절로 분류된 점도 인도와 중국 양자의 문화배경이 다르다는 점을 잘 보여 준다.

우란분절이 불교를 넘어서 명절로서의 확고한 자리매김을 할 수 있었던 배경에는 중국 도교전통의 '중원中元'이 있다. 도교에서는 1월과 7월, 10월의 보름을 각각 상원上元·중원中元·하원下元이라 한다. 이를 3원三元이라 하며, 이 날에는 천제가 인간계를 두루 살펴서 선악을 기록하기 때문에 재계하고 행동을 삼가해야 한다고 한다. 이 가운데 특히 7월 보름 중원날은 지옥관리가 죄인의 죄를 사면, 경감해 주는 날로, 이 날 사람들은 제사 음식을 마련해 조상과 육친권속들에게 제사를 지내면서 그들의 안식을 기도한다. 이것을 중원보도中元普渡라 한다.

이와 같이 도교의 중원제사와 불교의 공양을 통한 목련구모目蓮救母의 이야기가 습합되어, 제사를 지냄으로써 돌아가신 부모·권속에게는 효도하고, 수행을 마친 승려들에게 공양하고 독경함으로써 돌아가신 부모·권속이 지옥과 아귀의 고통에서 벗어나게 되며, 자신은 현세의 재앙이 닥치지 않으며 공덕이 된다는 사고가 서로 혼합되어 일종의 민간풍속을 형성하게 된다. 현재 중국 민간에서는 7월 보름의 중원날을 귀절鬼節이라 하며, 매년 7월을 귀월鬼月이라 하여 길거리에서 향을 사르고 지전紙錢 등을 태우며, 실생활에서는 의례와 이동을 금기시한다. 대만불교에서는 7월을 효도월孝道月, 환희의 달 등으로 부르며, 각 절의 전통에 따라 3일, 7일 등등의 기간을 정해 경전 독송이나 자비수참수행을 봉행한다. 그리고 하안거동안 수행하신 스님들께 공양을 올리는 공불승제供佛僧祭(공승제)를 행함으로써 우란분절 행사를 회향한다. 불광사에서는 매년 수천 명의 세계 각지의 승려들을 초청하여 공양 올리는 국제공불승제를 여법하게 거행하여 불교도들의 신심과 우의를 다지고 있다.

일본말 오봉御盆의 '분盆'은 우란분을 간략히 한 말이다. 현재 음력을 사용하지 않는 일본 도쿄에서는 7월 13일~16일, 지방에서는 8월 13일~16일에 오봉의례가 행해진다. 일반적으로 신도가 집에 스님을 모시거나, 또는 절에서, 조상을 위한 과일이나 떡 등을 차려 의례를 행하며, 신자든 비신자든 오쥬겐御中元이라 하여 선물을 주고받는다. 또한 8월 13일~16일 즈음에 회사들은 조상들의 성묘를 위한 '오봉야스미'라는 연휴를 주며, 쇼로우나가시精靈流し라 하여 고인의 영혼을 배에 태워 극락정토로 보내는 의식을 행한다. 또 지옥에서 고통을 면제받은 망자들의 기쁨을 표현한 '오봉오도리'라는 춤을 추는 등 여러 가지 우란분절 관련 풍속이 있으며, 일본에서는 정월초하루와 더불어 가장 큰 명절에 속한다.

우란분절은, 7월 보름 안거해제일에 오미백과 등 온갖 종류의 음식을 차려 승중에게 공양한다는 의미에서 백종百種이라고도 하며, 3개월간의 안거를 마치고 해제한다는 의미에서 백종百終이라 표현하기도 한다. 또한 안거해제일에 자자를 하면서 대중에게 자신의 잘 못을 고백한다는 의미에서 백중白衆이라고도 하며, 민간에서는 백중날 밤 달이 뜨면 밥, 새로 나온 채소나 과일, 술 등을 차려놓고 죽은 부모에게 제사지낸다 하여 망혼일亡魂日이라고도 한다.

이때 민간에서는 제초작업이나 논매기 등을 끝내고 한 숨 돌려 쉬게 한다는 의미에서 '호미씻기' 또는 '머슴날'이라 하였으며, 이 또한 축제의 성격을 가지고 있다.

현재 불교계에서는 주로 백중百中이라는 표현을 쓰는데, 이것은 백종百種'과 '중원中元'의 첫 글자를 땄다고 보는 것이 통설로 되어 있다.

동아시아의 '효' 문화와 조상천도

이와 같이 우란분절은 동아시아의 효와 조상숭배 전통 및 중원이라는 문화배경을 불교적인 관점에서 집대성하면서 확고한 명절로 자리매김하게 된다. 특히 우란분절에서는 유교의 조상숭배 전통인 제사의 4대 봉사奉祀에서 모셔지지 않는 고조부 이상이나, 직계가 아닌 고모나 삼촌 내지 이모나 개인적인 친분관계 속의 사람들, 그리고 영유아 사망자들까지 천도대상이 된다. 유교의 제사문화에 비해서 폭넓은 외연을 확보하고 있는 것이다.

우란분절은 돌아가신 조상이나 인연이 있었던 이들에게 먼저 음식을 대접한 후, 부처님의 가르침을 전해주는 구조로 되어 있다. 이때 일반적으로 시식 염불을 하며, 종단의 소의경전인 『금강경』등을 함께 독송한다. 그리고 끝으로 아미타불 염불과 함께 혼령의 옷과 지전 및 반야용선般若龍船이라는 극락으로 가는 배를 태워 준다. 이는 먼저 악도에서 굶고 있을지도 모르는 망자에게 음식을 주어서 기쁘게 하고, 그 후에 부처님의 가르침으로 영혼의 혼탁함을 씻어내며, 새 옷과 지전을 가지고 극락세계 혹은 사후세계로 돌아가는 구조이다. 그리고 이와 같은 의식을 통해서 구제되고 기쁨을 얻게 되는 영혼들은, 자신을 위해 우란분재를 베풀어준 사람들에게 그 음덕陰德을 주게 된다. 이를 통해서 산 사람 역시 삶의 안락을 성취하고 고난을 여의게 되는 것이다.

02
불교의 재일

재와 6재일

제사와 재일

중국문화의 제사祭祀

제사의 '제祭'자는, 글자를 나눠보면[破字] '육달월月+또우又+보일시示'가 된다. 여기에서 육달월이란 고기육肉자가 변형된 것이므로, 제란 고기를 많이 차려 놓고 귀신에게 보이는 것을 의미한다. 동아시아는 전통적으로 농업사회이기 때문에 고기가 귀했으므로, 제사음식에 고기의 의미가 강하게 들어가는 것이다.

제사는, 중국 은殷[商]나라의 19대 황제[下帝] 반경盤庚에 의해 조상숭배문화가 정착되면서 파생한다. 이를 통해 부계씨족제가 확립되고, 신분차별이 강화된다. 후대에는 신분에 따른 제사의 차별이 붕괴되지만, 본래 천자天子는 위로 하늘까지 제사지내고 제후는 산천까지 제사지내며, 사대부는 단지 조상에만 제사지내게 되어 있다. 또한 사대부라 할지라도 시대에 따라 제사를 지낼 수 있는 한계에 대한 규정이 각기 달랐다.

조선의 『경국대전』을 살펴보면, 3품 이상은 4대 봉사, 6품까지는 3대 봉사, 7품부터는 2대까지로 제한하며, 일반 평민들은 부모만 제사지낼 수 있었다. 그러다가 조선 후기 신분제가 붕괴되면서 4대 봉사로 일반화되게 된다.

동아시아 전통에서 제사가 중시되는 것은 사후세계가 없었던 것을 문화배경으로 한다. 사후세계가 없으므로, 죽은 귀신의 기가 완전히 흩어지기 전까지는 음식을 공급해주어야 하는 구조적인 필연성이 발생하는 것이다. 그렇기 때문에 제사의 핵심에는 언제나 좋은 음식의 진수라는 부분이 존재하게 된다.

인도문화의 재齋

본래 재齋는 부처님과 그 수행자들에게 올리는 공양佛供을 의미하였다. 후대 범위가 점차 넓어져서 부처님께 올리는 공양뿐만이 아니라 승려에게 식사를 대접하는 공양[飯僧], 그리고 정오 이전에 먹는 식사 등등의 의미를 가지게 된다. 그리고 포살과 같이 일정한 날을 정하여 자신의 그간의 잘못을 참회하고, 신구의身口意 3업을 청정히 다스려 악업을 짓지 않으며, 복된 것을 증장시키는 날을 재일이라 하는데 6재일, 10재일 등이 있다. 몸과 마음을 청정하게 하는 방법 가운데 불·법·승 3보三寶에 대한 공양이 필수적임을 알 수 있는 부분이다.

흔히 8관재八關齋로도 불리는 8관일재八關一齋의 '1재一齋'는 바로 정오를 지나기 전에 하루 한번 먹는 식사를 의미하며, 때 아닌 때 즉, 정오 이후에는 먹지 않는다. 인도에서는 무더위로 인해 대부분의 종교의식이 밤에 행해지곤 하는데, 이를 기리며 재계하는 과정에는 오후불식이 선행된다. 여기에 승단의 오후불식 원칙이 덧붙여져 팔관재나 6재일 오후에는 먹지 않는 부분단식을 통한 재계를 하게 된다.

팔관재는 요즘의 일일출가에 해당한다고 할 수 있는데, 사람들은 이를 통해 복덕을 증장하고 모든 액난을 물리칠 수 있다고 보았다. 밝음을 드러내 어두움을 물리치는 파사현정破邪顯正을 행하는 것이 곧 팔관재인 것이다.

3장 6재일

3장재월

3장재월三長齋月이란, 1년 열두 달 가운데 1월, 5월 그리고 9월의 3개월을 재계하는 재월로 삼아 몸을 바르게 하고 마음을 삼가하여 선업을 증장하고 악업을 소멸하는 것을 말한다. 즉, 기준이 되는 1월·5월·9월의 3개월을 중심으로 그 사이에 3개월씩을 쉬면서 최대한 경건한 한해를 보내는 삶의 방식인 것이다.

  3장재월에 대해 『사천왕경四天王經』이나 『석씨요람釋氏要覽』 등에서는 이 석 달 동안 천주天主인 제석천과 사천왕이 인간계를 살펴봄으로 선한 일을 행하고 오후불식하여 재계를 갖추어야 한다고 말하고 있다. 우리의 풍속에 경신일庚申日에는 조왕신竈王神이 하늘로 올라가 그 집안에 있던 일들을 옥황상제에게 보고하는데 이때 조왕신이 하늘로 가지 못하도록 날을 새는 풍습이 있다. 3장재월의 관점과 유사한 면이 있다. 다만 불교의 재월이 자신을 삼가고 선을 적극적으로 실천하기를 권장하는 반면, 경신일의 풍속은 자신의 죄가 폭로되지 않기를 바란다는 점에서 차이가 있다.

  3장재월을 행한다는 것은 1년에 1/4동안을 재계상태로 있어야 하는 것이기에 보통 어려운 일이 아니다. 특히 그 속에 오후불식과 같은 단식조항이 존재한다는 점에서 더욱 그렇다. 만약 이것을 실천하기 어렵다면 한 달에 여섯 번 재계를 지키는 방법을 선택하여 실행하면 된다. 이것을 6재일이라고 한다. 6재일과 3장재월은 기간의 차이만 다를 뿐, 전체적인 의미는 상통한다. 그런 까닭에 둘을 합해서 3장6재일三長六齋日이라고도 한다.

6재일

3장재월이 1년 가운데 핵심이 되는 달을 정해 재계의 달을 삼은 것이라면, 6재일은 한 달 가운데 핵심이 되는 날을 정해 재계의 날로 삼은 것이다. 3장재월이 1월·5월·9월 세 달의 재월을 의미하는 것처럼, 6재일 또한 8일·14일·15일·23일·29일·30일의 총 6일간의 재일을 의미한다. 이 6일 동안 재계하고 선을 쌓으며 오후 불식하여 경건한 성스러움을 자기 안에 가득 채우며 이로 인해 나쁜 재앙들이 자연스레 범접하지 못하게 하는 것이다.

인도는 달을 숭배하는 전통이 있다. 이는 '인도'라는 명칭이나 인더스문명의 '인더스'가 달과 달의 광휘를 나타내는 것이라는 『대당서역기』 권2의 기록을 통해서 알 수 있다. 또 인도에서는 한 달을 달 중심으로 나누어, 초하루에서 보름까지의 전반을 백월^{白月} 즉 하얗게 차오르는 달이라고 하고, 16일부터 그믐까지를 흑월^{黑月} 즉 검어지는 달이라고 부른다. 백월과 흑월의 핵심은 보름과 그믐이며, 이것은 백월·흑월이라는 명칭을 통해서도 단적인 판단이 가능하다.

인도인들은 불교 이전의 바라문교에서부터 보름과 그믐의 신성함을 기리는 전통이 있었다. 이 의식은 전일과 당일의 2일^{14일·15일/29일·30일}에 걸쳐서 진행되었다. 이것은 한 달 가운데 가장 중심이 되는 백월과 흑월의 시기에 그리고 여기에 백월과 흑월의 중간인 상현^{8일}과 하현^{23일}이 추가되어 보다 견실한 재일의 구조가 만들어지게 된다. 이것이 바로 6재일이며, 이 날에는 귀신이 사람들을 괴롭힌다고 하여 목욕재계하고 단식하는 풍습이 있었다고도 한다.

6재일 문화는 불교로 수용되는데 『십송율』 권57이나 『잡아함경』 권40 등의 초기 불교자료를 통해서 살펴볼 수 있다. 6재일을 지켜야하는 종교적인 이유에 대해서는 3장재일에서와 같이 4천왕이 천하를 순시하면서 인간의 선악을 점검하여 화복을 주기 때문이라고 한다. 그러나 6재일의 본질은 복을 닦고 재계함으로써 스스로의 몸과 마음을 바로 하고 이웃을 보듬어 안는 청정하고 경건한 삶의 실천을 목적으로 하는 인간의 참된 의지라고 할 수 있다.

이와 같은 6재일의 전통이 중국문화권으로 전해지면서, 그믐이 초하루로 바뀌어 초하루와 보름이라는 삭망朔望으로 바뀌게 된다. 이것은 그믐이라는 쇠망으로 이해될 수 있는 불길함을 버리고, 초하루라는 새로운 시작으로 대체한 것이다.

인도는 무더운 기후로 인해 큰 행사는 밤을 끼고 1박2일에 걸쳐 진행되는 양상이 나타나는데, 중국은 기후조건이 다르기 때문에 오전을 중심으로 하는 하루로 축소된다. 인도불교의 14·15일과 29·30일은 중국에 와서 각각 보름과 초하루로 축소되는 것이다. 이와 같은 전통은 오늘날까지도 동아시아 불교에 남아 있는데, 초하루와 보름에 기도하여 한 달을 무탈하고 향상되는 측면에서 보내고자 하는 방식으로 존재하고 있다.

그리고 초하루와 보름의 중간인 상현과 하현을 포함하여 4재일을 말하는 경우도 있는데, 이것은 6재일이 문화권적인 차이에 의해서 축소되는 양상을 나타내주는 것으로 『칙수백장청규』 등을 통해서 확인해 볼 수 있다.

10재일의 종교적 의미와 실천

이 6재일은 종교적으로 보다 더 경건하게 살려는 의지와 합해져 확대되기도 하는데, 이것이 바로 10재일이다. 『지장보살본원경』 권상 「여래찬탄품」에는 8일, 14일, 15일, 23일, 29일, 30일의 6재일에 1일, 18일, 24일, 28일을 더한 10재일을 말하고 있다. 이 십재일에 모든 죄를 모아 가볍고 무거움을 결정하며, 이 시기에 불보살님과 성현의 존상 앞에서 이 경전을 외우게 되면 모든 재앙과 고난이 없고, 악도에서 벗어나게 되며, 현세에서는 횡액과 질병이 없어지고 의식이 풍족하게 된다고 한다. 『석문정통』 권4와 『불조통기』 권23에도 십재일과 관련된 비슷한 내용이 나오는 것으로 보아 당나라 말기에는 이미 행해지고 있던 것으로 보인다.

이와 같은 10재일은 보다 실천적이고 이타적인 대승불교와 관련해서 발전한다. 즉, 10재일의 각 재일마다에 대승불교의 최대 이상적 인격인 불보살들이 배대되어 이들을 기리고 닮아가려는 실천적인 종교운동으로 확대되는 것이다. 즉 『지장보살발심인연시왕경』에는, 각 재일마다에 정광불, 약사유리광여래, 현겁천불, 아미타불, 지장보살, 세지보살, 관세음보살, 비로자나여래, 약왕보살, 석가모니불을 생각하며, 이와 같이 십재일을 수행하고, 일 년 동안 십계를 수지하며, 열 분의 불보살을 늘 생각하라고 하고 있다. 이러한 실천을 통해서 스스로 재계하고 이웃과 선을 나누는 재일은 보다 강력하게 세상을 계몽하는 불교의 대사회적인 실천운동으로 거듭나게 되는 것이다.

1일 : 정광재일定光齋日

정광불

　　　　　정광불定光佛은 산스크리트어 디빵까라 Dīpaṃkara를 번역한 것으로 보광불普光佛이라고도 한다. 이 부처님이 우리가 잘 알고 있는 연등불燃(然)燈佛이다. 정광, 보광, 연등은 모두 세상을 두루 밝히는 넓은 빛이라는 의미이다. 이러한 이름을 갖게 된 것은 연등불이 왕자로 태어났을 때 염부제를 금빛으로 비추는 대광명이 발생하였기 때문이다.

　연등불은 전승되는 경전에 따라서 조금씩 차이가 있다. 간략히 요약하면, 태자로 태어나 왕위를 아우에게 물려주고 출가하여 부처님이 되어 세상을 이롭게 하고 중생을 제도한다는 것이다. 그리고 그 가운데 석가모니불의 전생도 존재한다. 이와 같은 내용은 『수행본기경修行本起經』 권상, 『방광반야경放光般若經』 권6, 『현우경賢愚經』 권3, 『대지도론大智度論』 권9 등에 폭넓게 보이고 있다.

　우리에게 연등불이 익숙한 것은 『월인석보月印釋譜』나 『석보상절釋譜

詳節』속에 나오는 연등불에 대한 내용이 국어 교과서에 등장하기 때문이다. 즉, 수행자 선혜善慧가 연등불에게 공양 올릴 꽃을 구하다가 일곱 송이를 들고 있는 구이俱夷를 만나 그 중 다섯 송이를 사서 공양하고, 석가모니라는 부처가 되리라는 수기를 받는다는 내용이다. 석가모니불이 될 것이라는 확정이 연등불로부터 나오는 것이므로 연등불은 석가모니의 완성이라는 관점에서 매우 중요한 의미를 갖게 되는 것이다.

어떤 번역에서는 선혜는 유동儒童이라는 이름의 인물로 나오며, 꽃 공양 외에 연등불이 지나가는 길이 진흙탕인 것을 보자 자신의 몸과 머리카락으로 덮어서 건너게 하는 헌신적인 행동으로 석가모니불이 될 것이라는 수기를 성취한다는 부분도 있다.

석가모니불에게는 두 분의 의미 깊은 선행 부처님이 존재한다. 이 중 한 분은 연등불로서 석가모니불이 될 것이라는 결정성을 부여한 분이다. 현장은 『대당서역기』 권2에서, 이 일은 나게라갈국那揭羅曷國에서 일어났으며, 이것을 기념하는 탑이 존재한다고 기록하고 있다. 또 다른 한 분은 가섭불迦葉佛이다. 석가모니불 직전의 부처님으로 석가모니불의 전신인 호명護明보살에게 다음 생에 부처님이 될 것이라는 수기를 주는 분이다. 그 역사적인 자리가 부처님의 첫 설법지이기도 한 바라나시 녹야원의 다메크 수투파가 위치한곳이라고 현장은 기록하고 있다.

석가모니부처님에게 이 두 부처님은 매우 중요한 위치를 차지한다. 불전들은 가섭불보다 연등불과의 관계를 더 높게 평가하는데, 이것은 연등불 때에 석가모니불이 될 것이라는 결정성을 얻었다는 것과, 극적인 헌신의 모습 때문이라 여겨진다. 이것은 현재까지도 동아시아의 법당 중 영산전靈山殿이나 나한전羅漢殿의 중앙에는 본존인 석가모니불을 모시고 좌측에 미륵보살을, 우측에 제화가라提和竭羅보살을 모신다는 점에서도 잘 나타난다. 여기에서 '제화가라'는 연등불의 산스크리트어 '디팡카라'의 음역어이다. 물론 제화가라는 연등불이므로 보살이 아니다. 그러나 석가모니불을 중앙의 본존으로 모시고, 좌측에 미륵보살을 배치하는 상황에서 우측에 부처님을 모실 수는 없으므로, 보살형식의 연등불 즉, 제화가라보살을 모시게 된 것이다. 그런데 여기에서 가섭불이 아닌 제화가라보살이 등장한다는 것은 연등불이 가섭불보다도 석가모니의 성불에 더 결정적인 영향을 주었다는 친연성을 사람들로 하여금 상기케 하기 때문이라 추측된다. 서산 마애삼존불은 이를 잘 나타내고 있으며 한국전통문회역시기념관에는 이를 벽에 안치하고 있다.

불교적인 올바른 실천

정광재일은 재계를 하되 연등불을 생각하면서 경건한 실천을 성취하는 날이다. 이날에는 왕위를 버리고 수행자가 되어 중생을 밝은 빛의 선善으로 인도하는 연등불의 공덕을 기린다. 또 부처님께 꽃을 공양하고 자신의 몸을 아끼지 않는 헌신적인 신행을 성취하는 석가모니불의 전생을 관상하는 하루가 되어야 한다. 이러한 관상을 통한 재계를 실천할 때 부처님의 자리에 한발 더 가깝게 되어 자신의 더러움을 물리치는 강력하고 길한 기운을 성취하게 되는 것이다.

8일 : 약사재일藥師齋日

약사유리광여래

약사여래藥師如來는 약사유리광여래藥師琉璃光如來의 줄임말로, 이 부처님은『약사유리광여래본원공덕경藥師琉璃光如來本願功德經』에 잘 나타나 있다. 약사여래는 서방 아미타불의 극락정토에 상응하는 동방의 이상세계인 정유리세계淨琉璃世界 가운데 현재 성불해 계시는 부처님이다. 약사여래는 과거 성불하기 전에 약왕藥王이라는 이름의 수행자였으며, 보살도를 닦을 때 12대원을 발하였다. 이것을 '약사여래12대원藥師如來十二大願'이라 하며, 다음과 같다.

① 광명보조光明普照 : 내가 부처가 될 때, 내 빛이 모든 곳에 두루 비춰서 모든 중생들이 깨달음을 얻기를 원하오며,

② 수의성변隨意成辯 : 내가 부처가 될 때, 그 부처님의 광명을 보는 이들이 정등각을 이루고 소원을 성취하길 원하오며,

③ 시무진물施無盡物 : 내가 부처가 될 때, 한량없는 지혜와 방편으로 중생들이 원하는 것을 모두 얻기를 원하오며,

④ 안립대승安立大乘 : 내가 부처가 될 때, 삿된 길로 가는 모든 중생들을 다 대승의 이타적인 보살도로 향하게 하길 원하오며,

⑤ 구계청정具戒淸淨 : 내가 부처가 될 때, 가르침을 듣는 모든 중생들이 지계청정하여 삿됨에 빠지지 않기를 원하오며,

⑥ 제근구족諸根具足 : 내가 부처가 될 때, 가르침을 듣는 모든 중생들이 신체나 정신적인 장애가 없고 올바른 진리를 수용하기를 원하오며,

⑦ 제병안락除病安樂 : 내가 부처가 될 때, 가르침을 듣는 모든 중생들이 병고에서 벗어나 성불하길 원하오며,

⑧ 전녀득불轉女得佛 : 내가 부처가 될 때, 가르침을 듣는 여성들이, 여자이기 때문에 받는 고통에서 벗어나 몸을 바꾸어 성불하길 원하오며,

⑨ 안립정견安立正見 : 내가 부처가 될 때, 가르침을 듣는 모든 중생들이 삿된 견해를 버리고 부처님의 바른 견해와 바른 수행을 성취하길 원하오며,

⑩ 제난해탈除難解脫 : 내가 부처가 될 때, 가르침을 듣는 중생들이 삼재팔난 등의 모든 액난에서 벗어나길 원하오며,

⑪ 포식안락飽食安樂 : 내가 부처가 될 때, 가르침을 듣는 모든 중생들이 굶주림과 목마름의 고통에서 벗어나 몸은 배부르고 마음은 진리의 맛으로 언제나 안락하기를 원하오며,

⑫ 미의만족美衣滿足 : 내가 부처가 될 때, 가르침을 듣는 모든 중생들이 추위와 더위의 고통에서 벗어나 의복과 장신구가 풍족하게 갖추어지길 원합니다.

이상의 12대원을 세워서 성취된 결과가 바로 약사여래와 정유리세계이다. 이 세계는 극락세계와 더불어 최고의 이상세계이다. 또 현재의 현실 세계에서도 약사여래를 생각하고 기도하면 이 부처님의 가피로 모든 재앙과 액난이 사라지고 부정적인 문제들이 긍정과 안락으로 변모하게 된다.

약사여래는 대의왕불大醫王佛이라고도 하는데 이것은 최고의 위대한 의사라는 의미이다.

경주 백률사의 약사여래불-통일신라시대 3대 금동불 중 1분임-현재는 국립 경주박물관에 모셔져 있음

의사는 단순히 질병만을 고치지만, 대의왕은 몸의 병뿐만 아니라 마음의 삿된 소견 내지는 불행과 삶의 불완전함 등도 고쳐준다. 그리고 모든 중생들이 부처가 될 수 있도록 인도해 준다.

또한 약사여래는 12대원을 외부적으로 실천해주는 조력자로 12야차대장을 거느리고 있다. 이들은 각각 7천의 무리를 거느리고 있으며, 강력한 위신력으로 약사여래를 찾는 중생들을 도와준다. 이 12야차대장이 중생의 선을 증장하고 악을 막아준다는 부분은 우리 문화에도 폭넓게 수용된다.

약사여래는 과거에 의료기술이 부족하여 질병의 영향력이 막강했던 시절에 널리 신앙되었다. 특히 통일신라시대에 약사신앙이 널리 유행되었는데, 이것은 사회의 안정과 번영으로 전쟁 등의 문제보다는 질병의 문제가 훨씬 위협적이었기 때문이다.

고려시대에 이르러서는 국가적인 차원에서 약사도량藥師道場이 개설되어 점차 국태민안의 호국적인 성격을 나타내게 된다. 약사여래라는 대의왕이 모든 것을 치료할 수 있다는 믿음이 개인에서 국가적 측면으로까지 확대되는 것이다.

불교적인 올바른 실천

약사재일은 약사여래의 12대원과 그 가피가 나에게 오는 것을 생각하면서 재계하는 날이다. 재자齋者는 이렇게 함으로써 육체적인 질병이나 정신적인 사건을 여의게 되며, 또한 모든 나쁜 일들을 물리치고 안락함이 가득하게 된다.

전통직인 약사행법藥師行法에 『약사경』을 49회 독송하고 49개의 등을 밝혀 기도를 행하는 강력한 방법이 있다. 또 질병으로 고통을 받는 환자에게 『약사경』을 49일 동안 49회 읽어 주면 약사여래의 가피로 환자가 건강하게 쾌유된다고 한다.

14일 : 현겁천불재일 現劫千佛齋日

현겁천불

우리가 역사를 고대·중세·근세로 나누는 것처럼, 불교는 시간대를 겁劫이라는 개념으로 나눈다. 우리가 사는 시간대는 현겁賢劫이며 현겁의 이전은 장엄겁莊嚴劫 그리고 앞으로 도래할 시간대는 성수겁星宿劫이다. 즉, '과거 장엄겁 → 현재 현겁 → 미래 성수겁'이라는 시간대의 구조가 성립된다.

불교에서는 또 각 시간대마다 천 분의 부처님千佛이 순서대로 나투신다고 한다. 과거 장엄겁의 천 불과 현재 현겁의 천 불 그리고 미래 성수겁의 천 불 즉, 3세3겁3천불三世三劫三千佛이라는 관점이 성립하게 된다. 이것은 『과거장엄겁천불명경過去莊嚴劫千佛名經』·『현재현겁천불명경現在賢劫千佛名經』·『미래성수겁천불명경未來星宿劫千佛名經』을 통해 확인되며, 삼천불을 모시는 사찰의 경우 대부분 여기에 의거한다. 현재는 3권을 합본한 『삼천불명호경』이 기도용으로 제작·유통되고 있다.

과거장엄겁 천불은 1번째 화광불華光佛 → 2번째 인중존불人中尊佛 → 3번째 사자보불師子步佛 … (중략) … 998번째 비바시불毘婆尸佛 → 999번째 시기불尸棄佛 → 1,000번째 비사부불毘舍浮佛이다. 또 현재현겁의 천불은 1번째 구류손불拘留孫佛 → 2번째 구나함모니불拘那含牟尼佛 → 3번째 가섭불迦葉佛 → 4번째 석가모니불釋迦牟尼佛 → 5번째 미륵불彌勒佛 → 6번째 사자불師子佛 → 7번째 명염불明焰佛 … 중략 … 998번째 묘계불妙髻佛 → 999번째 욕락불欲樂佛 → 1,000번째 누지불樓至佛이다. 그리고 마지막 미래성수겁의 천불은 1번째 일광불日光佛 → 2번째 용위불龍威佛 → 3번째 화엄불華嚴佛 … 중략 … 998번째 이구광불離垢光佛 → 999번째 위엄불威嚴佛 → 1,000번째 수미상불須彌相佛이다.

불교는 누구나 깨달음을 얻으면 부처가 될 수 있다고 한다. 때문에 같은 공간 안에 시간을 달리해서 많은 부처님들이 존재할 수 있다는 이론이 가능하다. 누구나 노력하면 부처가 될 수 있다는 것은 같은 공간 다른 시간대뿐만 아니라 공간적인 다른 세계 속에도 많은 부처님이 존재할 수 있다는 것을 의미한다. 마치 한 나라에는 한 명의 국왕만이 존재하지만 전 세계를 놓고 볼 때, 동시간대에 많은 군주들이 존재할 수 있는 것과 같다. 즉, 3세3겁3천불이 시간적인 부처님의 상속 가능을 의미하는 것과 동시에 부처님에 대한 공간적인 인식도 가능하다는 것을 말해 준다. 이는 『시방천오백불명경十方千五百佛名經』이나 『불명경佛名經』 등의 경전들을 통해서 확인된다.

3세3겁3천불에서 가장 중요한 분은 석가모니불이다. 왜냐하면 다른 부처님들은 석가모니불에 의해서 그 존재가 간접 증명되는 방식으로 알려진 분들이기 때문이다. 그런데 석가모니불은 3세3겁3천불이라는 측면에도 속해 있지만, 과거7불이라는 측면에도 속해 있다. 과거7불은 과거장엄겁의 마지막 세 분 부처님과 현재현겁의 석가모니불까지 네 분 부처님을 지칭한다. 그리고 이러한 연장선상에 바로 미래불인 미륵불이 존재한다.

장엄겁 : 첫 번째 비바시불毘婆尸佛 → 두 번째 시기불尸棄佛 → 세 번째 비사부불毘舍浮佛 → / 현겁 : 네 번째 구류손불拘留孫佛 → 다섯 번째 구나함모니불拘那含牟尼佛 → 여섯 번째 가섭불迦葉佛 → 일곱 번째 석가모니불釋迦牟尼佛 → / 여덟 번째 미륵불彌勒佛

 이와 같은 7불의 인식은 고대 인도에서 족보를 따질 때 7대를 따지는 유풍에서 비롯된다. 이러한 과거7불에 대한 측면이 점차 확대·증광된 것이 바로 3세3겁3천불이다. 또 과거7불 가운데 구류손불부터 현재현겁으로 바뀌므로 인도에는 현재현겁의 4불에 대한 신앙도 존재했다. 이러한 신앙형태는 현장의 『대당서역기』나 『자은전慈恩傳』을 통해서 단적인 판단이 가능하다.

 현겁천불은 3세3겁3천불 가운데 우리와 같은 동시간대의 부처님을 의미한다. 과거장엄겁이나 미래성수겁은 우리와 멀리 떨어져 있기 때문에 현겁천불에 더 의지하게 된다. 이것이 현겁천불재일이 존재하는 이유다. 그러나 현겁천불이라는 많은 부처님에 대한 귀의는 자칫 신앙심이 산만해져서 집중하지 못하는 부분도 발생할 수 있다. 현겁천불재일은 후대 대승불교의 가장 위대한 실천자인 보현보살과 연관시켜 보현재일普賢齋日로 바뀌기도 하는데 그것은 아마 이런 이유에서일 것이다.

불교적인 올바른 실천

　모든 부처님들은 성불하기 전 수행시기에 중생구제에 대한 대비의 서원을 일으킨다. 이는 앞서 약사여래의 12대원을 통해서도 확인한 바 있다. 마찬가지로 현겁천불은 1,000이라는 숫자만큼이나 다양한 그분들의 서원에 따른 공능功能이 존재한다. 현겁천불을 기리며 재계함으로써 우리는 이러한 서원에 곧장 편승할 수 있게 된다.

　부처님의 서원이란 거대한 배와 같아서 아무리 무겁고 혼탁한 중생들이라도 모두 태우고 깨달음의 세계로 갈 수가 있다. 그러므로 현겁천불재일에 천불을 생각하며 하루를 온전히 보내는 것은 많은 공덕을 쌓을 수 있는 좋은 방법이 된다. 또는 실천적인 방법으로 현겁천불께 한 번씩 절을 올리는 천배기도나 『천불명호경』에 의거해 명호를 부르는 칭명염불을 하는 것도 좋은 방법일 것이다.

　또는 『예불대참회문』禮佛大懺悔文 즉 『108참회문』百八懺悔文에 의거해 기도하는 것도 한 방법이라고 할 수 있다. 『예불대참회문』은 『결정비니경』決定毘尼經에 의거해 만들어진 것으로 현겁천불을 예경하는 전적은 아니지만 충분한 나름의 의미를 가진다.

15일 : 아미타재일 阿彌陀齋日

아미타불

　아미타불은 무량수無量壽 · 무량광無量光이라 한역되며, 산스크리트어 아미타유스Amitāyus와 아미타브하Amitābha

불국사 극락전의 아미타불-통일신라 3대금동 불상 중 1분임

에서 유래한다. 한량없는 수명과 한량없는 광명의 부처님이라는 의미를 가진 아미타불은, 산스크리트어 아미타유스와 아미타바의 공통부분인 '아미타'를 가지고 이름한 것이다.

    아미타불은 성불하기 전 법장(法藏)비구였을 때 48대원을 세웠고, 그

원력의 공능이 성취되어 현재는 극락세계를 주재하고 계신다. 극락세계는 불교의 이상세계 가운데 가장 즐거운 곳이므로 극락[極樂] 즉, 즐거움이 지극한곳이라고 한다.

극락은 복을 지은 만큼 즐거움을 받는 천상의 신들 세계와는 달라서 아미타불께 법문을 들으면서 꾸준히 발전하는 인간이 될 수 있다. 즉, 깨달음에 이르도록 뒤로 물러나지 않고[不退轉] 영원히 전진을 할 수가 있는 곳이라는 말이다. 만일 환경적인 우월성만 존재한다면 그것은 인간의 방종과 타락을 초래하게 될 것이다. 극락은 환경적인 면에서나 정신적인 면에서 가장 수승한 세계라고 하겠다.

아미타불의 극락은 누구나 쉽게 들어갈 수 있다. 즉, 아미타불을 믿고 발원하며 염불하면, 죽은 뒤에 극락에 가서 태어날 수 있는 것이대[十念往生願]. 또 사는 동안 아미타불을 열심히 염불한 사람은 임종할 때 아미타불이 좌우에 관세음보살과 대세지보살을 대동하고 직접 그 사람을 맞이하여 극락으로 인도해 주시기도 한다. 이를 내영접인[來迎接引]이라 하며, 이것을 표현한 불화를 「내영접인도[來迎接引圖]」 또는 「아미타내영도」라고 한다.

또한 선근공덕이 많지 않은 사람들은 9품연지[九品蓮池]라는 극락 연못의 연꽃 속에서 태어나게 된다. 우리의 고전 판소리 「심청전」에서 인당수에 빠진 심청을 용궁에서 육지로 되돌리는 재생의 상징으로 연꽃이 등장하는 것은 모두 이러한 극락정토사상과 관련된 것이다.

불교적인 올바른 실천

일반적으로 사찰에서 7·7재나 천도재를 할 때 아미타불 염불을 많이 하게 되는데, 이런 까닭에 아미타불 염불이 죽은 사람과만 관련된다고 생각하기 쉽다. 그러나 이것은 아미타불 염불이 죽은 사람에게 보다 더 절실한 측면이 있어서이지 산사람에게 필요 없다는 의미는 아니다. 그렇기에 아미타불 염불을 통해 보다 많은 삶의 복덕과 무너지지 않은 지혜를 성취하는 것은 무척이나 중요한 일이다.

아미타재일과 관련된 재계 방법 가운데 가장 일반적인 것은 중국 정토종의 도작道綽과 선도善導에 의해 발전하는 칭명염불稱名念佛이다. 즉, 아미타불을 계속 염불하는 것이다. 염불이란 단순히 명호를 반복하는 것이 아니라 생각으로 부처님을 관상觀想하는 것을 의미한다.

이러한 관상에 사용되는 경전이 정토삼부경淨土三部經 중 하나인 『관무량수경觀無量壽經』이다. 이 외에 정토삼부경을 형성하고 있는 『아미타경阿彌陀經』과 『무량수경無量壽經』을 독송하면서 아미타불과 극락세계를 생각하는 것도 좋은 방법이 된다. 이렇게 아미타재일을 지내게 되면 아미타불의 무량공덕과는 가까워지고 모든 나쁜 일들과는 멀어지며, 살아서는 즐거운 일만 가득하고 죽어서는 극락세계에 가서 나게 된다.

18일 : 지장재일地藏齋日

지장보살

　　　　　　지장보살은 관세음보살과 더불어 동아시아불교에서 가장 친숙한 신앙대상이 되는 보살이다. 지장보살신앙의 약진은 고려불화 속에서 아미타불의 좌측 관세음보살과 상응하는 우측의 보살로 등장할 정도로 일찍부터 나타난다. 아미타불과 함께하는 보살은 관세음보살과 대세지보살인데, 대세지보살이 지장보살에 의해 점차 대체되는 양상이 보이는 것이다. 이것은 현재까지도 그대로 유전되는데 일반적인 사찰달력에 10재일 중 주로 지장재일과 관음재일만이 명기되고 있는 사실을 통해서도 알 수 있다.

　지장보살은, '모든 중생들이 제도되어야 비로소 깨달음을 증득하고, 지옥이 다하지 않으면 성불하지 않겠다'는 대서원을 세워 자신의 깨달음을 뒤로 미루고 중생제도를 먼저 하는 보살이다. 이 서원은 자신을 버리고 남을 먼저 세우는 위대한 헌신이기 때문에 지장보살에게는 대원본존大願本尊, 즉 '위대한 서원의 수승한 분'이라는 수식이 따라붙게 된다. 지장보살의 이 같은 서원은 『지장보살본원경地藏菩薩本願經』에 보인다.

　지장보살의 특징은 승려의 형상과 복색으로 석장과 보주를 들고 지옥중생과 어려움에 빠진 도탄중생을 구제하는 모습으로 표현된다. 지장보살의 이와 같은 상호는 『지장십륜경地藏十輪經』에 따른 것이다. 이 외에 지장보살과 관계된 대표 경전으로는 『점찰선악업보경占察善惡業報經』이 있는데, 이것은 전생의 과오를 점쳐서 참회하는 방법을 말씀한 경전으로 통일신라시대 진표율사에 의해서 확대된다.

지장보살 또한 사후세계에만 관련된 것으로 이해되기도 한다. 그러나 『지장보살본원경』에 의하면, 지장보살은 석가모니불이 열반하시고 미륵

고창 선운사 도솔암의 지장보살상

불이 출세하실 때까지 부처님이 없는 공백기에 중생들을 보호하겠다고 서원을 하신 분이다. 그러므로 사후의 세계뿐만 아니라 현재 세계의 모든 일들까지도 주관하시는 최고의 보살인 것이다. 다만 지옥과 관련된 사안이 특히 강조되어 그 부분과 연결시키는 인식이 고착화되었을 뿐이다.

지장보살의 좌우의 권속에는 무독귀왕無毒鬼王과 도명존자道明尊者가 있다. 『지장보살본원경』에 의하면 무독귀왕은 전생의 지장보살을 도와주는 지옥 옥졸의 우두머리이며, 지장보살을 도와준 공덕으로 현재는 재수財首보살이 되어 있는 분이다. 도명존자는 중국불교의

지장보살신앙과 관련되는 실존인물이다.

중국불교에서 모시고 있는 지장보살은 신라의 왕자였다가 중국 구화산九華山으로 가서 깨달음을 성취하신 김교각金喬覺 스님이다. 즉, 교각 스님이 너무 위대하기 때문에 지장보살의 화신으로 받들어지게 되었고, 이것이 보편화되어 중국에서는 지장보살 하면 의례 교각 스님으로 이해하게 된 것이다.

그 교각 스님의 수제자가 바로 도명존자이다. 중국불교에서는 무독귀왕을 도명존자의 부친이자 교각 스님의 최대후원자였던 신실한 신도, 민공閔公으로 보는 시각도 있다.

불교적인 올바른 실천

현재 많은 사찰에서는 지장재일에 법회를 개최한다. 이러한 법회에 참석해서 지장보살의 위대한 서원을 상기하며 명호를 염송하는 것은 좋은 방법이 된다.

동아시아 문화에서는 고종명考終命 즉, 인생을 잘 마감하는 죽음복과 같은 부분을 높이는 측면이 있다. 이것은 일생을 마침에 있어 평안하게 대미大尾를 장식하는 의미이다. 그러므로 지장보살님 앞에서 자신의 고종명과 명복을 비는 것도 지장재일의 중요한 의미가 될 수 있다.

또한 인생을 잘 마치고 근심 없이 죽는다는 것은 삶이 그만큼 편안하다는 의미도 된다. 그러므로 고종명의 관점에서 삶을 보며 집착 없는 평안이 깃들기를 기원하는 것도 좋을 것이다. 이 외에도 먼저 돌아가신 부모나 조상들의 명복을 기리고, 그분들의 은혜를 추모하는 것 역시 지장재일을 의미 있게 보내며 자신을 바로 세우는 유익한 일이 될 것이다.

23일 : 대세지재일 大勢至齋日
대세지보살

대세지보살은 관세음보살과 함께 아미타불을 도와 중생들을 극락세계로 인도하는 보살이다. 관세음보살은 실천적인 교화의 측면이 강한 반면, 대세지보살은 견고한 지혜의 측면을 가지고 있다. 그러나 『화엄경』이 유행하게 되면서 지혜의 부분을 문수보살에게 내어주고, 점차 신앙의 대상에서 멀어지게 된다.

대세지보살은 중국의 당나라 그리고 우리나라의 통일신라시대에는 독자적인 영향력을 가진 강력한 신앙대상이었다. 그러나 점차 문수보살에 의해 자리가 교체되기 시작하였고, 단독신앙보다는 관세음보살과 함께 아미타불을 모시는 위치로만 남게 된다.

10재일 속에 문수재일이 없다는 것은 10재일이 성립할 당시의 신앙형태를 잘 보여준다. 그러나 지혜의 측면이 강한 대세지재일 속에서 문수재일의 의미를 환기시켜 보는 것도 충분히 가능하다. 즉, 대세지보살이나 문수보살 모두 지혜의 관장자라는 점에서 지혜라는 공통분모를 통해 두 보살을 같은 재일 속에서 기억하고 경건하게 보내는 것이 가능하다는 것이다.

불교적인 올바른 실천

불교는 지혜를 존중하는 종교이다. 지혜는 우리가 인생을 살아가는 데 있어 아주 소중한 가치이며, 동시에 우리를 깨달음으로 인도하는 등대이기도 하다. 이런 점에서 지혜는 가장 절실하고 듬직한 가치이다. 그러므로 지혜에 대한 관조와 생각을 통해 인생의 바른 좌표를 만드는 자세는 절대적인 필연성을 동반한다.

그런 까닭에 대세지재일을 맞이하여 인생을 돌아보고 합리적이고 이성적인 판단을 생각하며 대세지보살과 같은 지혜와 위덕을 갖추기를 바라는 것은 삶에 있어서 실수를 줄이고 깨달음으로 나아가는 중요한 행위가 된다. 기회는 적고 실수는 많은 것이 우리 중생들의 삶인 만큼 언제나 자신을 추스르고 진정한 가치를 볼 수 있는 지혜야말로 마음을 닦아서 얻어야할 소중한 덕목이라고 하겠다. 염불을 통해 얻은 지혜의 생명이 곧 부처님의 생명인 것이다.

24일 : 관음재일 觀音齋日

관세음보살

관세음보살은 모든 중생들의 소원을 들어주고 고통을 구원해주는 자비로운 보살이다. 본래 관세음보살은

평창 월정사 수광전의 아미타불 삼존상(중앙의 아미타불을 중심으로 좌측에 관세음보살, 우측에 대세지보살이 위치하고 있다.)

대세지보살과 함께 극락세계의 아미타불을 도와 세상을 정토로 만들고 극락으로 중생들을 인도해 주는 역할을 하는 보살이다. 그러나 관세음보살은 극락세계 외에 우리가 사는 이 세계에도 거처를 두고 있다. 그곳이 바로 남인도의 보타락가산普陀洛迦山이다.

보타락가산의 위치는 경전에 따라 조금씩 다르게 나타나는데, 크게 바다 속에 위치한 바위섬이라는 것과 해안가에 위치하여 바다를 전면으로 하는 산이라는 두 가지로 나누어 볼 수 있다. 대표적인 관음기도도량 가운데 강화 보문사普門寺는 전자에 속하고, 낙산사洛山寺는 후자에 속한다. 다른 관음성지들도 거의 이에 준하는 입지조건을 가지고 있다. 즉, 관음성지들은 모두 바다의 파도소리가 들린다는 공통점을 가지고 있는 것이다. 여기에 관세음보살의 일을 도와주는 존재로 해상용왕海上龍王이 등장하는데 이는 관세음보살이 바다와 깊은 연관을 가진 존재라는 것을 분명히 해준다.

관세음보살은 우리와 같은 세계 속의 보타락가산에 존재하기 때문에 현세 중생들의 기원을 듣고 빨리 와서 도와 줄 수 있다. 또 관세음보살에게는 천수천안千手千眼이라는 일체를 다 보고 모든 장애를 해결할 수 있는 수승한 능력이 갖추어져 있다. 즉, 자비와 실천을 조화롭게 겸비한 자재로운 보살이 바로 관세음인 것이다. 여기에 관세음보살은 중생들의 근기와 고난에 상응하는 몸을 나투는 유연함까지도 겸비하고 있다. 『관음경』으로도 알려져 있는 『법화경』의 「관세음보살보문품」에는 이와 같은 변화의 모습이 33응신으로 나타난다. 『능엄경』에는 32응신으로 나타나 있는데 전적에 따라 다소의 출입이 있음을 알 수 있다.

관세음보살이 머무는 남인도의 보타락가산은 흰 꽃으로 장엄된 세계이다. 흰 꽃의 화려함 속에 흰옷의 관세음보살[白衣觀音]이 존재하는 것이다. 신라의 의상대사는 「백화도량발원문」을 통해 이러한 모습의 관세음보살을 찬탄하고 있다.

불교적인 올바른 실천

관음재일은 초하루, 보름과 더불어 가장 폭넓은 외연을 확보하고 있는 재일이다. 이것은 관세음보살에 대한 신앙열기를 잘 말해 준다. 많은 사찰에서 초하루, 보름의 경우에도 관세음보살 정근을 하고 있을 정도로 관세음보살은 매우 중요한 신앙대상이다. 이것은 관세음보살이 자비와 능력이라는 이중구조로 현세의 중생들을 살뜰히 보살펴주시기 때문이다.

관음재일에는 관세음보살이 중생을 살피는 것을 관상하며 이웃을 위해 대사회적인 역할을 해 보는 것이 좋다. 또한 조용히 기도하며 나와 내 주변의 모든 근심들이 기쁨으로 전환되도록 재계하는 것도 바람직하다. 다만 작은 틀에만 머물지 말고 그 외연을 점점 넓혀 사회와 국가 그리고 세계로 확대될 수 있는 대승적인 접근이 필요하다. 이것이야말로 관음재일을 넘어서 관세음보살의 자비심을 체득하는 길이 될 것이기 때문이다.

경주 기림사 관음전의 천수관음상

양양 낙산사의 원통보전과 관세음보살

휴휴암의 천수관음과 6관음상

중국 보타산의 남해관음상

28일 : 노사나재일 盧舍那齋日

노사나불

해인사와 같이 화엄사상을 중심으로 하는 사찰의 본전인 대적광전大寂光殿에는 3신불三身佛 즉, 법신法身 비로자나불毘盧遮那佛을 중심으로 좌측에 보신報身 노사나불盧舍那佛과 우측에 화신化身 석가모니불이 모셔져 있다. 여기에서 법신은 진리의 당체로서의 부처님을 의미하며 보신은 진리의 원만한 덕상德相을 나타낸다. 화신은 진리의 현상적인 작용으로 드러나는 변화상을 의미한다.

이와 같이 노사나불은 보신으로서 진리가 현상으로 드러나는 최고의 원만한 가치를 의미한다. 이런 의미에서 본다면 노사나불은 법신인 비로자나불에 비해 차등을 가지는 존재이다. 그런데 왜 법신인 비로자나재일은 없고 보신인 노사나재일만 있는 것일까? 그것은 60권 『화엄경』에서는 노사나불이 곧 비로자나불을 지칭하는 표현이기 때문이다. 즉 60권 『화엄경』에서는 노사나불이 곧 비로자나불인 것이다. 10재일은 당나라 중기 이후에 완성되는 가치인데, 비로자나불과 다르지 않은 노사나불의 관점이 작용한 것이라 판단된다. 즉, 노사나재일은 실상은 비로자나재일을 의미하는 것이다.

불교적인 올바른 실천

비로자나불은 모든 곳에 완전한 광명을 두루 비추는 진리의 본체이다. 그러므로 '모든 부처님 중의 부처님'과 같은 핵심적인 존재로 인식된다. 이와 같은 부처님을 기리고 본받아 밝은 덕을 함양하고 진리를 관조하여 드러내는 것이 바로 노사나재일의 의미가 된다.

진리는 움직임 속에서도 고요함을 잃지 않는 가운데 언제나 모든 온당한 가치를 내포하며 두루 한다. 이러한 진리의 관점을 함양하면서 노사나재일을 지낸다면 살아서는 장애가 없고 죽은 후에는 평안한 경계를 얻게 될 것이다.

경주 기림사 비로자나 불상

29일 : 약왕재일 藥王齋日

약왕보살

약왕보살은 『법화경』「약왕보살본사품」에 나오는 보살로 약사여래와는 다른 분이다. 보살은 전생에 일체중생희견보살一切衆生喜見菩薩이었는데, 당시 세상에 출현한 일월정명덕불 앞에서 깨달음을 발원하며 온몸을 불태워 공양하는 소신공양을 한다. 그리고 다른 세상에서 다시 일월정명덕불의 사리탑에 팔을 태우는 공양을 올린다. 이것을 본 주변사람들이 장애인이 되었다고 염려하는 것을 보고, '내가 부처님이 된다면 이 팔이 반드시 다시 본래대로 회복될 것이다'라는 진실어眞實語를 통해 팔을 회복하게 된다. 이와 같이 자신을 던지는 치열한 구도를 통해 석가모니부처님 때에 약왕보살이 되어 일체중생들을 고통에서 건지는 대위덕의 묘용을 보이게 된다.

또『관약왕약상이보살경』에는 약왕보살의 또 다른 전생담이 수록되어있다. 여기에서는 즉 선지식인 일장스님을 약으로 보필하는 성수광星宿光으로 나오는데, '일체 중생의 신체와 마음의 병을 낫게 해서 깨달음에 이르게 하겠다'는 원을 세운다. 이때 동생인 전광명도 함께 하는데, 이들은 후일에 약왕보살과 약상보살이 되어 중생들의 기도와 바램을 이루어주게 된다.

약왕보살에 대한 신앙은 『법화경』의 「약왕보살본사품」에서 시작되며 그 후 법화신앙이 확대되면서 약왕보살에 대한 신앙도 자연스럽게 확대된다. 의료기술이 발전하지 않았던 과거에는 질병으로 인한 고통이 매우 빈번하고 자칫 죽음에 이르기도 한다는 점에서 이 신앙은 아주 강력한 형태를 보이게 된다. 이것은 약왕보살이 약사여래와는 다른 분이며 보살과 부처라는 차이를 보이지만 그럼에도 병고로부터 구제해준다는 동일한 양상을 확보하는 것을 통해서 단적인 인식이 가능하다.

실제로 지혜를 관장하는 문수보살은 10재일에 등장하지 않는데, 병고와 관련해서는 약사재일과 약왕재일의 두 가지나 살펴진다. 이는 지혜보다도 병고라는 현실적인 문제가 더 컸던 시대상황을 잘 대변해 준다. 또한 『화엄경』「보현행원품」 등을 통해서 강력한 지지를 확보하는 보현보살 역시 10재일에는 들지 않는데, 이것은 과거의 삶에 있어서 질병이 얼마나 큰 현실적인 장애였는지를 말해 주는 한 방증이라 하겠다.

불교적인 올바른 실천

현대는 과거의 질병과 단명으로 인한 고통보다는 너무 오래 살게 되면서 발생하는 신체에서 비롯되는 고통이 두려운 시대이다. 즉, 유병장수시대인 것이다. 그러므로 보다 건강하고 아름다운 황혼을 위한 육체와 정신의 안배는 이제 그 무엇보다도 중요한 과제가 되었다. 약왕재일을 맞아 이러한 부분들에 대한 생각을 가다듬어 정리하고 경건한 회향을 준비하는 자세를 갖추는 것은 바람직할 것이다.

사람들은 늙어가면서 외모뿐만이 아니라 내면 역시 추해지기 쉽다. 그러므로 자신을 잘 추스르고 반듯하게 마름질하는 정신자세가 더욱 더 요구된다. 이것은 노년에 한꺼번에 되는 것이 아니므로 젊었을 때부터 준비하는 자세가 필요하다. 약왕재일에 이와 같이 정신을 함양하고 내면을 성찰하며 지낸다면, 이는 충분히 가능한 일이다.

30일 : 석가모니재일 釋迦牟尼齋日

석가모니불

석가모니불에 관해서는 앞에서 탄생, 출가, 성도 및 열반에 관해 설명하면서 개략적으로 언급하였으므로 여기에서 별도의 언급은 생략한다.

불교적인 올바른 실천

동아시아 불교는 대승불교를 기반으로 하는 선禪불교의 전통을 가지고 있다. 대승불교에는 다양한 불·보살님들이 계시기 때문에 상황에 따라 자못 혼란스러운 경우도 없지 않다. 그러나 이 모든 불보살님들의 배경은 바로 석가모니불의 가르침에 의한 것이라는 점을 유념해야 한다. 즉 석가모니불은 본사本師 즉, 근본 스승으로써 기준의 역할을 하는 것이다. 이것은 왜 석가모니재일을 통해 석가모니불에 대한 경건한 생각과 집중을 견지해야 하는지를 잘 말해준다.

석가모니부처님은 바라나시에서 제자들을 향해 말씀하신 「전도선언傳道宣言」에서 '모든 이들의 행복과 안락을 위해서'라는 불교 가르침의 당위성을 분명하게 제시해주고 계신다. 그러므로 삶의 행복과 안락을 바라는 사람들과 또 불교에 대해서 알고 싶은 사람은 먼저 석가모니불에 대해 알아야 한다. 그래서 언제나 석가모니불을 염상念想할 수 있도록 해야 하며, 그것이 어렵다면 석가모니재일만

경주 남산 보리사의 석가모니불좌상
(노천의 불상으로는 가장 아름다우며, 석굴암과 쌍벽을 이루는 걸작이다.)

이라도 석가모니불의 전기를 읽고 함께 중생을 위해서 고민하는 시간을 가져야만 한다. 이렇게 하는 것이야말로 가장 거룩한 삶이며 삶 속에서의 거룩한 수행이기 때문이다. 우리의 삶이 점차 석가모니 부처님을 닮아가도록 해야 할 것이다.

일생의례

이미령

01
출생의례

태어남의 의미

사람으로 태어난다는 것

업으로 태어나다

어느 날 부처님께서 아난존자에게 말씀하셨다.

"아난이여, 가령 넓고 넓은 바다 밑에 수명을 헤아릴 수 없을 정도로 아주 나이 많은 눈 먼 거북 한 마리가 살고 있다고 하자. 그리고 바다 수면 위에는 구멍이 하나 있는 자그마한 나무토막이 물결치는 대로 이리저리 떠돌아다닌다고 하자. 그런데 바다 밑을 기어 다니던 눈 먼 거북이 백 년에 한 번 수면 위로 올라왔을 때 드넓은 수면 위를 동동 떠다니던 나무토막의 그 구멍에 머리를 들이밀 확률이 얼마나 되겠느냐?"

아난존자가 대답했다.

"매우 희박할 것입니다. 세존이시여."

그러자 부처님께서 말씀하셨다.

"사람으로 태어난다는 것은 그보다 더 힘든 일이다. 눈 먼 거북이 수면 위 나무토막과 만나는 경우는 사람으로 태어날 확률에 비한다면 아주 쉬운 일이다."

(『잡아함경』 권15 「맹구경」)

세상에 존재하는 사람들은 이처럼 매우 귀한 인연으로 태어나서 살아가고 있다. 다른 생명체가 아닌 사람으로 태어난다는 것은 헤아릴 수 없이 오랜 생을 거듭하면서 무한한 선업을 지어야 가능하다고 불교에서는 보고 있기 때문이다.

선업이란 착한 업이라는 뜻이요, 업은 의지를 가지고 짓는 일이다. 자기에게 좋고 편한 쪽으로 생각하고 자기에게 유리한 쪽으로 행동하려는 것은 생각을 가진 존재에게는 매우 당연한 생존본능이다. 자신에게 유리한 방향으로 행동하려는 생각은 목숨을 가진 존재라면 누구나 똑같다. 하지만 이때 설령 자신에게 조금은 불리하더라도 다른 존재의 행복을 위해 기꺼이 자신의 이기적 욕구를 누르며 남의 행복을 먼저 생각해주는 것이 바로 선업이다. 그런 선업은 업을 짓는 동안도 즐겁고 지은 뒤에도 행복하다. 선업에는 즐거운 과보가 따른다는 인과업보의 이치이다.

선업을 지은 결과 찾아오는 즐거운 과보가 바로 인간과 천상에 태어나는 일이다. 따라서 사람으로 태어났다는 것 자체가 이미 남을 배려하고 양보하는 마음가짐으로 세세생생 살아왔다는 증거인 셈이다.

하지만 인간 세상은 일관되게 선업을 짓기가 쉽지 않다. 세상에는 여덟 가지 바람[世俗八風], 즉 이익·손해·폄훼·영예·칭찬·비난·즐거움·괴로움의 바람이 쉬지 않고 불면서 사람을 흔들어대기 때문이다. 어느 곳에선가 이익의 바람이 솔솔 불어오는가 싶더니 느닷없이 손해의 바람에 휩쓸리기도 하고, 칭찬의 바람을 타고 날아오르는가 하면 한순간에 폄하와 비방의 바람에 날려 나락으로 떨어지기도 하는 것이 인간 세상이다. 모든 부처님이 숱한 윤회의 생을 마감하는 그 마지막 장소를 천상 세계가 아닌 인간세상으로 정한 것도 바로 이와 같은 인간 세상의 속성 때문이 아닐까.

원으로 태어나다

인간으로 태어나서 성불을 한다는 불교의 메시지는 대승불교에 와서 더욱 깊은 뜻을 담게 된다. 즉, 남을 구제하기 위한 마음을 가진 보살이 스스로 원해서 태어난다는 원생願生의 사상으로까지 발전하기 때문이다. 그와 같은 원생의 보살은 세상 사람들의 괴로움[苦]을 종식[息]시키기 위해 일부러 윤회를 자처하며 인간 세상에 태어난 대[生]는 뜻의 식고생息苦生의 존재이기도 하다.

보살은 원력願力이 있기 때문에 기근이 있는 세계에서는 큰 물고기와 같은 몸을 받아 자신의 살로 모든 중생을 구제하고, 질병이 유행하는 세상에서는 훌륭한 의왕醫王이 되어 온갖 질병을 치료하여 구제해주며, 전쟁이 일어나는 세상에서는 큰 힘이 있는 왕이 되어 전쟁을 종식하여 구제하고 혹은 그릇된 견해와 온갖 악행을 지닌 이들을 교화한다. 이와 같이 한량 없는 중생을 다 왕생하게 하니 이것을 식고생食苦生이라 한다.

(『지지론』, 『제경요집』 권12)

윤회를 벗어나는 것, 즉 해탈을 궁극의 목적으로 삼고 있지만 해탈하기 위해 인간으로 태어나는 존재—인간 세상이 변화무쌍한 여덟 가지 바람이 부는 곳인 만큼 무한한 욕망과 번뇌를 슬기롭게 극복하고 나아가 다른 이의 행복을 위해서 태어나는 존재—가 바로 불교에서 말하는 '태어남'의 의미이다. 자신의 괴로움은 물론이요 타인의 괴로움까지 그치게 하려는 아름다운 서원으로 태어난 존재, 그렇게 이번 생애에서 아름다운 존재로 완성된다면, 그런 사람이야말로 자기 삶의 진정한 주인공이라 할 것이다. 따라서 사람으로 태어난다는 것은 나와 남의 행복을 위해 완전한 존재로 거듭 날 수 있는 절호의 기회라고 할 수 있다.

임신과 태교

불교의 태아관

생명이 언제부터 시작되었는지 알기란 어렵다. 굳이 묻는다면 무시무종이요,

불생불멸이라고 대답할 수밖에 없다. 다만, 이생에서의 생명은 한 여성의 난자와 한 남성의 정자가 수정되는 순간 시작된다고 할 수 있으며, 따라서 태아는 엄연하게 존중받아야 할 생명체이다. 불교에서는 태아로서의 삶의 주기가 출생한 뒤 삶의 주기와 거의 비슷한 비중으로 다루어지고 있는데, 수태의 과정을 어떻게 보고 있는지 경과 논서에서 찾아보자.

태아의 개념

모든 중생에게는 부처의 성품이 들어 있다는 뜻으로 일체중생실유불성一切衆生悉有佛性이란 말이 있다. 이와 비슷한 의미로 '모든 중생은 여래의 태아'라는 뜻의 여래장如來藏(tathāgatā-garbha)이란 말도 있다. 모든 중생은 여래의 태아인 만큼 그 태아를 얼마나 소중하게 보듬고 제대로 잘 가꾸느냐가 바로 성불, 즉 부처되기의 관건이다.

모든 중생이 부처가 될 가능성을 안고 있는 만큼 중생이 생을 시작하는 모습인 태아에 대한 불교의 관심은 각별하다. 존재의 시작부터 끝을 맺기까지의 과정을 네 단계로 나누는 『구사론』 등의 사유설四有說에 따르면, 첫째는 생유生有로서 중생이 어머니 몸에 수태되는 순간이다. 둘째는 본유本有로서 어머니 몸에 수태된 이후부터 일생을 마칠 때까지의 기간이다. 셋째는 사유死有로서 사망하는 순간이다. 넷째는 중유中有로서 중생이 사망한 후 다음 생을 받기까지의 기간을 말한다.

이 같은 사유설을 바탕으로 볼 때 어머니 뱃속에 깃든 태아는 생유에서 시작하여 본유의 초기단계의 존재로서' 엄연한 하나의 생명체로 보고 있음을 확인할 수 있다.

수태의 조건

한 생명체가 새로운 생을 시작하기 위해 모태에 착상하는 데에는 몇 가지 조건이 잘 맞아야 하는데 그 조건이란, 첫째는 부모가 결합해야 하며, 둘째는 어머니의 월경주기가 적절해야 하며, 셋째는 태어나려고 하는 존재[中陰]가 그 곳에 깃들어야 한다고 『맛지마 니까야』권2는 말하고 있다. 『증일아함경』권12에서는 조금 더 자세하게 수태의 조건을 설명하고 있다.

세 가지 인연이 있어야 식識이 태胎를 받게 된다. 어떤 것이 그 세 가지인가? 어머니가 애욕愛欲의 마음이 있고 부모가 한곳에 모여 함께 머물러 자다 치더라도, 바깥에서 식識이 서서 호응해 주지 않으면 수태가 이루어지지 못한다.
또 식識이 와서 들어가려고 하더라도 부모가 한곳에 있지 않으면 역시 수태가 이뤄지지 못한다. 또 어머니가 애욕의 마음이 없는 상태로 부모가 한곳에 모여 있을 경우, 그때 아버지가 아무리 애욕의 마음이 왕성하다 하더라도 어머니가 그리 간절하지 않으면 수태가 이뤄지지 못한다. 또 부모가 한곳에 모여

---

1 백경임, 「불전의 태아관:태아발달단계설을 중심으로」, 『한국불교학 제10집』(한국불교학회, 1985)에는 참고 인용.

있을 경우 어머니가 아무리 애욕의 마음이 왕성하다 하더라도 아버지가 그리 간절하지 않으면 수태가 이뤄지지 못한다.

또 부모가 한곳에 모여 있다 하더라도 아버지에게 풍병風病이 있거나 어머니에게 냉병冷病이 있으면 수태가 이뤄지지 못한다. 또 부모가 한곳에 모여 있다 하더라도 어머니에게 풍병이 있거나 아버지에게 냉병이 있으면 수태가 이뤄지지 못한다. 또 어느 때에 부모가 한곳에 모여 있다 하더라도 아버지의 몸에 물 기운水氣이 지나치게 많으면 어머니에게 그런 질환이 없어도 수태가 이뤄지지 못한다.

또 어느 때에 부모가 한곳에 모여 있다 하더라도 아버지의 상相에는 자식이 있으나 어머니의 상에 자식이 없으면 수태가 이뤄지지 못한다. 또 어느 때에 부모가 한곳에 모여 있다 하더라도 어머니의 상에는 자식이 있으나 아버지의 상에 자식이 없으면 수태가 이뤄지지 못한다. 또 어느 때에 부모의 상에 모두 자식이 없으면 수태가 이뤄지지 못한다.

또 때로는 식신識神이 태에 나아가더라도 아버지가 떠나 있어 없을 경우엔 수태가 이뤄지지 못한다. 또 어느 때에 부모가 꼭 한곳에 모여 있어야 할 것이나, 어머니가 멀리 떠나 있을 경우엔 수태가 이뤄지지 못한다.

또 어느 때에 부모가 한곳에 모여 있더라도, 아버지가 몸에 위중한 병이 있을 경우, 그때는 식신이 태에 나아간다 하더라도 태가 성립되지 못한다. 또 어느 때에 부모가 한곳에 모이고 식신이 와서 태에 나아간다 하더라도 어머니가 위중한 병을 앓을 경우 수태가 이뤄지지 못한다. 또 어느 때에 부모가 한곳에 모이고 식신이 와서 태에 나아간다 하더라도, 부모가 모두 병을 앓을 경우 수태가 이뤄지지 못한다.

부모가 한곳에 모여 있고 부모에게 질환이 없을 경우에야 식신이 오는 것이고 그리고 또 부모에게 모두 자식을 둘 상배이 있을 경우에 곧 수태가 이뤄지는 것이다. 이것을 일러 '세 가지 인연이 있어야 태가 성립된다'고 하는 것이다.

또한 『불설포태경』에서도 "부모의 부정不淨(성관계)으로 인해 태아의 몸이 이루어지는 것도 아니요, 그렇다고 부모의 부정을 떠나서도 몸이 이루어지는 것도 아니며, 부모가 반연攀緣이 됨으로써 수태가 되는 것이며, 부모의 복도 아니요, 아버지의 몸도 아니요, 어머니의 몸도 아니며, 인연의 화합에 의한 것이다"라고 말하고 있듯이, 남자와 여자가 있다고 해서 한 생명이 비롯되는 것도 아니요, 그렇다고 그 둘을 떠나서 생명이 비롯되는 것도 아니어서, 부모와 태아 셋의 조화가 원만한 임신을 불러오는 만큼 임신이 얼마나 소중한 인연의 결합인지를 거듭 강조하고 있다.

『대보적경』에서는 수태의 조건을 하나 더 들어 모두 네 가지를 들고 있는데 첫째는 부모가 서로를 사랑하는 마음이 있어야 하고, 둘째는 어머니의 월경이 순조로워야 하며, 셋째는 중음中陰이 있어야 하고, 넷째는 어머니의 태[자궁]에 질병이 없어야 한다.

여기서 부모의 교합과 아울러 꼭 필요한 조건이 중음이다. 중음이란 바로 지난 생에서 다음 생으로 이어지며 생을 받는 존재로서 중유中有, 간다르바 혹은 식신識神 등 다양한 이름으로 불린다. 『아비

『달마구사론』에 따르면 중유라는 이름은 죽는 순간의 존재인 사유死有와 태어나는 순간의 존재인 생유生有 사이에 존재하기 때문이며, 아직 생生이라는 이름으로는 불리지 않는다고 말한다.

태아의 단계

이렇게 세 가지 혹은 네 가지 조건이 잘 맞았을 때 생명체는 모태에 안전하게 착상하며, 이제 인간으로 태어나기 위한 태아로서의 시기를 보내게 된다. 『증일아함경』권30에 의하면 수태가 이뤄지는 때부터 태어나게 되기까지의 과정을 다음의 게송으로 설명하고 있다.

처음에는 어머니 태 안에 들며
차츰차츰 우유가 엉긴 것처럼 되다가
굳은 살胞처럼 되고 그런 뒤 비슷한 형상으로 변한다.
머리와 목이 먼저 생기고 이어서 차츰 손발이 생기며
뼈마디가 각각 생기고 털과 손발톱과 이가 생긴다.
만일 어머니가 온갖 음식과 갖가지 요리를 먹으면
그 정기로써 살아가니 이것이 수태의 근본이다.
그로써 형체가 이뤄지고 모든 감각기관이 다 갖춰진 뒤
어머니에게서 태어나게 되나니 태를 받는 괴로움 이러하다.

이 같은 경전의 내용은 『아비달마구사론』에 이르러 조금 더 정비된 형식을 갖추게 되는데, 이에 따르면 태아는 대체로 다섯 단계[胎中五位]를 거치게 된다.

① 갈라람羯刺藍은 어머니 태에 들어선 최초 7일간의 태아로서, 정자와 난자가 한데 엉겨 마치 우유가 응고된 것과도 같은 형태를 띤다. 태에 깃듦과 동시에 중유는 소멸하고 지수화풍 사대가 생겨나고 미세한 감각기관이 형성되기 시작하며 눈, 귀, 코, 혀, 몸의 다섯 감각기관이 표면화되기 시작하는 단계이다.

② 알부담頞部曇의 시기는 2주째의 태아인데, 지수화풍 사대가 점차 응고하여 얇은 피부가 생겨나며, 마치 끓인 우유에 생긴 막과 같은 형체를 띠지만 아직은 살점이라 할 수는 없는 단계이다.

③ 폐시閉尸의 시기는 3주째의 태아인데, 얇게 형성된 피부가 조금씩 단단해지고 혈육이 생기고 살점이 형성되지만 아직은 매우 부드러운 단계이다.

④ 건남鍵南의 시기는 4주째의 태아인데, 피부가 단단해지고 두터워지며 사람의 모습을 어느 정도 갖추기 시작한 단계이다.

⑤ 발라사카鉢羅奢佉의 시기는 5주째의 태아로, 머리와 팔다리의 사지가 형성되는 단계인데, 5주째부터 출산까지의 기간이 이 시기에 해당한다.

임신부의 마음가짐
임신은 엄마와 아기의 협동 작전

임신부는 미래 부처가 될 소중한 생명체를 품어서 기르는 또 한 사람의 부처이다. 그런 만큼 생명을 품은 행복과 보람을 가질 수 있지만 반면 임신 기간이 기쁨으로만 이어지지는 않는다. 자신의 몸이 변해가는 과정을 지켜보아야 하고, 육체적으로 너무나 힘이 들 뿐만 아니라 심리적으로 매우 불안정한 상태를 겪어야만 하는 고난의 과정이기도 하다.

태아가 착상하는 엄마 신체의 해당부분은 자궁이다. 자궁子宮은 말 그대로 아이의 집이란 뜻이며 영어로는 uterus이다. 한 전문가는 uterus라는 단어를 'uter-us'로 나누어서 자궁을 뜻하는 단어가 'uter-I'가 아니라 'uter-us'라는 점을 음미해야 한다면서 두 생명체가 함께 엮어 내는 생명의 과정이 바로 자궁에서 일어나고 있으며, 따라서 임신의 과정은 엄마의 리드로 태아가 춤을 추는 것과 같다고 말한다.[2]

경전에서도 임신은 태아와 엄마가 함께 작용하고 반응하는 기간이라고 보고 있다.『불설포태경』에서는 "태아가 7·7일째 되는 때에는 (중략) 어머니를 불안하게 하거나 내달리게 하기도 하고, 초조하고 동요하게 하고, 움직임이 느려지게 하며, 괜히 기뻐하며 웃거나 말을 헤프게 하거나 노래와 춤을 추게 만들기도 하며 울게 만들기도 한다.(중략) 어머니가 많이 먹으면 아이가 불안해하고, 너무 적게

---

2 마이클 로이젠·메멧 오즈 공저, 『내몸 임신출산 설명서』(안기순 옮김, 김영사) p.15.

먹어도 아이가 불안해하며, 기름기가 많은 것을 먹거나 기름기가 없는 것을 먹어도, 너무 뜨겁거나 너무 차거나 너무 달거나 너무 시거나 하여 음식이 고르지 못하면 아이가 불안하며, 욕정이 과해도 불안하고, 지나치게 많이 돌아다녀도 아이가 불안해 한다"고 한다.

어머니의 행동과 감정 상태, 그리고 먹는 음식은 태아에게 큰 영향을 미치지만, 태아 역시 어머니에게 큰 영향을 미치고 있다는 점은 경전 속 여러 일화에서도 볼 수 있다. 특히 아기 싯닷타를 수태했을 당시 어머니 마야왕비와 사리불 존자를 잉태한 어머니 사리부인 그리고 역경가 구마라집의 어머니 지바의 경우 임신 기간에 마음이 어지럽지 않았고 욕심이 줄어들었으며 늘 정신이 맑고 투명했을 뿐만 아니라 저절로 지혜로워져서 누구와의 논쟁에도 지지 않았으며 힘들거나 괴롭다는 생각이 들지 않았다고 한다.

태아를 가르치기 위한 교육 - 태교

태교는 태중교육 즉 태아에 대한 교육으로 '임신부가 태중의 아기를 인간으로 형성 발달시키기 위한 교육적인 노력'[3]이다. 태교를 임신부에게 가르치는 규칙이라고 생각하기 쉬운데 태교의 주체는 임신부요, 그 대상은 태아이다. 따라서 임신부는 태아를 지키고 가르친다는 마음가짐으로 매사에 신중하고 올바르지 않으면 안 된다.

---

3 유안진, 『한국 전통사회의 유아교육』(정민사, 1980, p.24)-예철혜, 「유교와 불교 태교관의 교육적 의미」『종교교육학연구』제22권, (한국종교교육학회, 2006.6))에서 재인용.

무엇보다도 전문가들은 임신부에게 다음 사항을 유념할 것을 당부한다.

첫째, 기호식품들을 절제하거나 끊는다. 술이나 담배, 기분전환용 약물을 끊으며 간접흡연을 피한다.

둘째, 규칙적으로 운동하며 명상이나 요가, 스트레칭과 걷기 등으로 스트레스를 줄이는 훈련을 한다.

셋째, 가능하면 유기농 저지방 식품을 섭취하고 수은함량이 많은 생선 섭취를 피하며 건강한 육류와 채소를 섭취한다.

넷째, 심한 노출을 피하며 외출 후나 애완동물의 배설물을 치운 후에는 반드시 손을 씻고 살충제나 화학물질의 접촉을 피한다.

다섯째, 질병의 개인력과 가족력을 검토하며 치아와 손발의 청결을 유지하고 다른 질환을 치료할 목적으로 복용하는 약에 대해서는 반드시 의사와 의논한다.

어머니의 자궁은 태아가 자라면서 공부하는 최초의 교실"이며, 무엇보다도 사랑을 담뿍 받은 태아는 태어난 뒤에도 더욱 적극적으로 옹알이를 하는데 옹알이를 많이 한다는 것은 그만큼 뇌의 기능이 왕성하다는 것을 의미한다'는 뇌전문가의 견해도 있다. 이처럼 태아에게 좋은 영향을 미쳐서 심신이 건강하고 올바른 사람으로 자라나게 하려면 무엇보다도 어머니가 각별한 주의를 해야 하며, 임

---

4 김수용 지음, 『뇌과학이 밝혀낸 놀라운 태교이야기』(종이거울) p.97.
5 4의 책, 102쪽.

신부가 태아에게 사랑을 듬뿍 전하기 위해서는 남편과 주변 사람들의 절대적인 도움이 필요하다는 것은 두말 할 필요가 없다. 그런 차원에서 태교는 어머니와 아버지에게는 또 하나의 수행이라 하지 않을 수 없는데, 그렇다면 소중한 아이를 임신했을 때 불자인 어머니와 가족들은 어떻게 태교를 하면 좋을까?

① 삼귀의

임신 중에는 마음이 불안해지고 감정의 조절이 어려워서 작은 일에도 흥분하거나 크게 기분이 저하되기도 한다. 이때 불법승 삼보에 귀의하는 것이 좋은데 경전에는 아이를 임신했을 때 삼보에 귀의하게 한다는 급고독장자^{아나타삔디까}의 일화가 들어 있다.

세존이시여, 저는 어떤 사람이 임신을 했을 때 그에게 '아이를 불법승 삼보에 귀의케 하라'고 일러 줍니다. 그리고 아이가 태어났을 때에 다시 한 번 삼보에 귀의하라고 일러 주며, 아이가 어느 정도 자라 지견을 갖추었을 때 계를 받아 지키라고 일러 줍니다. 신분이 천한 사람이나 집에서 부리는 하인에게도 이렇게 일러 줍니다. (『잡아함경』)

임신이 확정된 뒤 삼보에 귀의하기를 권하는 이유는 삼보의 가피를 입고 마음의 안정을 얻을 수 있기 때문으로 『법원주림』권87에서는 "임신한 여인이 태 안의 아이가 불안할까 두려워서 먼저 삼귀의를 받는다면 아이에게 해가 없고 낳은 뒤까지도 몸과 마음이 구족하며 선신善神이 옹호한다"라고 말한다. 따라서 임신이 확정되면 임신부와 가족은 해당 사찰에서 태아를 삼보에 귀의케 하는 의식 치르기를 권한다.

또한 임신부가 태아의 삼귀의를 올릴 때 사찰의 스님은 막 잉태된 생명의 안전과 행복을 축하하는 뜻에서 불보살의 가피를 담은 태명을 지어 선사하면 좋은데 태명은 아이에 대한 부모의 바람을 참고하여 짓는다. 이때 임신부의 염불수행을 위해 염주를 함께 선물하기를 권한다. 염주는 생각하는 구슬이란 뜻으로, 불보살님의 모습을 떠올리며 그분들의 가피를 입고 번뇌를 없애고자 하는 간절한 마음으로 굴리는 수행도구이다. 보통 수주數珠라고도 하며 보리수 열매로 만든 것을 최고로 여긴다.

② 오계를 받는다.

아직까지 계를 받지 않았다면 임신부와 가족들은 정갈한 몸과 마음으로 계를 받는다. 임신부는 오계를 받을 때 태아도 함께 받는다는 마음으로 임한다. 오계는 불자라면 반드시 지키고 따라야 할 조항들인데 '첫째, 남의 생명을 빼앗지 않는다[不殺生], 둘째, 주어지지 않은 것은 갖지 않는다[不偸盜], 셋째, 그릇된 애정관계에 빠지지 않는다[不邪婬], 넷째, 거짓말을 하지 않는다[不妄語], 다섯째, 술과 같은 취하게 만드는 것을 먹지 않는다[不飮酒]'는 내용으로 이루어져 있다. 오계를 지키면 자신의 몸가짐과 마음가짐이 정갈해짐은 물론이요, 주변 사람들이나 무연중생들에 이르기까지 오계를 잘 지키는 사람에게 두려움을 품지 않고 편안한 마음으로 그를 대하기 때문에 오계를 지키는 것만으로도 태아를 위한 훌륭한 태교가 이루어진다고 할 수 있다.

③ 경전을 수지독송한다.

　임신 소식을 들었을 때의 흥분은 잠시다. 아홉 달 동안 길고긴 임신 기간을 견뎌내기 위해 임신부와 남편은 각별히 주의를 해야 한다. 임신 중에는 특히 신경이 예민해지고 마음이 불안해지는 경우가 많다. 이때 경전을 하나 선택하여 정해진 시간에 읽으면서 내용을 음미하면 임신 기간의 불안한 심리 상태를 건강하게 극복할 수 있으며, 불보살님의 가피를 받게 된다. 자신과 깊은 인연을 맺은 경을 택하면 좋지만, 특히 『자비경』이나 『보왕삼매론』을 권한다. 이 경을 읽고 명상하면 마음이 밝아지고 가벼워지며 인연의 소중함을 되새길 수 있기 때문이다.

④ 참선과 염불수행을 시작한다.

　수행은 지혜를 가져온다. 자기를 살피고 밖으로 치닫는 마음을 잘 다스려서 번뇌가 새어나오지 않게 해주는 것이 수행이며, 이런 수행을 통해 인간과 세상에 대한 차분한 관찰과 명철한 지혜를 얻게 된다. 수행법에는 염불, 절, 사경, 참선 등 다양한 방법이 있는데 임신부에게 어떤 것이 적당할까?

무엇보다도 임신부의 안정을 위해 수식관數息觀을 권한다. 수식관은 어렵지 않을 뿐만 아니라 몸의 변화를 면밀히 관찰할 수 있어 마음이 평화로워지고 태아와의 교감이 부드럽게 이루어지기 때문이다. 가장 안정된 자세라면 바닥에 결가부좌를 취해야 하지만 이 자세가 힘이 들 경우 식탁 의자에 방석과 쿠션을 이용해서 편한 자세를 취하기를 권한다. 자세를 안정되게 취한 뒤에 천천히 숨을 들이마시고 내쉬는데 이때 들숨과 날숨의 숫자를 세어본다. "하나, 둘, 셋…" 이렇게 숫자를 헤아려 열에 이르면 그 수를 버리고 다시 처음부터 "하나, 둘…"하는 방식으로 호흡을 세어 간다. 이때 마음속으로 다른 생각을 하지 말고 오직 호흡에만 집중을 하면서 깊은 들숨과 날숨의 반복을 통해 몸의 반응을 살피는 것이 좋다. 시간은 몸에 무리가 가지 않는 선에서 정한다.

또한 염주를 돌리면서 염불을 하는 것 역시 임신부에게 매우 좋은 수행태교이다. 염주는 앞서 소개한 바와 같이 번뇌를 없애고 불보살님을 생각할 때 돌리는 수행도구인데 염주를 굴리며 염불하는 공덕으로 경에서는 다음과 같이 소개하고 있다.

만일 번뇌를 없애고자 한다면 목환자木槵子 108개를 꿰어 항상 자신에게 떨어지지 않게 하여 다니거나 앉거나 눕거나 늘 지극한 마음으로 뜻을 흐트러뜨

리지 않고 불법승 삼보의 이름을 외워야 한다. 그렇게 목환자를 하나씩 하여 20만 번을 채우면 몸과 마음이 어지럽지 않고,(중략) 뜻이 편안하고 항상 안락할 것이요, 백만 번을 채우면 백팔번뇌의 업을 끊게 될 것이며, 생사의 흐름을 등지고 열반에 나아가 번뇌의 뿌리를 영원히 끊고 위없는 수행의 과보를 얻게 될 것이다. (『불설목환자경』)

문수사리 법왕자 보살마하살이 모든 중생을 이롭게 하려고 큰 자비심으로 말씀하셨다.

"그대들은 잘 들으십시오. 내가 이제 수주(數珠)를 받아지는 공덕을 헤아려 이익을 얻게 되는 것을 설명하겠습니다. 만일 모든 다라니와 부처님 명호를 염송하고, 자신도 이롭고 남도 보호하며 모든 진리를 빨리 구하여 영험을 얻으려고 한다면 수주를 굴리는 법이 다음과 같습니다. 즉, 5백 가지 복을 받고자 하는 이는 철로 만든 염주를, 그 열 배의 복을 받고자 하는 이는 적동(赤銅)으로 만든 염주를, 백배의 복을 받고자 하는 이는 진주나 산호로 만든 염주를,(중략) 한량없는 복을 받고자 하는 이는 보리수로 만든 염주를 굴려야 합니다.(후략)" (『불설교량수주공덕경』)

위의 경에서는 가급적 108개의 보리수 열매로 만든 것을 권하는데 반드시 그에 의지해야만 한다는 법칙은 없다. 다만, 임신부의 건강을 위해 가급적 자연재료로 만든 염주를 권하며, 편안한 마음으로 천천히 굴리면서 불보살님의 명호와 모습을 생각하는 수행을 권한다.

불보살님을 생각한다는 염불에 대해서 『재경齋經』에서는, "재계를 받는 날에는 다섯 가지 생각을 익혀야 하니, 첫째로 부처를 생각해야 한다. 즉 '부처님은 진리로부터 오셨고, 진실에 이르렀으며, 보편타당하게 깨달았고, 아는 것과 행동하는 것이 같으며, 피안으로 잘 가셨으며, 세상의 아버지이며, 최고의 대장부이며, 법으로 다스리며, 신과 인간의 스승이다. 그래서 부처라 한다'고 마음속으로 생각한다. 부처를 생각하는 사람은 어리석음과 악의와 성내는 버릇이 모두 없어지고 착한 마음이 저절로 생겨 부처의 업을 좋아한다. 마치 좋은 비누로 머리를 감으면 때가 말끔히 없어지는 것처럼 재계를 받고 부처를 생각하는 사람도 그와 같이 청정하다. 그래서 보는 사람들마다 염불하는 그 사람을 좋아하고 신뢰한다"고 하였다. 염불을 하면 마음이 착해지고 사람들이 좋아하게 되니 태교에 그 무엇보다 적합하다.

어떤 불보살님을 떠올려야 하는가는 정해져 있지는 않다. 각자의 인연을 따라 관세음보살이나 그 밖의 다른 불보살의 모습을 떠올리며 염불을 해도 무방하다. 편안한 자세로 또는 천천히 거닐면서 석가모니불 또는 관세음보살의 모습을 떠올리며 그 명호를 반복해서 부르는 염불을 한다. 입으로는 불보살의 명호를 소리 내어 부르고 마음속으로는 그 분들의 자비와 지혜를 떠올리며 태아가 지혜롭고 자비로운 사람이 되기를 바라는 소망을 품는다.

⑤ 임신일기를 작성한다.

임신이 확정되면 많은 임신부들이 임신일기를 작성한다. 적당한 노트나 앱 등을 활용해서 임신일기를 작성하는데, 이때 경전에서 좋은 구절을 찾아 매일 한 구절씩 옮겨 적는 것도 좋은 태교법이다. 또는 매일 아이를 위한 발원문, 즉, 이 아이가 어떤 사람이 되기를 바란다는 소망을 짧막하게 작성하는 것도 좋다.

기자불공과 안태불공

① 자식 낳기를 바라는 기도[祈子佛供]

예로부터 조상들은 남녀가 결혼을 하면 빨리 자식 낳기를 소원했다. 건강한 자식을 얻기 바라는 마음에 법당이나 칠성각, 산신각 앞에 나아가 간절하게 기도를 올렸다. 특히 마을 어디에서나 만날 수 있는 돌미륵은 남근을 상징하는데 건강한 아들을 얻게 해 준다는 기도의 대상으로 여겨져 자식 잉태를 바라는 서민들의 기도가 끊이지 않았다.[6]

근래에는 남아선호사상이 약해지고 아들딸 가리지 않고 한두 자녀를 낳아 건강하게 잘 기르겠다는 분위기가 사회 전반에 퍼져 있다. 또한 불임의 경우, 현대의학이 각종 시술을 제공하고 있어 종교적인 의례보다는 불임클리닉을 통해 문제를 해결하고 있는 추세이

---

6 자식 잉태를 바라는 옛사람들의 신앙에 대해서는 구미래 저 『한국불교의 일생의례』(민족사, 2013, p.78~) 참고

다. 하지만 아무리 최첨단 의학의 도움을 받는다 하더라도 아이를 바라는 부부의 갈망과 불안은 여전히 무겁다. 이때 무엇보다 부부의 마음이 여유롭고 편안해질 수 있도록 기도 올리기를 권한다.

자식 얻기를 바랄 때 주로 관음기도를 올리는데, '만약 어떤 여인이 아들을 얻고자 하면 관세음보살께 예배하고 공양해야 하니, 그리하면 복덕과 지혜를 갖춘 아들을 낳을 것이요, 딸을 얻고자 하면 관세음보살께 예배하고 공양해야 하니, 그러면 단정하고 아름다운 딸을 낳을 것이니, 그 아이들은 전생에 덕의 근본을 심어서 수많은 사람들에게 사랑받고 존경받을 것이다'라는 「관세음보살보문품」의 내용에 의거하기 때문이다.

그 밖에 백일기도, 삼칠일기도 등을 통한 기자불공도 있는데, 간절한 마음으로 자식 얻기를 바라되 자식을 바라는 자신의 마음을 살피는 일도 잊어서는 안 된다.

② 안태불공_{安胎佛供}

요즘은 아기를 갖기 바라는 기자불공보다 잉태한 이후 태아가 편히 잘 자라기를 바라는 태교와 안태불공_{安胎佛供}이 더 일반화되어 가고 있다.[7]

---

7 구미래, 6의 책, p.106

|예시|

안태불공

1. 삼귀의
2. 반야심경
3. 오계수지(엄마와 태아를 위해)
4. 부부발원문
5. 스님축원
6. 사홍서원

임신이 확인되면 좋은 날을 가려 절에서 태아와 임신부의 안녕을 위한 기도를 올리는 것이 좋은데, 이때 좋은 날이란 임신부가 거동하기 편한 날을 말한다. 이 기도의식에는 남편과 주변 가족들도 함께 참석하여 임신부와 태아의 건강과 안녕을 위해 격려와 기원을 아끼지 않는다. 이날 태아를 위한 태명을 짓는 것도 좋은데, 태명은 아기에 대한 부부의 설렘과 소망, 그리고 지혜와 자비의 불교 정신을 담고 있는 고운 이름으로 정하며, 사찰의 스님이 축원문에서 태명을 넣어 축원 발원한다. 또한 이날 스님은 임신부에게 임신 기간에 봉독할 경전이나 염불할 때 사용할 염주를 선물한다.

③ 건강한 임신부와 태아를 위한 기도발원문

|예시|

임신 중의 기도발원문

진흙 속에 피어난 연꽃 같은 부처님, 헤아릴 수 없는 인연의 도타움으로
제 몸에 한 생명이 깃들었습니다.
사람의 몸을 받는 것이
망망대해에 눈먼 거북이 나무토막을 만나는 것보다
더 귀한 인연이라 들었습니다.
숱한 생명의 관계 속에서 부모와 자식으로 연을 맺게 된 것은
다겁의 은혜가 쌓여 모인 덕분이라 하지 않을 수 없습니다.
아이는 세상 그 어느 궁전보다 아늑한 집을 찾았으니
어미의 태 속에서
부디 전생의 고단함은 씻어버리고
선한 인연만 기억하게 하여 주옵소서.
우리(부모)는 바르고 슬기로운 생각과
자비로운 마음을 한결같이 지니며
부처님의 밝은 지혜를 가슴에 담겠습니다.
선재동자가 어머니의 태속에 있을 때
그 어머니는 안락하고 행복했으며,
사리불존자의 어머니는 잉태하였을 때
더할 나위 없이 지혜로워졌다고 하였습니다.
부처님의 가피로
잉태의 나날이 행복하고 지혜로워지기를 바라옵니다.
어미의 태 안에 생명의 둥지를 튼 이 아기가
열 달 동안 행복하고 즐겁게 머물기를 바라옵니다.
이 아이가 부처님의 자비로 안락하게 머물다

건강한 몸과 마음으로 태어나
세상의 소중한 인연을 시작하게 되기를 바라옵나니,
지혜와 자비의 부처님께서 굽어 살펴주옵소서.
나무 석가모니불
나무 석가모니불
나무 시아본사 석가모니불

출산의 고통과 위로

① 태어남의 괴로움

여성은 아이를 잉태한 이후 대략 40주, 약 280일이 지나 출산을 한다. 출산은 산모와 아이에게 매우 강력한 충격을 지닌 경험이다. 아이는 양수와 탯줄의 보호를 떠나 지상에서 스스로의 힘으로 호흡을 시작해야 하는 분리의 출발이며, 산모는 자궁이 열리는 고통을 감수해야 하는 절박한 순간이기 때문이다.

이 세상에 인간의 몸으로 태어난다는 것은 헤아릴 수 없는 선업을 쌓은 결과라고 불교에서는 말한다. 부처가 될 수도 있는 절호의 기회이기 때문이다. 그런데 이와는 달리 경전에서는 태어남을 괴로운 일이라고 규정하고 있다. 태어남 자체가 '괴로움'이라고 단언하고 있는 것이다.

'태어남은 괴로움이다'라는 구절은 경전에 수도 없이 등장하고 있다. 태어남뿐만 아니라 늙음과 병 그리고 죽음도 괴로움이다. 생노병사를 괴로움이라고 규정하며, 그러한 괴로움을 괴로움이라고 올바르게 알아채면 그 또한 하나의 깨달음[苦聖諦]이라고까지 규정하고 있다.

늙음과 병과 죽음을 괴로움이라고 하는 것은 일견 수긍할 만하다. 하지만 태어남을 축복이 아닌 괴로움이라고 보고 있다는 사실은 오해를 불러일으키기도 한다. 그래서 한 생명의 탄생을 맘껏 축하하는 것이 과연 불자다운 행동인가 하는 생각에 머뭇거리게 만들기도 한다.

하지만 태아의 입장에서 한 번 생각해보자. 태아로서는 태어난다는 것이 상당히 고되고 힘든 일이다. 아홉 달 동안 어머니의 탯줄에 의지해 양수에 떠서 지내던 한 생명이 오로지 자신의 힘으로 버티며 스스로 호흡을 해야 하기 때문이다. 태어나는 과정에서 자칫 생명을 잃거나 다치는 경우가 얼마나 많은가. 따라서 이러한 위험에 노출된 갓난아기의 태어남은 이생에서 첫 번째로 겪게 되는 괴로움이라고 하지 않을 수 없다.『수태경』에서는 이렇게 말하고 있다.

"중생들이 태를 받을 때에는 갖가지 고난을 다 겪는다. 아무 것도 모르는 참참하고 아득한 것이 그 모양은 마치 떠다니는 티끌 같다가 열 달이 다 차려고 할 때에는 어머니의 태 안에서 괴로움을 느끼게 된다. 그러다 업의 바람이 재촉하면 그 머리가 산문産門을 거쳐서 땅에 떨어지게 되는데 그때 회초리를 맞는 듯한 감촉은 싸늘한 얼음과도 같다. 그런 때를 당하여 태어날 때 받는 고통은 너무나 괴롭다."

태어남이 괴로움[生苦]이라는 것을, 경전에서는 이렇게 현실적이고 정확하게 태아의 입장에서 대변해주고 있다. 『수태경』뿐만 아니라 『중아함경』에서도 '중생은 태어날 때에 온몸이 다 고통을 받고, 온 마음과 모든 느낌도 한결같이 괴로움에 시달린다. 태어남이 고통이라고 말하는 것은 바로 이런 이유 때문이다'라고 하고 있다. 그렇다면 갓난아기의 첫 울음소리인 고고성呱呱聲은 괴로움의 과정을 힘겹게 극복했다는 승리의 찬가라 해도 지나치지 않다. 태어남은 괴로움이다. 따라서 이런 괴로운 과정을 힘겹게 이겨낸 출생이기에 생명은 더욱 귀하게 여겨져야 할 것이다.

② 출산의 고통 덜어주기

태아에게 태어남이 괴로움이라면 출산은 산모에게도 매우 어렵고 힘든 순간이다. 『부모은중경』에는 '어머니가 아기를 배고 열 달째 마침내 낳게 되느니라. 효성스럽고 착한 아이는 주먹으로 합장하고 나오니 어머니를 상하게 하지 않으나, 오역죄를 지을 자식이면 어머니 태를 쳐서 찢고, 팔로는 어머니의 심장이며 간장을 치고, 엉덩이뼈를 발로 버티어 마치 천 개의 칼로 배를 휘젓고 만 개의 칼로 속을 찌르는 듯한 아픔과 고통을 주고 태어나느니라'라고 말하고 있는데, 반드시 '오역죄를 지을 자식'이 아니더라도 모든 출산은 사지가 찢어지는 엄청난 고통이 따르며 이에 대한 두려움으로 산모는 심하게 불안해진다.

전문가는 '분만실에 들어가는 산모가 도움이 되는 조언 딱 두 가지만 말해달라고 요청한다면, 첫째, 진통과 분만이라는 과정은 아무도 예측할 수 없다는 점을 기억하고 융통성을 발휘할 것. 둘째, 분만의 궁극적 목적은 산모와 아기의 건강이므로 미리 생각해 놓은 계획이 있더라도 좀 더 나은 방법이 떠오르면 그것을 따르는 것이 좋다'[8]라고 말하고 있다.

어떤 산모도 똑같은 진통을 경험하지 않으며, 무수한 변수가 일어나는 때가 바로 출산의 순간이라고 한다면, 산모를 엄습하는 두려움은 상상을 초월할 수밖에 없다. 이때 남편과 가족들은 산모의 안정을 위해 최대한 배려해야 하는데, 다라니를 외거나, 평소 임신기간 동안 해왔던 염불을 함께 하는 것이 좋다.

"만약 너희에게 두려움이 생기거든 여래를 생각하라. 그러면 두려움이 없어지리라. 만일 나를 생각할 수 없거든 그때에는 법을 생각하라. 그러면 두려움

---

8 마이클 로이젠, 메멧 오즈 공저, 앞의 책, p268

이 사라질 것이다. 만일 나를 생각할 수 없거나 법을 생각할 수도 없거든 그 때에는 성스러운 승가를 생각하라. 그러면 두려움이 사라질 것이다."

(『증일아함경』 권14)

아이가 비록 어머니에게 엄청난 고통을 안겨주며 이생에서의 본격적인 삶을 시작한다고 하지만, 아이와 부모는 헤아릴 수 없는 도타운 세월 동안 인연으로 엮여온 관계다. 세상에서 제일 소중한 손님을 맞는다는 심정으로 출산의 두려움을 극복해야 하니『불본행집경』의 다음 구절을 낭송하면서 태아가 모쪼록 안정된 상태를 유지하기를 기원하는 것도 좋다.

보살은 어머니 태에 들 때 온전히 생각을 바르게 하고, 태 안에 머물러서도 바른 생각을 하며, 태에서 나올 때도 생각을 바르게 한다. 또한 어머니 태에 머물 때 편안히 안착하니, 그로 인해 어머니가 그 어떤 고통도 느끼지 않는다. 보살은 어머니 태에 머물러 있을 때 놀라거나 겁내지 않으며, 어머니는 열 달 동안 몸도 가뿐하고 마음도 즐겁게 지낸다. 어머니는 태 안에 아기를 품은 열 달 동안 언제나 몸과 마음을 반듯하게 지니며, 탐욕에 물든 생각을 일으키지 않고 베풀기를 좋아하며 언제나 마음에 자비를 품어 모든 생명체를 가엾어 하며 큰 이익과 안락을 주려는 마음을 갖는다. 그 어머니를 보는 사람이면 누구나 마음이 편안해지고 몸이 가뿐해지니, 보살이 모태에 머물러 있을 때 이렇게 한량없고 끝없는 위신과 일찍이 없었던 법이 생겨난다. (축약)

또한 남편과 가족들은 낮은 음성으로 염불을 하거나 산모와 아기를 위한 자비명상에 들어가 산모에게 위안과 힘을 주도록 노력하며, 분위기를 밝고 건강하게 유지하도록 한다.

③ 산후우울증과 극복을 위한 불교의 처방

280여 일간의 임신과 두려움으로 가득 찼던 출산의 터널을 지나 이제 몸을 회복할 시기에 접어든 산모에게 찾아오는 반갑지 않은 손님이 있다. 바로 산후우울증이다. 급격한 몸의 변화와 육아에 대한 두려움과 부담, 그에 따른 정서적인 불안감이 산모에게 닥치는데 가족들은 산모의 급격한 심리적 불안을 충분히 이해하고 사랑으로 배려하고 격려해주어야 한다.

산모에게 임신기간에 했던 수행을 꾸준히 이어가기를 권한다. 특히 집중적인 조리기간 동안에는 염불과 불보살의 상호를 이미지로 떠올리는 명상법인 관상觀想을 권하여 늘 불보살의 가피 속에 있다는 것을 자각하게 한다.

④ 출산에 즈음한 산모의 마음가짐

신심을 지닌 불자 산모와 가족들은 특히 출산에 즈음해서 오계를 엄격하게 지키는 것이 좋다. 깨끗하고 정갈한 음식으로 산모의 몸과 정신을 맑게 유지하며, 늘 조용하고 차분한 분위기에서 태어날 아기를 위한 기도에 정진하기를 권한다.『지장보살본원경』권8

에 따르면, 중생들의 태어나고 죽는 때를 주관하고 있어 그 이름이 주명$_{主命}$인 귀왕$_{鬼王}$은 언제나 중생들에게 이익을 주려고 애를 쓰고 있지만 그 뜻을 헤아리지 못하고 중생들이 살생 등의 악업을 지어 괴로움을 자초한다고 말하면서 다음과 같이 경계를 주고 있다.

"자식을 낳은 뒤에는 살생을 하지 말아야 하는데도 온갖 생선을 산모에게 먹이고, 또한 가족들이 모여 술과 고기를 먹으면서 노래하고 풍악을 즐기면 그것은 산모와 자식을 편안하게 해주는 것이 아닙니다. 왜냐하면 아기를 낳을 때는 무수히 많은 귀신과 도깨비들이 비릿한 피를 먹으려 하므로 제가 가택신이나 토지신에게 미리 일러 산모와 아이를 편안하게 보호하도록 일러 줍니다. 그리하여 산모와 아이가 편안한 것을 보면 마땅히 복을 베풀어 토지신의 은혜에 보답해야 하거늘, 가족들은 오히려 살생을 저질러서 잔치를 벌이니 이 죄업의 과보를 받아 어머니와 자식이 편안하지 못하게 되는 것입니다."

출산에 임박했거나 출산 뒤에라도 각별히 음식을 가리고 행동거지를 차분하게 해야 산모와 어린 아이가 보호를 받는다는 것이다.

⑤ 건강한 임신과 출산을 위한 아빠의 역할

임신과 출산의 과정에서 산모와 아이는 전적으로 남편$_{아빠}$의 관심과 보살핌을 받아야 할 대상이다. 이때 아빠의 역할이 무엇보다 막중해진다. 아빠는 어엿한 한 가정의 가장으로서 자신의 위치를 재인식해야 하며, 몸조리와 수유 등으로 집안일을 소홀히 할 수밖에 없는 아내를 대신해서 가사 일에도 팔을 걷고 나서야 한다. 또한 예민하고 불안정한 아내의 심리를 파악하고 다른 가족들에게 아내의 대변자가 되어 주어야 한다.

스스로 끼니를 잘 챙기되 산모 앞에서 지나치게 자신의 건강을 염려하지 말며, 아내의 산후조리가 원만하게 끝날 때까지 부부관계를 서두르지 않는다. 남편 역시 아내의 임신과 출산 기간에 맞춰 자연스레 오계를 지키는 삶을 살아가기를 권하는데, 앞서 인용한 『지장보살본원경』에서 언급했듯이 가족이 매사 삼가는 마음가짐을 가져야 산모와 아이가 건강해진다는 점을 잊지 말아야 한다.

⑥ 건강한 출산을 위한 기도발원문

| 예시 |
산모와 아이를 위한 기도

건강한 아이 갖기 원하면 지극한 마음으로 당신의 명호를 부를지니
그리하면 바람이 이루어지리라고 일러 주신
자비의 화신이신 관세음보살님,
오늘 저희 가정에 관세음보살님께 올린 기도의 가피로
사랑스런 새 생명이 탄생하였습니다.
깨달음을 이루기 위해서 보살은 인간 세상에 태어난다 하였습니다.
지난 세상 착한 공덕의 인연이 무르익어

이제 사바세계에서 연꽃을 피우고자
저희 가정을 찾은 아이입니다.
굽어 살피옵소서. 관세음보살님,
자비로 굽어 살피옵소서. 관세음보살님이시여,
부디 이 아이에게
관세음보살님의 자비와 문수보살님의 지혜와
보현보살님의 실천과 지장보살님의 큰 원이 고루 갖추어져
이웃과 세상에 따뜻한 양지가 되고 시원한 그늘이 되게 하옵소서.
나무 관세음보살

출산축하의례-백일 및 돌잔치 축원의식

아기를 낳은 뒤 언제 절에 가는 것이 가장 좋을까? 산모와 아기가 외출하기에 적당한 때로 최소한 삼칠일은 지나는 것이 좋다. 신생아 사망률이 높던 예전에는 백일을 지나야 가족들은 안심을 했고 그 때문에 백일잔치를 열었다. 지금은 예방접종을 비롯한 여러 안전장치가 확보되어 있어 백일을 특별히 기리지 않고 있다. 첫돌을 맞아 절에 아이를 데려가 사찰에 비치된 가족카드에 아이 이름을 올리거나 또는 백일을 기해 사찰에 와서 산모와 아기를 위한 기도법회를 봉행하는 것도 좋은 방법이다.

백일 또는 첫돌축원법회 의식은 다음의 절차를 참고하면 된다.

|간략한 법회 예시1|
백일 또는 첫돌 축원법회

1. 인사말
(아기의 부모 또는 사회자가 참석자에게 감사의 인사와 주인공인 아기 소개)
2. 삼귀의
3. 반야심경
4. 축원문 및 법명 수여의식
5. 떡 또는 축하 케이크 자르기
6. 감사회향
7. 사홍서원
8. 축하잔치

|여법한 법회 예시2|
백일 또는 첫돌 축원법회

1. 육법공양(아기의 부모(수계자)는 부처님께 여섯 가지 공양을 올림)
2. 삼귀의
3. 보현행원
4. 반야심경
5. 스님축원
   항상 연화좌에 계시면서
   중생의 인연 따라 감응하시는 부처님.
   물 있는 곳마다 달의 그림자 나타나듯
   자유자재하신 원력으로 저희 소원을 들어주옵소서.

오늘, 평소 돈독한 신심으로 집안일과 불사에 최선을 다해 온
○○○불자의 새 식구가 돌(백일)이 된 날입니다.
숙세에 쌓은 인연 공덕으로
새로이 얻은 천진불자의 돌(백일)을 맞으니
온 가정이 기쁨과 함께 광명으로 가득 차 있사옵니다.
복덕과 지혜 다 갖추신 부처님,
이 아이가 건강하고 슬기로우며
복덕을 겸비하여 어려움 없이 성장하도록 보살펴 주옵소서.
덕성과 지혜가 원만하여 가문을 빛내고,
나라가 가장 필요로 하는 인재로 성장해서
사람들의 사표가 되게 하옵소서.
오늘 발원 공덕으로 일체 중생이 다 함께
불보살님의 대자대비한 은혜를 입어지이다.
나무 석가모니불
나무 석가모니불
나무 시아본사 석가모니불 (『현대인을 위한 불교의식집』 불지사)

6. 거불
7. 청법가
8. 부처님께 삼배[수계자]
9. 오계설법
10. 참회 및 관정
11. 법명 수여
12. 부처님께 삼배[수계자]
13. 스님께 삼배[수계자는 계사 및 대중스님께 삼배]
14. 자모 발원문

자비하신 부처님,
불보살님의 한없는 가피로 축복 속에서 태어난 저희 ○○가
백일[첫돌]을 맞았습니다.
태어날 때의 그 설렘이 이제는 무럭무럭 자라나는 환희로 이어집니다.
노심초사하는 부모의 마음을 헤아려주는 듯
○○는 하루가 다르게 튼튼하게 자라납니다.
자식을 품에 안고서야 부모님의 노고가 이해되고,
생명이 얼마나 소중한가를 그토록 일러 주시는
부처님의 마음을 짐작하게 되었습니다.
부처님,
아직은 강보에 쌓인 어린 아이입니다.
엎드려 바라옵건대,
장차 이 아이가 건강하고 반듯하게 자랄 수 있도록
자비의 빛을 끝없이 베풀어 주소서.
그리하여,
이 아이가 선과 악을 분별하는 눈을 갖게 하시고,
그릇된 길을 과감히 물리치고 바른 길을 걷게 하는
용기를 주소서.
자비가 일렁이는 마음과, 지혜가 반짝이는 두 눈과
약한 자에게 가장 먼저 내미는 두 손을 갖게 하여 주소서.
부족한 저희에게
어린 생명이 아름답게 성장할 수 있도록
큰 아량과 한없는 사랑을 베풀어주소서.
사랑으로 자라난 이 아이가 더 큰 사랑으로 회향할 수 있도록
굽어 살펴주옵소서.

　　　　나무 석가모니불

　　　　나무 석가모니불

　　　　나무 시아본사 석가모니불

15. 신도 축하

16. 사홍서원

02 성년의례

부모와 자식관계

연기법의 관계

세상의 인간관계는 '가족'에서 출발한다. 가족이란 '혼인, 혈연, 입양 등으로 이루어진 사회의 기본단위'이다. 가족은 부부 혹은 부모자식 관계를 맺으며 살아가는 만큼 그 관계 속에서 생기는 다양한 문제들을 해결해 가는 과정에서 돈독해지기도 하고 파괴되기도 한다. 가장은 가족들 부양하느라, 남편은 아내 때문에, 아내는 남편 때문에, 부모는 자식 때문에, 자식은 부모 때문에 사는 보람을 갖기도 하지만 반대로 속을 끓이기도 한다.

관계 속에서 생겨나는 다양한 문제를 시원하게 해결하지 못할 때면 배우자나 자식을 탓하기도 하지만, 사실 그들이 있기 때문에 내가 존재하고 있는 것이다. 자식이 속을 썩인다고 해서 자식이 없길 바랄 수는 없다. 자식이 있기 때문에 부모인 내가 존재하는 것이고 부모가 있다는 것은 자식이 있다는 것을 의미한다.

'이것이 있으므로 저것이 있고, 저것이 있으므로 이것이 있다'는 연기의 이치는 부모자식간이든 부부간이든 서로가 서로에게 존재의 이유가 되고 있음을 보여 주고 있다.

인연화합의 관계

세상의 수많은 남자와 여자 중에서 그 한 사람을 나의 배우자로 삼는 것은 참으로 절묘하고 희유한 인연이다. 그뿐만 아니라 그 남자와 여자 사이에서 한 생명이 태어나 가족을 이룬다는 것 또한 말할 수 없이 미묘한 이치다. 흔히 500생의 인연이 모여야 가족이 된다고 하는데, 가족을 이루려는 업인과 그에 따라오는 무수한 조건들이 잘 어우러져서 이루어진 것이 바로 가족이요, 부모자식 관계인 것이다.

자식에 대한 마음가짐

자식은 끝없이 사랑해야 할 존재

한 사람의 성인 남자와 여자가 결혼을 하여 자식을 낳으면 부부는 상대를 향한 사랑으로 살아가는 과정에서 한 걸음 더 나아가 한 생명을 책임지는 부모의 단계로 접어들게 된다.

아이는 어머니의 태에서 아홉 달을 깃들어 있다가 태어나는데 그것으로 어머니의 역할이 끝나지는 않는다. "어머니는 아홉 달이나 열 달이 지나면 아이를 낳고 아이가 태어나면 어머니는 자신의 피로 키운다. 그래서 비구들이여, 성자의 율에서는 어머니의 젖을 피라고 부른다"라는 『맛지마 니까야』 권2의 가르침에서 볼 수 있듯이, 아이가 자라기 위해 어머니의 피와도 같은 젖이 필요하다고 경에서는 말한다.

그렇다면 인간의 일생 중에 부모의 보살핌이 필요한 시기는 언제일까? 경과 논에서는 다음과 같이 일생을 나누고 있다.

먼저 『아비달마구사론』에서는 사람의 일생을 태중의 다섯 단계胎中五位와 태어난 뒤의 다섯 단계胎外五位로 나누고 있으며, 태중의 다섯 단계는 앞서 언급했듯이, 갈랄람, 알부담, 폐시, 건남, 발라사카 시기이고, 태외의 다섯 단계는 태어나서 6살까지인 영해嬰孩 시기, 7살에서 15살까지의 동자 시기, 16살에서 30살까지의 소년시기, 31살에서 40살까지의 중년시기, 41살 이후의 노년 시기이다.

또한 『보적경』에서는 사람의 인생을 100년으로 보고, 열 단계로 나누고 있다.

첫째, 영아嬰兒 시기이니 강보에 누워 있는 시기이다.
둘째, 동자童子 시기이니 어린애 장난을 치며 지내는 시기이다.
셋째, 소년少年 시기이니 즐거움을 누리며 지내는 시기이다.

넷째, 소장少壯 시기이니 용감하고 건강하며 힘이 충만해 있는 시기이다.

다섯째, 성년盛年 시기이니 지혜를 가지고 대화를 하는 시기이다.

여섯째, 성취成熟 시기이니 잘 생각하고 깊이 헤아려서 능숙하게 일을 도모하는 시기이다.

일곱째, 점쇠漸衰 시기이니 법식을 잘 아는 시기이다.

여덟째, 후만朽滿 시기이니 몸에 노쇠의 징조가 나타나는 시기이다.

아홉째, 극노極老 시기이니 어떤 일도 능숙하게 하지 못하는 시기이다.

열째, 백년百年 시기이니 죽음에 이르는 시기이다.

『유가사지론』에서는 인간의 일생을 여덟 단계로 나누고 있다.

첫째, 처태위處胎位이니 태에 깃들어 출생하기 이전까지 모태에 의지하고 있는 기간이다.

둘째, 출생위出生位이니 모태에서 나와 출생하는 동안이다.

셋째, 영해위嬰孩位이니 아직 뛰어놀거나 분별할 능력이 없는 어린아이의 단계이며 출생하여 6세까지가 해당한다.

넷째, 동자위童子位이니 자신을 인식하고 모든 환경과 대상을 구별할 줄 아는 단계로서, 7세부터 15세까지이다.

다섯째, 소년위少年位이니 여러 가지 일을 잘 알고 의욕적이며 객관적인 환경을 능히 수용할 줄 아는 시기로서 15세부터 30세까지이다.

여섯째, 중년위中年位이니 소년위로부터 50세까지이다.

일곱째, 노년위老年位이니 중년위로부터 70세까지이다.

여덟째, 모숙위耄熟位이니 노년위로부터 90세 내지 사망할 때까지이다.[9]

　이들 단계 중 모태에서 나와 어엿한 한 사람의 성인이 될 때까지인 소년기에는 무엇보다 부모의 보살핌과 가르침이 중요하다. 태어나서 세 살 때까지는 부모의 헌신적 사랑이 필요한 시기요, 세 살에서 초등학교 시기는 부모 행동을 따라 배우는 시기요, 사춘기는 부모가 지켜봐주는 사랑을 베풀어야 할 시기이고, 성년기 자녀에게는 냉정하게 거리를 유지하는 사랑이 부모가 줄 수 있는 최고의 선물[10]이라는 제안도 있듯이, 부모는 자식에게 무조건적인 사랑뿐만 아니라 적당히 거리를 유지하는 지혜도 필요하다.

자식은 나의 거울

　아이는 부모를 보고 따라서 배운다. 아이는 부모가 말로 하는 가르침보다 부모의 행동을 그대로 따라하는 경향이 크다. 동물행동학의 선구자인 콘라트 로렌츠는 '엄마 참새가 아기 참새에게 나는 법을 가르쳐 준다는 등의 말도 안 되는 내용이 실린 동화를 읽어서인지, 사람들은 종종 동물의 세계에서 어미가 새끼들에게 생존에 필요한 행동들을

9　오형근 저, 『불교의 영혼과 윤회관』(도서출판 대승) pp.143~144.
10　법륜 저, 『엄마 수업』(이순형 그림, 휴) pp.33~72 참고.

가르쳐줄 거라고 생각한다. (중략) 여기에서 중요한 역할을 하는 것이 바로 부모를 모방하려는 본능이다. 갓 태어난 새끼들은 어미가 무엇을 먹는지를 보고 따라서 먹는다'[11]고 말하는데, 어미를 따라하는 것은 동물의 세계에서만 통하는 것이 아니다. '모방은 아이의 본능'[12]이므로, 자식이 올바르게 자라기를 바란다면, 부모가 말로 일러 주기 보다는 올바른 행동을 보여주는 것이 가장 좋은 교육임을 알 수 있다. 따라서 아이가 그릇된 행동을 보인다면 그것은 아이에게 문제가 있다기보다는 부모에게서 그 원인을 찾아야 한다.

자식과 함께 서로 완성되어가는 관계

자식은 부모의 보살핌을 받아야 하는 약한 존재이지만 부모를 수행하게 하는 존재이기도 하다. 백경임 교수에 따르면 불교는 다음과 같은 유아관幼兒觀을 제시하고 있다고 한다.

불교는,
첫째, 유아를 주체적인 인격체로 파악하고 있다.
둘째, 유아의 몸으로 성불할 수 있다는 가치관을 가지고 있다.
셋째, 유아는 어른을 제도할 수 있는 가능성의 존재이다.

---

11   콘라트 로렌츠 저, 『야생거위와 보낸 일 년』(유영미 역, 현문화) p. 109~113
12   타마르 챈스키 저, 『내 아이가 불안해할 때』(박성규 역, 마인드북스) p. 426

넷째, 유아는 공(空)으로 관조되어야 할 존재이다.[13]

이 가운데 세 번째 항목에 의한다면 자식을 기른다는 것은 부모가 어른으로서 완성되는 시기라고 볼 수도 있다. 따라서 어떻게 자식을 길러야 할 것인가, 어떤 부모로서 자식 앞에 설 것인가를 끝없이 묻고 고민하는 가운데 부모 역시 한 사람의 진지한 수행자로서의 삶을 살게 된다는 것이다.

언젠가는 떠나보내야 할 존재

부모가 기억해야 할 점은 아이는 부모의 소유물이 아니라 어엿한 자신의 삶을 살아가는 하나의 인격체라는 사실이다. 부모는 아이가 올바로 자랄 수 있도록 정성을 다해 길러야 할 의무가 있고, 아이에게 배움의 기회를 주어야 하며, 성인이 되면 독립을 할 수 있도록 여건을 만들어 줘야 한다.

따라서 너무 깊은 애착을 갖는 것은 옳지 않다. 자식은 나의 소유물이 아니라 완전히 독립적인 하나의 인격체라는 사실을 직시해야 한다. 미성년자일 때까지는 맘껏 사랑하고 알뜰하게 보살피되 성년이 되면 품에서 떠나보내야 한다.

---

13 백경임 저, 「불교의 유아관과 유아교육의 목표」 『법회』 (대한불교문서포교원, 1987, 11월호) pp.60~62

『장아함경』 권44에는 사랑하는 아들이 죽은 어머니에 관한 이야기가 등장한다. 바라문 종족의 여인 바사타는 아들 여섯 명이 연속해 죽자 아들을 생각하다가 미치광이가 되어 암라동산에 이르게 되었다. 그때 세존께서는 그녀를 위해 설법하여 가르쳐 보이셨고, 그녀는 믿는 마음이 청정해져서 삼보에 귀의했고, 부처님 말씀을 듣고 기뻐하면서 예를 올리고 떠나갔다.

그 뒤에 바사타의 일곱째 아들이 갑자기 죽었다. 그렇지만 그녀는 전혀 울거나 근심하거나 슬퍼하거나 번민하거나 괴로워하지 않았다.

그때 그녀의 남편이 게송으로 그녀에게 말했다.

"전에 여러 아들이 죽었을 적엔
자식 생각으로 근심하고 괴로워해
밤낮으로 음식도 먹지 않았고
심지어는 미치기까지 하더니
이제 일곱 번째 아들을 잃고는
근심하거나 괴로워하지 않는구려."

바사타가 게송으로 남편에게 대답하였다.

"비록 자손이 수천 명 있다 해도
인연의 화합으로 생긴 것이라
오랜 세월 지나면 과거가 되는 법

나와 그대도 또한 그러하오
자손이나 또 많은 종족들
그 수가 비록 한량없이 많지만
그들도 제각기 태어난 곳에서
서로서로 죽고 죽이나니
그것이 그렇게도 나쁜 줄을 안다면
근심하고 괴로워할 까닭이 없네."

바사타의 예는 부모 입장에서 쉽게 받아들이기 어렵다. 하지만 세상 모든 것이 영원히 유지되지는 않는다는 이치를 잊어서는 안 된다. 아무리 사랑하는 자식이라 해도 언젠가는 떠나야 하는 존재라는 점을 명심해야 한다는 것이 부처님의 당부이다. 자식은 부모의 사랑으로 자라나지만 결코 부모의 소유가 될 수는 없으니 자식과 부모는 제각각의 인생을 살기 때문이다.

『불반니원경』 권하에서 '선과 악은 자기 몸을 따르나니 부모의 죄를 자식이 대신할 수 없고, 아들의 죄를 부모가 대신할 수 없다. 모든 목숨은 각기 나고 죽기 때문에 선과 악에 따르는 재앙도 각기 지은 이의 몸을 따라다닌다'고 한 것처럼, 부모와 자식은 떼려야 뗄 수 없는 인연으로 만난 관계이지만 서로 각자의 인생을 살게 마련이다.

부처님의 교육 예화

라훌라에게 주는 가르침

석가모니 부처님이 성도하신 뒤 고향 까삘라성을 찾았을 때 옛 아내 야소다라는 어린 라훌라를 부처님에게 보내며 말한다.

"저 분이 네 아버지시다. 가서 재산을 물려 달라고 해라."

어린 라훌라는 어머니가 시키는 대로 대중들에게 둘러싸여 있는 부처님 앞으로 나아가서 재산을 물려 달라고 청했다. 뜻밖에도 부처님은 라훌라에게 재산을 주겠노라고 약속을 했는데, 그 약속은 바로 출가 수행하여 얻게 되는 깨달음이라는 귀한 재물이었다.

출가한 라훌라에게 부처님은 특별히 사사로운 애정을 쏟지는 않았다. 다만, 그의 행동을 보고 다음과 같이 일깨우는 대목은 참고할 만하다.

라훌라가 사람들에게 믿음을 주지 못하고 함부로 행동해서 비난을 사자 부처님께서 그의 거처로 가셨다. 라훌라는 부처님을 뵙자 대야에 물을 떠와서 발을 씻겨드렸다. 부처님은 더러운 물을 땅에 버리고 조금 남긴 뒤 말씀하셨다.

"라훌라여, 너는 대야에 물이 조금 남아 있는 것이 보이느냐?"

"예, 보입니다."

"일부러 거짓말을 하는 것을 부끄러워할 줄 모르는 수행자의 덕은 이 물처럼 적다."

부처님은 물을 마저 버리신 뒤 다시 물으셨다.

"라훌라여, 너는 대야의 물을 다 버린 것을 보았느냐?"

"예, 보았습니다."

"일부러 거짓말하는 것을 부끄러워할 줄 모르는 수행자의 덕은 그 물처럼 다 버려진다."

부처님은 대야를 엎어버리신 뒤 다시 물으셨다.

"라훌라여, 너는 대야가 엎어진 것이 보이느냐?"

"예, 보입니다."

"일부러 거짓말하는 것을 부끄러워할 줄 모르는 수행자의 덕은 이처럼 뒤엎어져 있다."

부처님은 대야를 다시 바르게 세우신 뒤 라훌라에게 물으셨다.

"라훌라여, 너는 대야가 텅 빈 것을 보느냐?"

"예, 보고 있습니다."

"일부러 거짓말하는 것을 부끄러워할 줄 모르는 수행자에게 덕은 이처럼 텅 비어 있다." (『맛지마 니까야』)

그리고 나서 부처님은 라훌라에게 몸과 입과 뜻으로 선업을 짓도록 노력할 것이요, 악업을 짓지 말도록 늘 스스로를 챙기라는 가르침을 주셨다. 부처님의 자식교육은 바로 이처럼 덕을 쌓는 일에 주력하였으니, 라훌라가 이후 남들 앞에 자랑하지 않고 홀로 수행에 정진하여 밀행密行제일의 제자가 되는 것으로 완성되었다.

부모와 자식이 해야 할 일

한편 『디가 니까야』 「싱갈라에게 주는 가르침」에서 부처님은, 부모는 자식에게 다음과 같은 다섯 가지로 교육을 해야 한다고 말씀하신다.

① 악한 것으로부터 자식을 보호하고,
② 선한 법이 자식에게 확립되도록 하며,
③ 기술을 가르치고,
④ 어울리는 배우자를 찾아주고,
⑤ 적당한 때에 가업과 유산을 물려주어야 한다.

그러면 자식은 부모에게 다음과 같은 생각을 잊어서는 안 된다고 하셨다.

① 나를 길러주셨으니 그분들을 봉양하리라.
② 자식의 의무를 다하리라.
③ 가문의 전통을 이으리라.
④ 상속받은 것을 잘 꾸려 나가리라.
⑤ 돌아가신 뒤에 부모님을 위해 공양을 올리리라.

싱갈라에게 주는 이 가르침은 대장경에 다양한 버전으로 들어 있으며 그 내용이 조금씩 다르다. 가령,『중아함경』에서는 "부모가 자식을 다섯 가지 일로 늘 보살펴야 하니 첫째는 자식을 사랑스럽게 생각하는 것이요, 둘째는 필요한 것을 대주어 모자라지 않게 하는 것이며, 셋째는 자식이 빚지지 않게 하는 것이요, 넷째는 때맞추어 결혼시키는 것이며, 다섯째는 가진 재물을 기꺼이 모두 자식에게 물려주는 것"이라고 하였다.

부모는 자식이 악에 노출되지 않고 착한 생각과 행동을 하도록 가르쳐야 하고, 자립할 수 있도록 기술을 가르치며, 어울리는 배우자를 찾아 주고 적당한 때에 자식이 한 사람의 가장으로 우뚝 설 수 있도록 그 권한을 물려줘야 한다는 것이 부처님의 생각이다. 반면 자식은 자식대로 자신을 낳아 길러주신 은혜에 보답하기 위해 최선을 다해 부모를 모셔야 하며, 부모가 물려준 것을 잘 지켜낼 수 있도록 노력해야 하며, 부모의 사후에도 그 분들을 위해 정성을 쏟아야 한다고 당부하고 있다.

용돈을 주며 자식을 인도했던 급고독장자
자식을 바르게 키우고자 했던 부모의 마음은 예나 지금이나 다르지 않다. 부처님 당시 엇나가는 자식 때문에 속을 끓이던 급고독장자도 그러했으니 그는 자식에게 이런 제안을 한다.

"얘야, 절에 가서 하룻밤 묵고 오렴. 부처님께서 법문을 들려주실 텐데 그 때 시 한 수를 읊으시거든 그걸 외워오너라. 그러면 네게 두둑하게 용돈을 주겠다."

장자의 아들은 용돈 생각에 서둘러 절에 달려가 부처님에게 법문을 청해들었다. 하지만 부처님은 그의 집중력을 자꾸 흐트러트려서 그가 시를 외우지 못하게 하였다. 용돈 받을 생각에, 부처님이 설하신 시에 집중한 장자의 아들은 마침내 시를 외우게 되었다. 하지만 글자만 외운 게 아니라 그 의미까지 완전히 파악했으며, 자신이 얼마나 태만하고 멋대로 생활하였는가를 반성하게 되었다. 부처님과 스님들을 모시고 함께 자신의 집으로 돌아온 장자의 아들은 아버지에게 자신의 잘못을 뉘우치고 바른 삶을 살겠다고 다짐을 하였다.

(『법구경』 제178게송의 인연이야기)

장자는 사람의 마음을 돈으로 움직이려 한 자신의 행동이 비난받을 짓은 아닌지 걱정이 되어 부처님께 여쭈었고, 『증일아함경』권49에서 부처님은 '갖가지 방편을 써서 삼보에 귀의하는 좋은 일을 하세 한 것은 큰 복을 짓는 일'이라며 격려하였다.

『법구경』주석서에는 자식이 귀하다고 해서 아무 기술도 가르치지 않는다면 자식의 앞날을 망치는 것과 다르지 않다고 하여, 아주 부유한 집안에서 자식을 너무나 귀하게 여긴 나머지 그저 인생을 즐기도록 하고 다른 기술을 가르치지 않아, 그 결과 그가 어른이 되었을 때 집안의 재산을 모조리 다 사기 당하고 쓸쓸하고 궁핍한 노년의 삶을 보내는 모습을 언급하고 있다.

또한 『법구비유경』에는 이런 이야기가 있다. 어릴 때 부모의 사랑을 듬뿍 받으며 자란 젊은이가 있었다. 부모는 이 젊은이에게 좋은 스승을 찾아주었고 최상의 교육을 베풀려고 노력하였다. 하지만 아이는 마음이 교만해서 부모의 지극한 사랑을 받아들일 줄 몰랐고, 공부를 등한시 했다. 부모는 어떻게 해서라도 자식이 훌륭한 성인으로 자라기를 바라며 온갖 방법을 취했지만 자식은 게으르고 무지하고 방탕하기까지 하였다. 주변 사람들이 그를 놀리고 따돌림을 당하자 그는 '조상들이 나를 돕지 않아 내 꼴이 이렇게 되었다. 이렇게 사느니 차라리 부처님의 제자가 되자'고 생각했다. 그가 부처님을 찾아가 출가할 뜻을 밝히자 부처님은 답하셨다.

도를 구하려면 먼저 행실이 청정해야 하는데 그대는 세속의 먼지를 그대로 가지고 승단에 들어오려고 하는구나. 부질없이 마음대로 왔다 갔다 한들 무슨 이익이 있겠는가. 차라리 집으로 돌아가 부모에게 효도하고 스승의 가르침을 따라 외우고 익혀 목숨을 마칠 때까지 잊지 않느니만 못하다. 부지런히 생업에 힘써 부자가 되어 근심이 없게 하고, 예의로 몸을 지켜 잘못을 저지르지 말며, 목욕하고 깨끗한 옷을 입고 말과 행동을 조심하며, 마음을 다잡고 오롯하게 지켜서 하는 일을 잘 분별하며, 민첩하게 행동하고 정밀하게 닦아 남에게 칭찬받고 흠모의 대상이 되도록 노력해라. 이렇게 실천해야 도를 닦을 수 있다. (『법구비유경』 권3)

젊은이에게 주는 이러한 가르침은, 자식의 그릇에 넘치게 사랑을 퍼붓기만 하는 부모의 자세도 반성하게 한다. 아낌없이 사랑을 베풀되 자식이 제 인생을 반듯하게 살아갈 수 있도록 늘 살펴야 하는 것이 부모의 입장이다.

부모의 네 가지 역할

어떻게 하면 자식을 잘 키울 수 있을까? 다음의 네 가지[14]는 부모로서 참고할 만하다.

첫째, 지극한 마음으로 자녀를 사랑하자.

부처님은 세상만물에 자비심을 품어야 하는 것을 '어머니가 사랑하는 외아들에게 자비를 베풀어주는 것처럼 하라'는 비유를 자주 들고 있다. 하지만 지극한 사랑은 애착이 될 수도 있으므로 늘 경계해야 한다는 당부를 잊지 않고 있다.

둘째, 사섭법四攝法에 의거하여 자녀를 보살피자.

사섭법이란, 대중을 거느리고 포용하는 네 가지 방법으로, 베풀기[布施], 다정한 말[愛語], 상대를 이롭게 하는 행동[利行], 함께 하기[同事]의 네 가지다. 『중아함경』에서는 이 사섭법을 실천하지 않으면 어머니와 아버지가 자녀에게 존경을 받을 수 없다고 한다.

---

14 이 네 가지 항목은, 백경임 손진이 공저 「불교 사상에 입각한 유아기 부모교육 프로그램의 개발」『종교교육학연구』제22권, (韓國宗敎敎育學會, 2006)에 의거하고 있으며, 필자의 견해를 조금 덧붙였음을 밝힌다.

거사여, 네 가지 섭사(攝事)가 있다. 첫째, 은혜를 베풂이요, 둘째, 정다운 말이요, 셋째, 이로운 행동이요, 넷째, 이로움을 같이 하는 것이다. 만약 세상에서 이렇게 네 가지로 대중을 거두지 않으면 어머니는 자녀에게 공양과 존경을 받을 수 없다. 아버지 또한 그러하다.

셋째, 자녀에 대한 애착을 극복하자.

영아기의 자녀가 부모나 부모 대리자에게 갖는 애착행동은 정상적이고 보편적인 발달양상이나, 부모가 자녀에게 갖는 집착의 성격을 띠는 정서적 유대감으로서의 애착은 극복되어야 할 정서[15]라고 전문가는 말한다. 자식에게 사랑을 베풀되 베풀었다는 마음마저도 비워야 하니, 금강경 등과 같은 경전의 가르침을 늘 기억하며 밀착된 애착관계를 극복할 수 있도록 노력해야 한다.

넷째, 스스로의 완성에 주력하는 부모가 되자.

수행을 통하여 부모로서의 성숙한 통찰력을 가짐으로써 자녀에게 종속되는 존재가 아닌, 자녀와 동등한 관계로 거듭나서 보다 안정되고 성숙한 부모자식관계를 맺어야 한다.

'어머니는 자녀들의 좋은 친구가 되어야 합니다. 자녀들이 어머니의 좋은 점을 모방하도록 항시 좋은 친구로서 격려하고 위로하는 동반자가 되어야 합니다. 쓸 데 없는 권위는 내다버리고 잔소리 그

---

15 14의 논문, p.16.

만하고 친구처럼 훌륭한 벗이 되어야 합니다'[16]라는 조언에 귀를 기울일 필요가 있다.

성년의례

매년 5월 셋째 주 월요일은 성년의 날이다. 민법상 만 19세에 이르면 성년이 되며 선거권을 취득하고, 음주와 흡연에 제재를 받지 않게 된다. 사법상 완전한 행위능력자가 되며 부모의 동의 없이 혼인할 수 있게 된다.

불교에서도 성년의 날에 즈음하여 젊은 불자들을 위한 법회를 열기도 하는데, 성년의 날을 위한 법회식순을 소개하면 다음과 같다.

성년의날 축원법회
1. 삼귀의
2. 찬불가
3. 헌화 및 헌향(성년식의 주인공이 불전에 꽃과 향을 올리고 반배를 드린다.)
4. 경전봉독(반야심경, 천수경 또는 경전의 일부를 낭송하다.)

|경전의 예|
어른답게 사는 사람은 마치 나무토막이 물에 떠서 물결 따라 흘러가는 것과 같다. 양쪽 기슭에도 닿지 않고, 누가 건져가거나 소용돌이에 빠지지도 않으며, 썩지도 않는다면, 이 나무는 틀림없이 바다에 도착할 것이

---

16   민병직 저, 『붓다로부터 배우는 자녀교육의 지혜』(운주사).

다. 참담게 인생을 사는 사람도 이와 같아서 잘못된 욕망에 빠지거나 온갖 그릇된 일에 흔들리지 않고 바른 목표를 바라보며 정진에만 힘쓴다면 그는 반드시 바라는 일을 성취할 것이다.(『사십이장경』)
어떤 사람을 가까이 하느냐에 따라 그의 행동을 닮아간다.
선한 것을 구하는 사람은 부디 착한 사람을 친근히 하라.
그리하면 즐거움을 얻을 것이요, 선하면 고달프거나 괴롭지 않으리라.
착한 것을 가까이 하면 공덕이 늘어나고, 악한 것을 가까이 하면 악이 더욱 심해진다.
착한 사람을 가까이 하면 좋은 명예와 칭송을 얻고,
착하지 못한 사람을 가까이 하면 그는 어느 사이 천대를 받게 된다.
항상 착한 사람을 가까이 하고, 악한 친구를 멀리하라.
착한 사람을 가까이 하는 까닭에 온갖 악한 일을 멈추게 되리라(『제경요집』 권9)

사람이 부귀한 자리에 오르는 것은 삼보를 예배하고 섬긴 데에서 온 것이요, 사람이 크게 부유해지는 것은 보시에서 온 것이요, 사람이 무병장수하는 것은 계를 지키는 데에서 온 것이다. 사람이 아름답고 보기 좋은 것은 인욕한 데에서 온 것이요, 사람이 부지런하고 게으르지 않은 것은 정진한 데에서 온 것이요, 사람이 말과 행동이 분명하고 자세한 것은 선정에서 온 것이요, 사람이 재주가 많고 남 앞에서 능숙하게 연설을 잘 하는 것은 지혜에서 온 것이다. 사람이 그 목소리가 맑고 투명한 것은 삼보를 노래하고 찬탄한 데서 온 것이요, 사람이 정결하여 질병이 없는 것은 자비한 마음에서 온 것이며, 사람이 남보다 훤칠한 외모를 갖게 되는 것은 남을 공경한 데에서 온다.(『불설죄복보응경』)

5. 고불문 봉독 (성년식의 주인공이 부처님께 올리는 것으로 천천히 읽는다.)

|예시|

"저 불자 ○○○은 이제 가정의 보호에서 벗어나 당당한 사회의 일원이 됨을 고합니다. 언제 어디서나 부처님 제자로서 바르게 보고 바르게 생각하며 바르게 행동하여 부모님의 기대에 어긋나지 않으며 반듯한 성인으로 살아가겠습니다."

6. 기념품 및 꽃다발 증정
   (부모님과 가족친지들이 주인공에게 축하의 꽃다발 및 간단한 기념품을 주면서 격려한다).
7. 부처님께 삼배
   (축복을 받은 주인공이 새로운 각오를 다짐하며 부처님께 삼배를 드린다.)
8. 기도발원 (성년식의 주인공이 발원문을 봉독한다.)

|예시|
발원문

　　부처님께 귀의합니다.
　　부처님,
　　오늘은 저희가 부모님의 따뜻한 품에서 나와 세상에 한 사람의 성인으로서는 날이며, 인생에서 가장 푸른 청춘의 정점에 서는 날입니다.
　　부처님께서는 사람에게는 자유로운 의지가 있으며, 그 의지로 하는 행위에는 반드시 과보가 따르는 법이라고 일러 주셨습니다.

선한 일에는 즐거운 과보가 따르고, 악한 일에는 괴로운 과보가 따르니,
이러한 과보는 그 누구의 탓도 아니요,
자유의지를 지니고 업을 지은 자의 몫입니다.
부모님의 품안에서 보호만 받다가 이제 업의 주인공이자 과보의 당사자가 된 것입니다.
그리고 부처님은 또 이르시기를, 젊음과 건강과 영원한 삶은 누구나 원하지만 유지하기 어렵다고 하셨습니다. 젊음이란 영원히 나를 위해 존재하거나 기다려주는 것이 아님을 저희는 압니다.
학업에 힘쓰고, 기술을 익히며, 저를 위해 사랑을 베풀어주신 부모님과 이웃과 세상의 은혜를 잊지 않으며, 세상에 꼭 필요한 곳에 제대로 쓰일 기둥이 되겠습니다.
부처님,
아직은 인생이라는 벌판에서 길을 잡지 못하고, 때로는 실수를 하고, 좌절할 때도 있으리니, 부디 지혜의 등불을 밝혀주시기 바라옵니다.
부처님의 등불로 세상의 고난을 무사히 건넌 저희는
언젠가 뒤에 올 또 다른 청춘들을 위해 등불이 되겠사옵니다.
지켜봐주시고, 힘을 주소서.
인생의 가장 소중한 문제를 풀기 위해 성을 나섰던
싯닷타의 용기와 정진을 저희에게도 나눠주소서.
나무 석가모니불
나무 석가모니불
나무 시아본사 석가모니불

9. 부모님께 큰절 (주인공이 부모님께 감사의 큰절을 올린다.)
10. 사홍서원

03
화혼의례

결혼에 대한 불교의 입장

결혼생활의 양면성

두 사람의 성인남녀가 사랑을 하고 결혼을 하는 것은 자연스럽고 아름다운 일이다. 세상의 수많은 사람들 가운데 유독 한 사람에게 이끌리고, 그와 함께 가정을 이룬다는 것은 웬만큼 깊은 인연이 아니고서는 이루어질 수 없는 일이다.

불교에서는 결혼을 어떻게 보고 있을까? 이따금 불교가 결혼이나 연애, 부부관계를 탐욕에 물든 죄악범부의 어리석은 행위라고 보고 있지 않느냐는 오해도 많이 산다. 하지만 이성간의 어울림과 교제와 육체적인 결합은 인간의 가장 자연스러운 본능에서 우러나오는 행위이다. 부처님은 모든 부부관계를 부정하지는 않았다.『잡아함경』권12에서는 '아내는 최상의 친구이다'라고 하고 있으며, 『중아함경』권33「선생경」에서는 '만일 남자가 아내를 사랑하고 어여삐 생각하면 반드시 이익이 불어날 것이요, 흉하거나 쇠하지 않으리라'고 말하고 있고, 『별역잡아함경』권12에 따르면 여인의 됨됨이를 알아보려면 그녀의 남편을 보면 된다고 일러 주고 있다.

그뿐만 아니라 『무량수경』권하에서는 '부자간에, 형제간에, 부부간에, 친족간에 항상 서로 사랑하여 시기하거나 증오하지 말라. 안색을 항상 화평하게 하고, 서로 멀리 있어도 걱정하는 마음을 가져라. 아버지의 사랑은 무덤까지 이어지고, 어머니의 사랑은 영원까지 이어진다'고 하여 부부와 가족, 친지들 간에 사랑이 넘치는 관계를 유지할 것을 당부하기도 한다.

하지만 사랑에 대해서도 자기절제가 필요하고, 상대방을 있는 그대로 이해하는 마음이 우선해야 하는데, 그러지 못하고 지나치게 사랑을 구하며 상대방을 힘들게 한다면 그것은 결국 자신의 파멸을 불러온다고도 말한다. '원한을 일으키는 것은 모두 친근함을 말미암아서 삼독三毒의 마음이 서로 부딪쳐 괴롭히기 때문이다. 어떤 경우는 부모가 아들에 대해 책망하고, 어떤 경우는 자식이 부모를 원망하니, 형제자매 일체가 모두 그래서 조금이라도 뜻에 맞지 않으면 문득 성을 내는 것이다'라는 『대장일람집』권4의 구절이나, 부부간의 애정이 너무 극진한 나머지 두 사람의 결혼을 반대하는 가족들의 성화를 견디다 못해 부부가 극단적인 선택을 한 경우를 가리켜 '애정에는 곧 슬픔과 울음 · 근심 · 괴로움 · 번민이 생긴다는 것을 알 수 있다'고 한 『중아함경』권60의 구절에서는 지나친 사랑이 초래하는 불행을 경고하고 있다.

그러므로 부처님이 결혼제도를 부정했다는 것은 지나친 말이다. 경전에서 결혼제도의 어려움을 지적하고 있는 것은 '결혼이라는 책임을 다하기 위해서 극복해야 하는 모든 어려움과 걱정거리들을 제시하고 있다'[17]는 차원에서 받아들여야 한다. 따라서 '불교에서는 결혼에 대해 신성한 것이라거나 부정한 것이라고 하는 양극단에 치우친 견해를 표명하고 있지 않다. 불교에서는 결혼을 종교적인 의무나 하늘이 정한 신성한 서약으로 보지 않으며, 결혼으로 인간이 행복해진다고 생각하는 사람들이 있는 반면 결혼생활을 지옥이라고 느끼는 사람도 있다'[18]는 것을 알아야 한다.

인연의 소중함

부부의 인연이란 사람의 의지만으로 이루어지는 것은 아니다. 좋은 사람을 만나고 싶은 강력한 의지와 행동이 인因이라면, 좋은 사람을 만날 수 있는 여러 가지 조건들은 연緣이다. 인과 연이 잘 어우러져야 뜻한

---

17 K. Sri, Dhammananda 지음, 오민영 번역, 「불교적 관점에서 본 행복한 결혼생활①」(참여불교, 2008.0708호, p.28)

18 K. Sri, Dhammananda, 17의 글, pp.21~22.

바 사랑의 결실을 맺게 되므로, 선남선녀의 결혼은 참으로 아름다운 인연의 매듭이라 하지 않을 수 없다.

불교설화에 따르면, 옛날 어떤 여인이 매우 고운 딸을 낳았는데 그 딸의 아름다움은 말로 설명할 수 없을 정도였다. 그러자 그 나라의 왕이 그 어린 소녀를 탐하여, 장차 숙녀로 자라면 결혼하리라 결심하였다. 하지만 나라의 도인들이 왕에게 예언하였다.

"이 소녀는 왕이 아닌 다른 남자의 아내가 될 것입니다."

그러자 왕은 소녀를 히말라야 산 중턱에 살고 있는 백조에게 맡겼다. 백조는 어린 소녀를 자기 둥지로 데려가 세속 사람들과 인연을 끊게 하고, 날마다 궁중에서 음식을 날라다 먹였다. 그렇게 세월이 흘러 소녀는 성숙한 여인으로 자라났다.

어느 날 근처 호수 상류에 물난리가 났다. 그때 청년이 물에 휩쓸려 통나무를 끌어안고 떠내려 오다가 천신만고 끝에 백조의 둥지로 오르게 되었다. 사내는 백조 둥지에 홀로 있는 천하절색의 미인을 보자 한눈에 반했고, 그녀 역시 남자가 백조의 눈에 띄지 않도록 잘 숨겨 주었다. 두 사람의 사랑이 싹트고, 어느 사이 여인은 임신을 하게 되었다. 백조에게서 이 소식을 전해들은 왕은 크게 탄식할 뿐이었다.

『구잡비유경』에 등장하는 이 이야기 끝에 '사람은 나면서부터 자기 짝이 있으니 사람의 힘으로는 어쩔 수 없다. 자기 짝을 만나면 서로 끌려 허락하니, 이 일은 뭇 짐승들도 예외는 아니다'라고 결론을 내리고 있다.

한편, 성인남녀가 정당하게 만나 사랑을 가꿔오면서 결혼하기로 마음먹었다면, 집안의 어른들은 상대편 젊은이의 성실함과 인간됨을 잘 가려 그들의 사랑을 인정하는 것이 좋다. 궁합을 보고서 결혼을 반대하는 경우가 종종 있는데, 자식의 결혼을 앞둔 부모의 조심스런 마음은 충분히 이해할 수 있지만 다음의 예화를 통해 불교에서 어떻게 보고 있는지 생각해볼 일이다.

옛날 어떤 마을에 양가집 사람이 자기 아들을 결혼시키려 하였다. 그런데 이 사람은 자기가 모시고 있는 고행자에게 미리 상의하지 않고 자식의 혼인을 추진하였다. 그러자 고행자는 자기가 무시당한 것에 앙심을 품고 별점을 치더니 불길한 예언을 내놓았다.

"별자리가 매우 불길하오. 그런데도 혼례를 강행한다면 두 사람은 엄청난 파국을 맞이할 것이오."

불길한 예언을 들은 신랑 측이 결혼식장에 나타나지 않았다. 그러자 신부 측은 크게 분노하며 다른 혼처를 택하여 혼례를 올렸다. 그런 줄도 모르고 고행자가 새롭게 정해준 날에 혼례를 올리려고 신부 집으로 출발한 사람들은 신부가 이미 다른 사람의 아내가 되었다는 사실을 알았다. 그들이 서로 시비를 가리며 싸움이 붙자 지혜로운 이가 그 곁을 지나면서 이렇게 시를 읊었다.

별자리를 기다리고 있는 어리석은 자에게는

이로움이 못 본 체 지나쳐 간다.
실제의 이익이 이로운 별자리이거늘
저 하늘의 별이 인간의 일과 무슨 상관있으랴.(『자타카』 99)

좋은 사람을 고르고 좋은 날을 택하여 불운을 피하고자 함은 인지상정이나, 근거 없는 점술에 이끌려 젊은이들의 아름다운 인연을 깨는 일은 진지하게 생각해봐야 한다는 충고라 하지 않을 수 없다.

불고식 혼례

불교식 혼례의 상징 – 일곱 송이 꽃과 고유문

아주 오래전, 연등 부처님 시절에 능인(能仁)이라는 이름의 보살이 살고 있었다. 그는 부처님이 오신다는 소문을 듣고 기쁜 마음에 꽃과 향을 사서 보시하려고 마음먹었다. 하지만 나라의 왕이 자기 혼자 부처님께 공양 올리려고 시중에 꽃을 팔지 못하게 명령을 내렸다. 능인보살이 은화를 아무리 많이 내도 꽃을 한 송이도 사지 못해 절망에 빠져 있을 때, 마침 꽃을 병에 꽂아 들고 가는 여인을 보게 되었다. 능인보살은 가지고 있던 은화를 모두 내밀면서 꽃을 팔라고 청하였고, 여인은 가지고 있던 일곱 송이 꽃 가운데 다섯 송이를 그에게 주면서 자신의 몫으로 두 송이 꽃을 자기 대신 부처님께 올려달라고 청하였다. 그리고 이 인연으로 다음 생에 자신이 능인보살의 아내가 되기를 바란다는 서원도 함께 올렸다. 능인보살은 석가모니 부처님의 과거 수행자 시절의 모습이요, 꽃을 양보한 여인은 야소다라로서, 이 전생이야기는 『수행본기경』에 전한다.

경전에 따라서는 능인보살은 선혜선인으로, 꽃을 양보한 여인은 구리여인이라는 이름으로 등장하기도 한다. 이렇게 불전에 신랑신부가 각각 다섯 송이와 두 송이 꽃을 올리는 까닭에 불교혼례식을 화혼식花婚式이라고 부르는데, 이는 불교 혼례식의 큰 특징이라 할 수 있으다.

불교혼례의 또 하나 특징으로는, 주례법사가 두 사람의 부부인연을 부처님께 고하는 고불告佛의식을 들 수 있는데, 이 때 고유문을 작성하여 불전에서 낭송하기도 한다.

| 예시 |

고유문

주례법사 ○○은 삼가 부처님께 기원합니다.
오늘 선남자 ○○○와 선여인 ○○○은 깊은 사랑과 보살심으로
평생 도반이요 부부의 길을 서원하였사오니
위없는 지혜와 자비의 광명을 드리워 주옵소서.
이 부부가 몸과 마음은 늘 건강하고 화창하며
가정과 직장의 모든 일들은 순조로운 바람이 불고
그 어떠한 어려운 일 앞에서도
문수보살의 지혜와 보현보살의 정진력으로
한송이 아름답고 청정한 연꽃을 피우게 하소서.
오늘 이 결혼에 동참한 모든 생명의 벗들이시여.

자유로우소서, 평화로우소서, 행복하소서.
나무석가모니불
나무석가모니불
나무시아본사 석가모니불.
(법보신문 649호에 실린 광주불교대학장 법인 스님 글)

화혼식 식순

불교가 한반도에 전래된 이후 오랜 세월이 흘렀지만, 불교인들을 위한 불교식 혼례가 만들어진 것은 근대에 들어와서이다. 사학자 이능화李能和가 1917년 '의정불식화혼법擬定佛式花婚法'을 만들어 발표한 이후 불교계에서는 이 혼례법이 널리 보급되었고, 그 후 여러 불교의식집에 실리는 불교혼례의 기본 틀이 되었다.[19] 이능화가 여러 문헌을 참고해서 만든 불교화혼식 절차는 다음과 같다.[20]

① 주례법사가 신랑신부를 인도하여 부처님을 향해 꿇어앉게 한다.
  이때 신랑신부 양옆에는 들러리에 해당하는 배도陪導가 따른다.
② 신랑신부는 각각 오분향을 사른다.

---

19 구미래 지음, 18의 책, pp155~156 참고.
20 이능화 지음, 이병두 역주 『조선불교통사:근대편』(혜안, 2003), pp. 169~175.(구미래, 19의 책 p.157에서 재인용)

③ 주례가 삼귀의를 부르고, 신랑신부는 따라 부른 뒤 부처님께 삼배한다.
④ 주례법사는 두 사람의 혼인을 고하며 부처님께 증명을 청하는 설송說頌을 범음으로 외운다.
⑤ 신랑이 다섯 송이의 꽃을 부처님께 바치고, 신부는 두 송이의 꽃을 신랑의 손을 거쳐 부처님께 바치면 주례법사는 모두 불단의 꽃병에 꽂는다. 신랑신부는 부처님께 삼배한다.
⑥ 주례는 신부와 신랑에게 각기 혼인에 임하는 마음가짐을 묻고, 신부와 신랑은 이에 답함으로써 혼인서약을 한다.
⑦ 신랑이 신부에게 화관을 씌우고 홍상紅裳을 입혀준 다음 신랑신부는 부처님께 삼배한다.
⑧ 대중이 다함께 여래십대발원문, 사홍서원, 찬불게를 읊는다.

이능화의 불교혼례식 절차는 불교의 특징을 최대한 살리고 있다는 점에서 오늘날에도 유용하다. 불자 가정이나 사찰에서, 혹은 일반 결혼식장에서 불교식 혼례를 올릴 때 참고할 수 있도록 조금 수정하여 몇 가지 예를 제시해 본다.

| 예시 |
화혼식순서

① 개식 선언(사회자는 식장을 정리한 후 개식을 선언한다.)
② 주례 등단(사회자는 주례법사스님을 모시고 간단한 약력을 보고

한다.)
③ 점등 및 헌향(양가 부모님이 등단하여 부처님께 반배 올리고 초와 향을 올리는데 이때 아버지가 촛불을 올리면 어머니는 향을 올린다. 다시 반배를 하고 제자리로 돌아간다.)
④ 신랑신부 입장
⑤ 삼귀의례(사회자는 하례객들에게 피아노 반주 혹은 목탁과 병행하여 반배를 하도록 다음과 같이 안내한다.)

"양가의 여러 어르신들과
오늘의 이 뜻 깊은 혼례식을 축하해주시기 위하여 참석하신 여러분,
신랑 ○○○불자와 신부 ○○○불자가
○○스님을 주례로 모시고 백년가약을 맺는 경사스러움을
자비하신 부처님께 의지하여 더욱 복되고 빛나게 하고자
'삼귀의례'를 올리겠습니다.
다 같이 자리에서 일어나서 합장하여 주시기 바랍니다.
내빈께서는 나누어드린 의식 안내문을 참고하시기 바랍니다."
거룩한 부처님께 귀의합니다. 〈반배〉
거룩한 가르침에 귀의합니다. 〈반배〉
거룩한 스님들께 귀의합니다. 〈반배〉

⑥ 고불(사회자는 삼귀의례가 끝나면 하객들에게 합장을 풀게 한 뒤 다시 안내를 한다.)

"다음은 오늘 이렇게 수 억 겁의 인연으로 맺어진 신랑신부의 혼례를 부처님께 고하고 가피를 청하는 고불문 봉독을 주례스님께서 해주시겠습니다.
다시 한 번 합장하시고 두 사람의 앞날을 축복해주시기 바랍니다."

⑦ 상견례(사회자는 하객들의 합장을 내리게 하고 자리에 앉게 한

뒤 신랑신부에게 합장 반배하도록 안내한다.)
⑧ 헌화(헌화용 꽃병 2개와 꽃 일곱 송이를 준비해서, 하나의 병에는 다섯 송이 꽃을, 다른 꽃병에는 두 송이 꽃을 꽂아둔다. 먼저 다섯 송이 꽂은 병을 신랑이 주례법사에게 드리면 주례 법사는 이 꽃병을 받아 불단의 오른쪽에 올리고, 신부는 두 송이를 꽂은 꽃병을 신랑을 경유하여 주례 법사에게 드리면 이것을 받아 불단의 왼쪽에 올린다. 이로써 헌화의 순서는 끝난다. 헌화는 연꽃을 주로 하지만 구하기 힘든 경우 좋아하는 꽃으로 대신해도 좋다. 또한 한복을 곱게 차려 입은 화동들이 꽃을 들고 등장해서 남자 어린이는 신부에게, 여자 어린이는 신랑에게 전달해도 좋다.)
⑨ 혼인서약
⑩ 성혼선언
⑪ 주례사
⑫ 축가 또는 축시 낭독
⑬ 기도발원

(사회자는 '기도발원'이 있음을 안내하고 분위기를 인도한다.)
"다음은 오늘 새로운 부부로 출발하는 신랑과 신부를 위한 기도발원이 있겠습니다. 하객 여러분께서는 앉으신 채로 합장하여 함께 축원하여 주시기 바랍니다."

| 발원문 예시 |

대자대비하신 삼보자존이시여,
오늘 깨끗한 믿음을 가진 ○○○불자와 ○○○불자가
부처님의 크신 은혜 속에서 일심동체가 되었습니다.
두 사람은 세세생생 오늘에 이르는 동안 함께 높은 뜻 세우고,

위없는 높은 도를 이루려는 아름다운 이상을 가꾸어 왔습니다.
대자대비하신 세존이시여,
오늘 이 두 불자의 화혼이 무상보리 이루려는 원으로 하나가 되고,
보살도 이루려는 행으로 하나가 되어,
진리의 광명을 받드는 아름답고 행복한 가정으로 성장됨을 증명하시고 가호하소서.
두 사람의 사랑이 변치 않고 백년해로하려면
믿음과 생각과 계율을 함께 지녀야 한다고 부처님은 말씀하셨습니다.
두 사람의 믿음이 나날이 견고하고, 금슬이 도타우며,
지혜와 복덕은 때때로 빛나고 행복과 상서의 구름은 끊임없이 드높아지이다.
이 인연이 온 중생들의 행복으로 나누어지이다.
나무 석가모니불
나무 석가모니불
나무 시아본사 석가모니불.

⑭ 신랑신부 내빈 인사(신랑과 신부는 단 아래로 내려와 내빈께 합장 반배를 드린다.)

⑮ 신랑신부 행진(신랑과 신부는 부처님을 향해 반배를 올리고 주례 법사에게 반배한 다음 천천히 퇴장한다.

원만한 결혼생활을 위한 경전 속 조언	부부는 함께 오계를 수지해야 한다. 특히 불사음계와 불망어계는 부부간의 신뢰를 유지하는데 가장 중요한 사항으

로서, 경전에서도 누누이 강조하고 있다.

'사음邪淫이란, 남편이 자기 아내에게 성교를 바른 방법으로 행하지 않는 것이며, 남의 아내에게 바르거나 바르지 못한 방법으로 행하는 것이며, 혹은 남이 음행했을 때 그것을 따라 기뻐하거나, 혹은 어떤 수단으로 억지로 남을 시켜 행하게 하는 것'이라고 『정법념처경』권1에서 정의하고 있다. 또한 『증일아함경』 권7에서는 '중생들 가운데에서 다른 사람의 아내에 대해 음란한 마음을 품지 않고 몸이 깨끗하며 또한 그릇된 생각이 없는 사람은 인간 세상에서 복을 받거나 천상에서 복을 받으며 열반을 증득한다. 정숙하고 깨끗하며 음행을 행하지 않는다면 천상이나 인간 세상의 복을 받을 것이니 수행자들은 사음을 행하지 말고 음탕한 생각을 내지 말아야 한다'고 하여 불사음을 강조하고 있다.

특히 『불설대지도론』에서는, '삿된 욕망[邪淫]에는, 첫째는 아내의 불륜을 겪는 남편이 불륜남에게 항상 위험을 가하려고 하고, 둘째는 부부 사이가 화목하지 않아 항상 싸우고 다투며, 셋째는 착하지 않은 법이 나날이 늘어가는 반면 착한 법이 날마다 줄어들고, 넷째는 몸을 보호하지 못하며 처자가 고독해지고 교류가 줄어들며, 다섯째는 재산이 나날이 줄어들고, 여섯째는 나쁜 일이 생겼을 때 사람들로부터 위로를 받지 못하며, 일곱째는 친척이나 지혜로운 사람들에게 환영받지 못하고, 여덟째는 남에게 원망을 사는 업의 인연을 심으며, 아홉째는 죽은 뒤에는 지옥에 가고, 열째는 만약 다시 여자로 태어난다면 많은 남편을 섬겨야 하며, 만약 남자로 태어나면 그 아내가 정결하지 않다'는 등 열 가지 허물이 있음을 밝히고 있다.

또한 부부의 원만한 결혼생활을 위해서는 주고받는 말이 무엇보다 아름다워야 한다는 점을 경전에서는 누차 강조하고 있다. '착하게 말하는 것이 가장 최상이요, 사랑스럽게 말하고 거칠게 말하지 않는 것이 두 번째요, 진실한 말을 하고 거짓말하지 않는 것이 세 번째요, 법다운 말을 하고 법 아닌 말은 하지 않는 것이 네 번째다'라는 『별역잡아함경』 권13의 구절이나, '범부의 독은 치성하고 분노의 불은 항상 타오른다. 인연을 만나면 장애를 일으키고 경계에 부딪치면 성을 내게 된다. 그런 까닭에 말을 해서 한번 성내면 입을 찌르고 마음을 태움으로써 자신이 상대하고 있는 사람을 다치게 하니, 그 아픔은 칼로 베이는 것보다 더하다. 보살의 선한 마음을 어기고 여래의 사랑의 가르침을 거스른다'는 『제경요집』 권14의 구절 또한 말이 사람과의 관계에서 얼마나 중요한지를 단적으로 보여주고 있다.

부부는 평등한 관계임을 잊어서는 안 된다.
아내는 남편의 진정한 벗이요, 남편은
아내의 영원한 의지처임을 늘 기억하며,
서로의 내적 성숙을 위한 도반이라는 사실을 명심해야 한다. 『디가 니까야』의 「싱갈라에게 주는 가르침」은 남편과 아내가 서로에게 어떻게 최선을 다해야 하는지를 일목요연하게 정리하고 있는데 '아내는 다섯 가지로 남편을 대해야 하니, 맡은 일을 잘 처리하고, 주변사람들에게 친절하게 대하며, 믿음을 저버리지 않고, 재산을 잘 관리하며, 해야 할 일을 부지런하고 능숙하게 처리해야 한다. 반면, 남편은 아내에게 다섯 가지를 지켜야 하니, 아내를 존중하고, 멸시하지 않으며, 믿음을 저버리지 않고, 권한을 주며, 자신의 부에 어울리는 장신구를 제공해야 한다'고 조언하고 있다. 이와 같은 덕목들이 오늘날 시대에 맞지 않는 점이 있다고 해도, '이렇게 남편이 다섯 가지를 잘 지키고, 아내가 다섯 가지를 잘 지킨다면 부부관계는 평온하게 잘 지켜진다고 말할 수 있다'는 것이다. 일방적인 의무나 권리가 아니라 상호간의 의무를 강조하고 있다는 점이 불교에서 말하는 부부관계의 특징이다.

그뿐만 아니라 두 사람이 같은 신앙을 지니고, 똑같이 마음을 기르며, 똑같이 보시하고, 똑같이 지혜를 기르면 다음 생에도 부부로 살아갈 수 있다는 니까야의 가르침도 불교의 부부관을 말할 때 빼놓을 수 없다. 욕망과 무지가 난무하는 사바세계에서 지금의 배우자는 깜깜한 밤길을 비추는 등불과도 같은 존재라고 생각하여 믿고 아끼며 살아간다면 석가모니 부처님과 야소다라의 인연처럼 진리 속에서 아름다운 결실을 맺게 될 것이다.

04
축수의례

'나이 든다는 것'에 대하여

늙음은 괴로움이다

태어나고 병들고 늙고 죽는 네 가지 과정을 겪지 않을 존재가 어디 있을까. 이 네 가지는 괴로움이라고 하여 사고四苦로서 경전에 매우 자주 등장하고 있다. 경전을 보면 괴로움에 대한 설명이 매우 자세하고 절절하다. 그만큼 우리 존재는 늘 괴롭고 힘들고 불만족스러운 상태를 직면해서 살아간다는 말일 것이다. "그러려니 하면서 살면 편하고, 그냥 즐겁게 살면 되지 않겠는가?"라고 반문할 수도 있지만 이런 생각 역시 '인생이란 본래 힘들고 괴롭기 마련이다'라는 고백에서 나온 것임을 부정할 수 없다.

그런데 이 네 가지 괴로움 가운데 태어남은 제 의지대로 할 수 없고, 죽음 역시 어느 날 갑자기 찾아오며, 간혹 몸 관리를 잘하면 건강을 오래도록 유지할 수도 있기 때문에 어쩌면 무심코 넘어갈 수도 있을지 모르겠다. 하지만 늙음이라는 괴로움은 자신에게 일어나는 노화와 쇠퇴의 과정을 눈으로 확인하고 있다는 특징이 있다. 더구나 현대사회는 평균수명이 80세를 훌쩍 넘는 장수시대에 들어서 있다. 오래 살면서 여전히 활동적일 수 있다는 것은 축복일 수 있지만, 곰곰이 생각해보면 건강하고 싱싱한 젊음의 상태로 오래 사는 것이 아니라 늙음의 상태가 오래 지속된다는 말일 수도 있다. 체력과 경제력 그리고 무엇보다도 건강한 인생관이 뒷받침되어 주지 않으면 무병장수 시대가 오히려 힘들 수도 있다는 것이다. 따라서 어떻게 늙어갈 것인가, 노년 시대를 어떻게 보낼 것인가는 모든 사람의 화두라고 해도 지나치지 않다.

불교에서는 늙음을 어떻게 보고 있는지 경전을 살펴보자.

온갖 중생들은 늙으면 머리는 희고 이는 빠지며 젊음은 날로 쇠약해져 간다. 허리는 굽고 다리는 휘어지며, 몸은 무겁고 상기병上氣病에 걸려 지팡이를 짚고 다니며, 살은 쭈그러들고 피부는 늘어지고 주름살은 마치 얽은 것 같으며, 모든 감각기관들도 다 낡고 얼굴빛도 추악해진다. 이것을 늙음이라고 한다. 중생들이 늙을 때에는 온 몸과 마음과 느낌이 괴롭고, 뜨거운 열기와 근심에 시달리는 까닭에 늙음은 괴로움이라고 말한다. (『중아함경』 권7)

불교에서 늙음을 얼마나 괴롭고 힘든 현상으로 보고 있는지 단적으로 알 수 있다. 또한 늙음을 바라보는 사람들의 시선도 아름답지는 않으니,『대반열반경』권12의 '늙는다는 것은 기침이 생기고 열이 올라오며 용기와 기억력과 앞으로 나아가는 힘과 쾌락과 교만과 잘난 체하는 마음과 안온함과 방자함을 없애 준다. 또 허리가 굽어지고 게을러지고 기운이 없어져서 남의 업신여김을 받는다'는 구절에 잘 나타나 있다.

또한『대반열반경』권12에서는 늙음을 다음과 같은 열다섯 가지 비유로 설명하고 있다.

"첫째, 연못에 연꽃이 만발하여 곱게 피어나면 매우 사랑스럽지만 우박이 내리면 모두 부서지는 것처럼, 늙는 것도 그와 같아서 기력 넘치던 기색이 모두 소멸된다.

둘째, 지혜로운 신하가 적국의 왕을 사로잡아 자기 나라 임금에게 끌고 오는 것처럼, 늙음도 그와 같아서 장성하던 기색을 사로잡아 죽음이란 왕에게 끌고 간다.

셋째, 부러진 차축은 다시 쓸 수 없듯이, 늙음도 그와 같아서 다시 쓸 수 없다.

넷째, 어떤 부잣집에 온갖 보석이 산더미 같이 쌓여 있더라도 도둑떼가 들어가면 하나도 남기지 않고 모두 빼앗아 가듯이, 늙음도 그와 같아서 장성하던 기색도 도둑에게 빼앗기는 것이다.

다섯째, 가난한 사람이 값비싼 음식과 화려한 의복을 탐하고 원해도 얻을 수 없듯이, 늙음도 그와 같아서 탐하는 마음이 있어 부귀와 쾌락을 받으면서 다섯 가지 욕락을 마음껏 누리려 해도 그리 될 수가 없다.

여섯째, 뭍에 있는 거북이 마음으로 항상 물을 생각하듯이, 사람도 노쇠하여 시들어가면서도 마음으로는 장성하였을 때 누리던 다섯 가지 욕락을 생각한다.

일곱째, 초가을에 피는 연꽃은 모든 사람이 보기 좋아하지만 일단 시들고 쇠잔하면 모두들 천히 여기는 것처럼, 장성한 때의 훌륭하던 기색을 사람들은 사랑하지만 늙어지면 모두들 싫어한다.

여덟째, 사탕수수도 즙을 짜고 나면 찌꺼기가 맛없듯이, 장성한 때의 훌륭한 기색도 그와 같아서 늙음에 짜이고 나면 세 가지 맛이 없어지니, 출가하는 맛과 경을 외우는 맛과 참선하는 맛이니라.

아홉째, 보름달이 밤에는 빛이 찬란하다가도 낮이 되면 그렇지 못하듯이, 사람도 장성했을 때에는 얼굴이 단정하고 몸매가 아름답다가도 늙으면 얼굴이 쭈그러지고 정신이 혼미해진다.

열째, 어떤 왕이 바른 법으로 정치를 잘 하다가 적국에 패하여 다른 나라로 도망치면 그 나라 사람들이 '대왕께서 지난날에는 바른 법으로 나라를 잘 다스리더니 어쩌다 이렇게 되었습니까?' 하고 묻는다. 사람도 그와 같아서 늙고 쇠함에 패하고 나면 항상 장성했을 때에 했던 일을 찬탄한다.

열한째, 등불의 심지는 오직 기름에만 의지하므로 기름이 사라지면 불이 살아있을 수 없다. 사람도 장성한 기름을 의지하다가 장성한 기름이 다하면 노쇠의 심지가 어찌 오래 있을 수 있겠는가.

열두째, 말라버린 강이 사람이나 짐승들에게 이익을 줄 수 없는 것처럼, 사람도 늙어서 마르고 나면 어떤 일을 행하여도 이익을 줄 수가 없다.

열셋째, 강 언덕에 위태롭게 선 나무가 폭풍을 만나면 쓰러지듯이, 사람도 늙음의 언덕에 이르고 나서 죽음의 폭풍이 불면 오래도록 서있을 수 없다.

열넷째, 수레의 굴대가 꺾어지면 무거운 짐을 실을 수 없듯이, 사람도 늙으면 그 어떤 선한 법도 받아 지닐 수 없다.

열다섯째, 어린아이가 사람들에게 무시를 당하듯이, 사람도 늙으면 항상 모든 무리의 업신여김을 받는다."

이처럼 늙음이란 사람들의 환대를 받지 못하고 경멸을 받으며 끝내 옛날의 영광을 회복하지 못하는 괴로운 일이라는 것이 불교의 늙음에 대한 견해이다.

부처님도 피해가지 못한 늙음

늙음이라는 현상은 석가모니 부처님도 예외일 수 없다. 조건 지워져 생겨난 것 [有爲法]은 무엇이든 쇠퇴의 과정을 겪게 마련이기 때문이다. 『대반열반경』에는 병고에 시달리다 간신히 회복해서 나무 그늘에 나와 앉으신 부처님과 아난존자의 대화가 있는데, 늙음에 대한 부처님의 절묘한 비유가 등장한다.

"부처님이시여, 그 모진 병고를 이겨내시니 정말 제 마음이 기쁩니다. 세존께서 병환 중에 계실 때 제 온몸은 마비되어버린 듯 했고, 분별력을 잃었으며 세존께서 제게 베푸신 가르침이 하나도 생각나지 않았습니다."

"아난이여, 나는 지금 늙고 쇠약해서 인생의 말년에 이르렀다. 마치 다 낡은 수레가 밧줄로 동여매어 간신히 유지되어 나아가듯이 지금 여든을 넘어선 여래의 몸 역시 가죽끈으로 겨우 유지되고 있다."

석가모니 부처님마저도 벗어날 수 없는 늙음이라는 현상이 지금 모든 존재들에게 급박하게 다가오고 있는데, 젊어서 부지런히 해야 할 일을 하지 않는다면, 그의 말년은 더욱 더 초라하리라는 것을 불을 보듯 뻔하다.

부처님께서 아난존자를 거느리고 탁발을 나가시다 길가에 노부부가 망연자실하게 서있는 모습을 보시고 말씀하셨다.

아난이여, 저 사람은 젊었을 때나 장년이었을 때, 아무것도 배우지 않았고 노력하지 않았다. 그런 까닭에 저 사람은 세상을 헤쳐 나가는 방법도, 재산을 모으거나 지키는 법도 몰라서 그 많던 재산을 탕진하고 말았다. 그가 만약 출가해서 비구가 되었더라면 훌륭하게 수행을 완성하고 사람들의 존경을 받는 스승이 되었을 텐데, 이제 그 모든 기회를 다 놓쳐버리고 지금은 저와 같이 버려진 인생이 되고 말았구나. 마치 날개 부러진 왜가리가 물고기 한 마리 없는 마른 못에 있는 것과 같구나. (『법구경』 제155, 156게송의 인연이야기)

늙음을 바라보는 시각

노인을 대하는 젊은이의 자세
효도하라

지팡이를 짚고 걸식하며 다니는 노인이 부처님에게 하소연했다.

"부처님, 제게는 아들이 일곱 명이나 있었습니다. 모두 장가를 들여 재산을 똑같이 나누어주었지요. 그렇게 나눠주고 나니 제 몫의 재산은 한 푼도 남지 않았고, 아들들은 저를 받아들이지 않아서 이렇게 걸식하며 지내고 있습니다."

그러자 부처님께서 말씀하셨다.

"내가 노래를 하나 가르쳐 드리지요. 잘 외웠다가 아들들이 사람들과 어울려 있을 때에 그 노래를 크게 부르십시오.

아들을 낳고서 기뻐하며
그를 위해 재산을 모으고 장가를 들였는데
이렇게 나는 버림받고 말았네.
효심도 없고 인정도 없어
입으로만 부모를 위한다고 할 뿐
저 나찰귀의 자식과 같아서
죽을 때가 된 나를 버리는구나.
말 먹이통에 보리와 곡식이 가득한데도
젊은 말들이 양보하는 마음 없이

늙은 말을 쫓고 밟는 것과 뭐가 다르리.

내 아들들도 저와 같아서
사랑하고 공경하는 마음이 없어
나를 구걸하게 만드니
이 지팡이만도 못한 아들이구나.
이 지팡이를 가지고 다니면
개나 염소나 말을 쫓아주고
길을 다닐 때 나를 도와주니
어둔 밤에 지팡이만한 벗이 또 있을까.
물의 깊고 얕음도 알아내주고
넘어지면 지팡이에 도움을 받아 일어서니
이 지팡이만이 나를 아껴주고 생각해주네. (『별역잡아함경』 권13)

  노인은 부처님이 일러주신 대로 수많은 사람들 앞에서 큰 소리로 불렀다. 아들들은 자신의 인간됨이 들통 나자 몹시 창피해하며 늙은 아버지를 다시 집안으로 모시고 들어가 잘 모셨다 한다.
  자식은 부모에게 극진한 효도를 해야 한다. 낳고 길러주신 은혜를 외면하는 사람에게는 그 어떤 선한 법도 자라날 수 없기 때문이다. 부처님이 자식의 불효에 실망한 노인에게 자신의 권리를 되찾는 방법을 일러주신 위의 일화를 보면, 늙은 부모의 당당한 권리요

구도 자식을 일깨우는 한 가지 방편이 될 수 있음을 알 수 있다.

『대반야바라밀다경』 권46에서 수보리가 부처님께 '어떤 것이 착한 법'인지를 여쭙자, 이에 대해 부처님은 '부모에게 효순하고 사문과 바라문을 공양하며 스승과 어른을 공경하고, 보시와 계율과 수행의 성질을 지닌 복된 일과 병자를 간호하는 일 등과 10가지 선업과 몸에 대한 열 가지 생각 등이니라'고 하셨다.

부모에게 효도해야 하는 이유는 우리를 낳아 젖을 먹이고 길러주신 은혜를 베풀었기 때문이다. '자식을 보호하고 젖을 먹여 장성하게 키워주시니 이 우주에서 나를 가르쳐주신 이로는 부모가 으뜸이다. 그 자식이 왼쪽 어깨에 아버지를 업고 오른쪽 어깨에 어머니를 업고 백 년이 지나도록 지내도 피로하거나 게으름을 피워서는 안 되며, 이 세상을 보석으로 가득 채워 부모님께 올리고 편히 지내게 하신다 해도 부모의 은혜를 다 갚았다고는 할 수 없는 것'이기 때문이다. 따라서 부모에게 가장 극진하게 효도하려면 '부모로 하여금 바른 믿음에 머물게 하고, 인색한 성품의 부모에게는 은혜를 베풀게 인도하고, 지혜가 없는 부모에게는 지혜를 일으키도록 권유하고 장려하는 것이니, 부모로 하여금 편안히 살게 해야만 비로소 은혜를 갚았다고 할 수 있다'고 『근본설일체유부비나야』 권7에서 부처님은 말씀하신다.

중국 원나라 스님 보도普道가 지은 『연종보감』에는 효도에 대한 설명이 지극한데, "염불은 모든 법의 요체요, 효도로서 부모를 봉양하는 일은 백 가지 행에 가장 앞선다. 효도하는 마음이 부처님 마음이요, 효도하는 행이 부처님 행 아닌 것이 없으니 깨달음을 얻고자 하면 —부모님 섬기기—를 모든 부처님처럼 대해야 한다. 모름지기 부모님을 효도로써 섬겨야 하니 종색선사께서 말씀하시기를 효孝라는 한 글자는 온갖 미묘한 이치로 나아가는 문이라 하셨고, 부처님 말씀에 효가 으뜸이요, 경전에서는 효가 곧 계戒라고 하였다"라고 한다. 나아가 효도에도 재가의 효가 있고 출가의 효가 있다고 밝히며 재가의 효는 '부모가 사랑하시거든 기뻐하고 잊지 말며, 부모가 미워하시거든 더욱 노력하고 원망하지 말아야 한다'는 『맹자』의 구절을 인용하여 설명하고 있고, 출가의 효는 애정을 넘어서 해탈의 지름길로 나아가는 것이라고 하였다.

또한 자신의 부모에 대해 공경하고 봉양하며 효순하는 것뿐만 아니라 이웃과 사회의 모든 남녀노인에 대해서도 그런 생각을 해야 한다고 경전에서는 말한다. 왜냐하면 '세상 모든 남자는 일찍이 나의 자부慈父였고, 세상 모든 여자는 일찍이 나의 비모悲母'인 까닭이니, 자기 부모를 향한 효심은 세상의 모든 노인에게까지 퍼져나가야 한다는 것이 불교의 노인관과 효도관의 핵심이다.[21]

---

21 이에 관해서는 구미래 저, 20의 책, pp.194~195를 참고하였다.

노인을 존경하라

인도의 초강대국이었던 마가다국의 사신이 부처님을 찾아왔다. 그는 이웃나라인 밧지족을 침략하려고 하는데 과연 이길 수 있는지를 알고 싶었다. 그러자 부처님은 그의 질문에 대해 직답을 피하고 옆에 있던 아난다 존자를 불러 에둘러서 다음과 같이 물으셨다.

"아난다여, 그대는 밧지 족 사람들이 자주 모여 회합을 갖는다고 들었는가?"
"예, 세존이시여. 저는 그렇게 들었습니다."
"그 사람들이 자주 모이고 회합을 갖는다면 그들에게는 번영만이 있을 뿐 파멸을 바라기는 어렵다. 아난다여, 그대는 밧지 족 사람들이 예전에 공인된 법칙을 함부로 허물지 않고 잘 지킨다고 들었는가?"
"예, 세존이시여, 저는 그렇게 들었습니다."
"그렇다면 그들에게는 번영만이 있을 뿐 파멸을 바라기는 어렵다. 아난다여, 그대는 밧지 족 사람들이 나라의 노인들을 공경하고 존중하고 그들의 말에 귀를 기울인다고 들었는가?"
"예, 세존이시여, 저는 그렇게 들었습니다."

(『디가 니까야』「마하빠리닙바나 숫따」)

이 이야기는 나라가 번성하는 일곱 가지 원리의 일부이다. 일곱 가지 원리란 다음과 같다.
① 자주 모인다.

② 화합하여 일을 도모한다.
③ 공인된 법을 준수한다.
④ 노인들을 존중하고 귀를 기울인다.
⑤ 여성에게 폭력을 행사하지 않는다.
⑥ 탑묘와 사당에 공물을 바치고 의례를 준수한다.
⑦ 깨달음을 이룬 분을 늘 초대하고 머물도록 권한다.

이 일곱 가지 가운데 노인을 존중하고 그들의 말에 귀를 기울인다는 항목이 들어 있다는 사실은, 늙음을 그저 피하고픈 괴로운 현상으로만 보는 것이 아니라 연륜이 품고 있는 지혜를 인정하고 있는 뜻이기도 하다. "노인 한 사람이 세상을 떠나면 도서관 하나가 불에 타는 것과 같다"라는 아프리카 속담도 있듯이 세속을 현명하게 살아내기 위해 귀담아 듣고 존중해야 할 존재가 바로 노인이다.

또한 『법구경』 제109번째 게송의 인연이야기 중에도 '나이 많은 어른들을 존경하고 받들며, 현명하고 덕이 높은 이를 존경하고 그에게서 가르침을 받으면 그 사람은 수명이 늘어나게 될 것이요, 얼굴도 아름다워지며 정신과 육체가 모두 건강해진다'고 하고 있어 노인에 대한 긍정적인 인식을 확인할 수 있다.

늙음에 임하는 노인의 마음가짐
나이를 자랑하지 말자

그렇다면 경전에서는 노인 당사자에게

어떤 이야기를 들려주고 있을까? 부처님 당시 나이 많은 바라문이 젊은 수행자들에게서 푸대접을 받았다고 분노하자 이때 이런 법문을 하신다.

비록 나이가 여든이나 아흔 살, 백 살이 되었더라도 때에 맞춰 말하지 못하고, 진실을 말하지 못하고, 의미 있는 말을 하지 못하고, 가르침에 맞는 말을 하지 못하고, 계율에 맞는 말을 하지 못하고, 기억에 남을 만한 말을 하지 못하고, 알맞은 말을 하지 못하고, 이유가 분명한 말을 하지 못하고, 한계가 있는 말을 하지 않고, 내용이 담긴 말을 하지 못한다면 그를 두고 '어리석은 장로'라고 한다.
비록 젊고 머리카락이 새카맣고 행복한 청춘을 지내고 있는 인생의 초년생일지라도 때맞춰 말하고, 진실을 말하고, 의미 있는 말을 하고, 가르침에 맞는 말을 하고, 계율에 맞는 말을 하고, 기억에 남을 만한 말을 하고, 알맞은 말을 하고, 이유가 분명한 말을 하고, 한계가 있는 말을 하고, 내용이 있는 말을 한다면, 그를 두고 '슬기로운 장로'라고 한다.
수행자들이여, 장로가 되는 네 가지 법이 있다. 네 가지란, 첫째는 계행을 갖추고, 둘째는 많이 배우고 배운 것을 기억하되 처음도 훌륭하고 중간도 마지막도 훌륭한, 내용을 갖추고 형식이 완성되어 지극히 원만하고 오로지 청정하고 거룩한 삶을 실현시키는 그런 가르침들을 자주 듣고 기억하고 잘 꿰뚫는 것이고, 셋째는 보다 높은 마음으로 이어져서 현세의 삶에 유익한 네 가지 선정을 원하는 대로 성취하며, 넷째는 번뇌를 부수어서 마음에 의한 해탈과 지혜에 의한 해탈을 현세에서 곧바로 알고 깨달아 성취하는 것이다.
(『앙굿따라 니까야』 권4)

연륜은 존중받아 마땅하다. 하지만 그것은 자신이 내세워서 존중받는 것이 아니라 다른 이가 인정해줘야 하는 것임을 잊어서는 안 된다.

노쇠를 받아들이자

아무리 자식의 지극한 효도를 받는다고 해도 심신의 쇠약을 경험하며 세상의 중심자리에서 밀려나는 노년의 삶은 외롭고 허망하다. 그리고 그 외로움을 안고 지내야 하기 때문에 노년의 삶은 더욱 처절하다. 『제경요집』 권20에서는, 늙으면 다섯 가지가 쇠약해지는데, 첫째는 수염과 머리털의 빛깔이 퇴색하고, 둘째는 육체가 쇠약해지며, 셋째는 행동거지가 쇠약해지며, 넷째는 재산이 줄어들고 다 누릴 수 없으며, 다섯째는 수명이 쇠약해져 죽음이 가까워진다고 한다.

『중아함경』「우분유경」에서 부처님은 길가에 버려진 소똥을 손가락으로 조금 집어 비구들에게 보이시면서 "이렇게 조그마한 법에도 항상하거나 변하지 않는다거나 한결같이 즐겁다거나 하는 이치가 없다"고 비유하시면서, "세상 사람들은 젊음과 건강과 목숨을 사랑하고 탐하지만 그 세 가지는 결코 사랑할 것이 못 된다"고 누누이 강조하신다.

『상윳따 니까야』 권3에서는 "저는 너무 나이 들었고, 병까지 들어서 괴롭습니다. 제가 오랫동안 안녕과 행복을 누릴 수 있도록 제게 가르침을 베풀어 주십시오"라고 청하는 노인에게 부처님은 단 한 가지를 당부하신다. "그렇습니다. 그대는 노쇠합니다. 노쇠한 몸을 이끌고 다니는 사람이 자신은 건강하다고 주장한다면 그것이 바로 어리석음입니다. 그대는 '몸은 괴로워도 마음은 괴롭지 않으리라'라고 수행해야 합니다".

이어 부처님의 제자 사리불 존자는 "세상 사람들은 제 몸과 마음에 대해 '나', '나의 것'이라고 자꾸만 강조하는 까닭에 오히려 번민과 고통만 더할 뿐이요, 제 몸과 마음에 대해 그런 생각을 버리고 떠나면 몸은 어쩔 수 없이 괴로울지라도 마음은 괴롭지 않을 수 있다"고 자세하게 일러 준다.

늙음이 괴로운 이유는 자신의 노쇠를 받아들이지 못하는 데에 있다. 아름다운 청년이 자신의 노화를 인정하지 못한 나머지 비극을 자초하는 소설 『도리언 그레이의 초상』의 작가 오스카 와일드는 '늙어가는 것이 비극이 아니라 늙어도 마음은 여전히 젊은 채로 남아 있다는 것이 비극이다'라고 말하였다. 여기에서 볼 수 있듯이, 노쇠할 수밖에 없는 것이 자연의 이치요, 불변의 진리라면, 그것을 담담하게 받아들이는 순간 노인의 마음은 평온해지고 담담해질 수 있음을 알 수 있다.

자신을 더 빛낼 수 있는 시기이다

비록 늙음이 사람들의 환영을 받지 못하는 괴로움의 한 가지임에는 틀림없지만, 노인에게는 평생의 지혜가 담겨 있고, 노년에는 인생을 통찰할 마지막 섬광 같은 기회가 있다는 사실을 불교는 강조하고 있는 것이다.

고대 로마의 위대한 철학자인 키케로는 그의 책 『노년에 관하여 우정에 관하여』에서 '노년은 사람을 활동할 수 없게 만들고, 사람의 몸을 허약하게 하며, 사람에게서 거의 모든 쾌락을 앗아가며, 죽음과 멀리 떨어져 있지 않기 때문에 노년의 사람은 비참해 보인다'고 하여, 늙음의 네 가지 특징을 말하였다. 하지만 그는 이런 네 가지 특징이 있기 때문에 노년은 오히려 진지하고 여유롭게 살아갈 수 있는 적당한 시기라고 한다. 즉, '세상의 중요한 일은 체력이나 민첩성, 신체의 기민성에 의해서가 아니라 계획과 명망과 판단력에 의하여 이루어지며, 이러한 자질들은 노년이 되면 대개 더 늘어나는 법이요, 세상의 모든 죄악은 쾌락을 좇는 데에서 비롯되지만 노년의 삶은 쾌락에 잠기고 싶어도 잠길 수 없게 육체가 쇠약해져 버렸으니 이제야말로 마음의 눈을 뜨고 미덕을 깊이 생각할 수 있는 절호의 기회가 찾아온 것이라고 해도 지나친 말이 아닐 것이요, 그리고 대중에게 감동을 주는 연설은 패기에 넘치는 젊은이의 웅변이 아니라 노인의 침착하고 부드러운 연설임을 상기할 때 노년은 인생에서 가장 의미 있는 시기'라는 것이다.

『법구비유경』에서는 늙은 뒤에라도 정진하고 음행에 빠지지 않는다면 복을 받기 때문에 가난해지지 않는다는 가르침이 있다. 정진은 노년의 시기에도 쉬지 말아야 함을 의미한다고 볼 수 있다.

한편, 인생에서 가장 빛이 나는 노년의 시기는 이처럼 청춘 시절에 차곡차곡 쌓은 생생한 경험들과 그로 인해 얻게 된 좋은 결과들을 세상을 향해 다시 꺼내놓을 수 있는 시기이기도 하다. 대승불교의 미덕 가운데 하나인 '회향'이 바로 그런 것이 아닐까 한다. 『보현행원품』에서 '회향한다는 것은 처음 예배禮拜에서 수순중생隨順衆生에 이르는 모든 공덕을 온 세상 모든 생명체에게 다 돌려주는 것'이라고 하였는데, 이처럼 회향은 선한 업을 지은 결과 쌓여 모인 공덕을 세상에 되돌려주는 일이다. 공덕이 쌓인 사람만이 할 수 있는 일이 회향이라면, 오랜 세월 힘겹게 살아오면서 쌓은 삶의 지혜 그 경륜과 노하우를 낮은 목소리로 풀어낼 수 있는 노년의 시기는 그야말로 회향의 시기라 하지 않을 수 없는 것이다.

현직에서 왕성하게 활동할 수 있을 정도로 건강한 노인들이 많은 요즘, 무상함을 뼈저리게 느끼며 남은 생을 하릴없이 보낼 수만은 없는 일이다. 무엇인가 의미 있는 시간을 계속 이어나가야만 한다. 현재 평균수명이 많이 늘어난 우리 사회에서 노인들은 매우 정열적으로 활동하고 있다. 사찰 불교대학이나 교양강좌 시간에도 노인들의 면학열기가 뜨겁다. 65세를 공식적인 노인으로 인정하는 요즈음, 환갑잔치는 어느새 노인들 사이에서조차 머쓱한 일이 되어버렸다. 젊은이들의 봉양을 받던 시대에서 젊은이들과 함께 어울려 인생을 주도적으로 끌고 나가는 오늘날의 노년층에게는 생신축하의례의 의미도 예전과는 많이 달라질 수밖에 없다.

축수의례

불교식 축수의례의 유형

자신을 낳아 길러 준 부모에 대해 은혜를 갚는 것은 자식 된 자의 도리요, 나아가 노인을 공경하고 존중하는 것은 한 사회가 번영하는 지름길이라는 것을 앞에서 살펴보았다. 자손들이 부모의 은혜에 보답하고 연륜을 존경하는 마음에서 환갑, 칠순 및 팔순 때에 정성껏 축수의례를 열어 드리는 것은 언제 봐도 흐뭇하고 아름다운 풍경이다.

축수의례와 관련된 기록으로는 고려 후기인 충렬왕 22년[1296년]에 '환갑'이라는 용어가 『고려사』에 처음 등장하는 것을 시작으로, 이후 조선시대에 이르러서는 환갑을 중심으로 한 수연壽宴이 널리 확산되기에 이르렀다.[22]

특히 불교축수의례에 관해서는 왕실과 지배층을 중심으로 한 사료가 남아 있을 뿐, 서민들의 축수의례에 관한 기록을 찾기 힘들어 그 전통의 흐름을 잇기가 쉽지 않다. 다만, 자손들이 회갑연 등 축수의례를 하는 곳에 스님들을 별도로 모시거나 승가에 일정한 보시를 올

---

22 축수의례의 역사에 대해서는 구미래 저, 앞의 책,(Ⅳ. 축수의례, 노인으로 진입하다, 2. 양로와 수연의 역사, 3. 불교 축수의례의 역사 pp.205~229)에 자세하며, 이를 전적으로 의거, 인용하였다.

리는 것이 일반적이다. 민속학자 구미래 박사의 연구[23]에 따르면, 불교적인 축수의례는 대략 네 가지 정도의 모습을 띠고 있다고 한다.

첫째, 부모의 회갑이 다가오면 미리 사찰에 의뢰하여 사시마지 때 특별축원을 올린다. 일주일이나 보름, 한 달 전쯤부터 미리 시작하여 회갑이 되는 날 마치도록 한다. 사찰에서 매일 올리는 사시마지 때 살아 있는 사람의 축원을 함께 올리는 것을 생축生祝, 망자의 축원일 경우 망축亡祝이라고 한다. 부모의 회갑 등을 맞아 자손들이 보시금을 내어 의뢰하는 사시축원은 대부분의 불교신자들이 행하는 일이다.

둘째, 사찰의 불사에 보시금을 내는 것으로 축수의례를 대신하기도 한다. 인등 밝히기나 불상 조성 등의 불사에 동참하는 일이다.

셋째, 회갑연을 하는 장소에 스님들을 초청하여 별도의 칸을 마련하여 음식공양을 올리기도 한다. 다만 이때는 장소와 축하객을 고려하여 불교의식은 하지 않고 큰스님이 축사를 겸한 법문을 간단히 하는 것으로 마치는 경우가 대부분이다.

넷째, 사찰의 보다 많은 대중스님들을 위해 공양을 올리는 것도 불교식 축수의례의 한 방법이다. 사중에서 특별식을 만들어 대접하거나 바깥에서 정갈한 음식을 주문하여 별식으로 대접하기도 한다.

---

23 구미래 저, 22의 책, pp.225~227

축수의례의 순서

대한불교조계종 포교원에서 발간한 『통일법요집』에 따르면 불교 축수의례의 절차는 다음과 같다.

|예시|
회갑 축수의례

　① 개식
　② 삼귀의
　③ 반야심경
　④ 정근(석가모니불 21편)
　⑤ 주인공 소개
　⑥ 발원문 낭독
　⑦ 가족대표 인사말
　⑧ 헌다(가족들이 차례로 차를 올리고 삼배)
　⑨ 회갑축원
　⑩ 떡(케이크) 자르기
　⑪ 사홍서원
　⑫ 축가 및 잔치

|예시|
축원발원문

　　바다와 같은 자비 방편으로 세간에 복밭이신 부처님,

중생의 소망 따라 다함없이 거두어주시는 부처님,
오늘 이 자리 청정한 믿음의 불자 ○○○의 회갑을 자축하는
조촐한 자리에 강림하사,
저희의 소망을 굽어 감응하여 주옵소서.
○○○불자는 오늘에 이르기까지
인생의 온갖 어려움에 부딪칠 때마다
항상 불법승 삼보의 가르침과 은혜를 잊지 않고
불퇴전의 용기로써 극복하여 바르게 살아온 참된 수행자이며,
한 가정에서 근엄과 성실을 몸소 실천한 자상한 부모였습니다.
부처님,
세간의 청정한 길 밝게 여시고,
깨끗한 공덕으로 중생을 장엄하여 주시는 부처님이시여,
오늘날까지 그러하듯이
앞으로의 생애에도 더욱 성실하고 건강하며 복되게 살도록 보살펴 주시
옵고,
이 불자의 가정과 일문의 권속들이 더욱 화합하고 번창하여,
부귀하고 자손창성하며 덕을 베풀고 서로 아껴주는 가정 되게 하시오며,
오늘의 이 기쁨 길이 간직되게 하소서.
거룩하신 부처님께 귀의합니다.
나무 석가모니불
나무 석가모니불
나무 시아본사 석가모니불.

축수 의례 시 참고하면 좋은 경전 구절

칠순이나 팔순 등의 축수 의례시에 온가족과 일가친척, 그리고 그날 주인공의 친구들이 모두 모여 지혜를 밝히는 경전의 구절을 합송하는 것도 축수의례를 조금 더 여법하게 이끄는 방법이다. 이때는 『보왕삼매론』이나 『숫따니빠다』의 좋은 구절을 합송하면 좋은데 아래에 수록한다.

『보왕삼매론』 중에서

1. 몸에 병 없기를 바라지 마라.
   몸에 병이 없으면 탐욕이 생기기 쉽나니
   그래서 성인이 말씀하시되
   병고로써 양약을 삼으라 하셨느니라.
2. 세상살이에 곤란 없기를 바라지 마라.
   세상살이에 곤란이 없으면 업신여기는 마음과 사치한 마음이 생기나니
   그래서 성인이 말씀하시되
   근심과 곤란으로써 세상을 살아가라 하셨느니라.
3. 공부하는데 마음에 장애 없기를 바라지 마라.
   마음에 장애가 없으면 배우는 것이 넘치게 되나니
   그래서 성인이 말씀하시되
   장애 속에서 해탈을 얻으라 하셨느니라.
4. 수행하는데 마 없기를 바라지 마라.
   수행하는데 마가 없으면 서원이 굳건해지지 못하나니
   그래서 성인이 말씀 하시되

모든 마군으로써 수행을 도와주는 벗을 삼으라 하셨느니라.

5. 일을 꾀하되 쉽게 되기를 바라지 마라.

    일이 쉽게 되면 뜻을 경솔한 데 두게 되나니

    그래서 성인이 말씀하시되

    여러 겁을 겪어서 일을 성취하라 하셨느니라.

6. 친구를 사귀되 내가 이롭기를 바라지 마라.

    내가 이롭고자하면 의리를 상하게 되나니

    그래서 성인이 말씀하시되

    순결로써 사귐을 길게 하라 하셨느니라.

7. 남이 뜻대로 순종해 주길 바라지 마라.

    남이 뜻대로 순종해주면 스스로 마음이 교만해 지나니

    그래서 성인이 말씀하시되

    내 뜻에 맞지 않은 사람들로써 원림을 삼으라 하셨느니라.

8. 공덕을 베풀려면 과보를 보지 마라

    과보는 바라면 도모하는 뜻을 가지게 되나니

    그래서 성인이 말씀하시되

    덕 배푼 것을 헌신짝처럼 버려라 하셨느니라.

9. 이익을 분에 넘치게 바라지 마라.

    이익이 분에 넘치면 어리석은 마음이 생겨나나니

    그래서 성인이 말씀하시되

    적은 이익으로서 부자가 되라 하셨느니라.

10. 억울함을 당해서 밝히려고 하지 마라.

    억울함을 밝히면 원망하는 마음을 돕게 되나니

    그래서 성인이 말씀 하시되

    억울함을 당하는 것으로 수행하는 문을 삼으라 하셨느니라.

『숫따니빠다』 중에서

이 세상에서 으뜸가는 재산은 믿음이다. 덕행이 두터우면 안락하게 살 수 있다. 실로 가장 좋은 맛은 진실의 맛이요, 지혜롭게 사는 것이 가장 훌륭한 생활이다. 사람은 믿음으로 거센 물결을 건너가며, 끈기로 바다를 건넌다. 근면으로 괴로움을 넘어서며, 지혜로써 완전히 깨끗해질 수 있다.
정당한 일을 하고 참을성 있게 노력하면 재물을 얻는다. 성실하면 명성을 떨치고 타인에게 무엇이든 이로움을 주면 우정을 맺을 수 있다. 깊은 신앙을 가지고 가정생활을 하는 이에게 성실·진리·근면·보시의 네 가지 덕이 있으면 그는 내세에도 걱정이 없다.(『숫따니빠다』 181~188게송)

그대에게는 칭찬도 비난도 들려올 것이다. 그러나 마음은 평정을 유지해야 한다. 비난한다고 혼란에 빠져서도 안되고, 칭찬한다고 교만해서도 안된다.(702게송)

적게 먹고, 음식을 절제하고, 적은 것에 만족하고, 욕심을 부리지 말라. 욕망이 사라지면 고요한 평화가 찾아온다. (707게송)

그대에게 최상의 경지를 말하리라.
칼날처럼 날카롭게 마음을 집중하라.
혀를 입천장에 붙이고 호흡의 일어나고 사라짐에 따른 배의 모습에 마음을 집중하라.(716게송)

활기찬 마음을 지녀야 한다. 쓸데없이 많은 것을 생각하지 말라.
번뇌도 집착도 없이, 오직 청정한 삶을 최고의 목표로 삼으라.(717게송)

초연하게 홀로 있음을 배우라. 홀로 있는 침묵 속에서 지혜가 나오니, 그때 홀로 있음은 기쁨이 된다. (718게송)

빈 것은 메아리치지만 가득 찬 것은 고요하다.
어리석은 사람은 물이 반만 찬 항아리 같고,
지혜로운 사람은 물이 가득 찬 호수와 같다. (721게송)

자신을 절제해서, 알아도 많은 말을 하지 않을 때 이런 사람을 지혜를 발견한 사람이요, 지혜를 성취한 사람이라 한다. (723게송)

앙굿따라 니까야 중에서

세상에는 세 종류 사람이 있으니 바위에 새기는 것과 같은 사람, 땅에 새기는 것과 같은 사람, 물에 새기는 것과 같은 사람이다.

바위에 새기는 것과 같은 사람이란, 자주 화를 내고 그 성냄이 오래가는 사람이다. 바위에 새긴 글이 바람이나 물이나 세월의 흐름으로도 쉽게 지워지지 않는 것처럼, 어떤 사람은 자주 화를 내는데 그 성냄이 오래 간다.

땅에 새기는 것과 같은 사람이란, 자주 화를 내지만 그 성냄이 오래가지 않는 사람이다. 마치 땅위에 금을 그으면 바람이나 물이나 세월의 흐름으로 자취가 금방 지워지는 것처럼, 어떤 사람은 자주 화를 내지만 성냄이 오래 가지 않는다.

물에 새기는 것과 같은 사람이란, 남이 심하게 말하거나 비난과 욕을 퍼붓고 무례하게 말해도 마음에 담지 않고 상대방과 쉽게 친해지고 우호적으로 지내는 사람이다. 마치 물위에는 어떤 흔적도 남지 않고 이내 사라지는 것처럼, 그는 다른 사람의 무례하고 악의적인 말에도 성내지 않고 오히려 그와 사이좋게 지낸다.

05
임종의례

불교의 죽음관

불교의 죽음관

'목숨이란 마치 과일이 익기를 기다리면서도 항상 떨어지지 않을까 두려워하는 것과 같다. 이미 생겨나면 고통이 있게 마련이니 누군들 죽지 않을 수 있으리. 사형수가 형장으로 끌려갈 때 움직이는 그 자체가 죽음의 길로 나아가는 것처럼 사람의 목숨도 이와 같다네'라는 『출요경』의 구절처럼 태어난 존재는 태어났다는 그 사실만으로 이미 죽음을 향해 걸어가고 있는 운명을 피할 수 없다.

이렇게 누구에게나 찾아오는 죽음은 괴롭기 짝이 없다. 『중아함경』권7 「분별성제경」에서 '죽음은 괴로움이니, 중생들은 목숨을 마치게 되어 있으며, 영원하지 않다. 그들은 죽으면 흩어져 사라지고,

목숨이 다하면 부서지고 명근命根이 닫힌다. 이것을 죽음이라 한다. 중생은 죽을 때에 온 몸과 마음과 느낌이 고통과 뜨거움과 번뇌, 근심을 받게 되니 이런 까닭에 죽음은 괴로움이라고 하는 것이다'라는 죽음의 괴로움에 대한 정의가 있는가 하면, 『대반열반경』 권12에서는 죽음을 여섯 가지 비유로 설명하고 있다.

첫째, 어떤 사람이 왕의 노여움을 사면 부드럽고 좋은 말을 하면서 훌륭한 보배를 바쳐야 화를 면한다. 하지만 죽음의 왕은 그렇지 않아서 아무리 부드럽고 좋은 말을 하고 훌륭한 말을 하고 값비싼 보배를 바쳐도 모면할 수 없다.

둘째, 죽음이란 험난한 길에 돈과 양식이 없는 것이며, 갈 곳은 멀지만 길동무가 없는 것과 같다.

셋째, 죽음이란 밤낮으로 길을 걸어가지만 끝을 알지 못하며, 깊고 어두운데 등불이 없는 것과 같다.

넷째, 죽음이란 들어갈 문은 없는데 처소는 분명히 있으며, 아프더라도 치료할 수 없는 것과 같다.

다섯째, 죽음이란 아무리 가도 끝이 없고, 도착하여도 벗어날 수 없으며, 파괴하는 것은 없지만 보는 사람마다 근심하는 것이다.

여섯째, 독은 비록 험악한 빛깔을 띠지는 않으나 사람들을 두렵게 하는 것처럼, 죽음도 내 몸에 있지만 깨닫지 못하는 것이다.

죽음이란 이처럼 피할 수 없는 길이다. 그러나 그것이 더욱 두려운 까닭은 그 한 치 앞도 보이지 않는 저승길을 혼자서 가야 한다는 사실 때문이다. '혼자 나고 혼자 죽으며 혼자 오고 혼자 간다. 괴로운 땅이거나 즐거운 땅이거나 간에 제 몸이 스스로 감당해야지 남이 대신하지는 못한다. 깊숙하고 깜깜하며 그 이별은 장구하다. 가는 길이 같지 않아 만나볼 기약이 없으니 다시 서로 만나기란 참으로 어렵고 너무도 어려운 일이다'라고 한 『불설무량수경』의 구절처럼, 아무리 가깝고 도타운 정을 나눈 사람이 많더라도 죽음의 길은 혼자 나서고 혼자 떠나야 하는 것이다.

임종의 법문 – 위로와 격려

평생 승가와 가난한 사람들에게 전 재산을 보시하며 독실한 불자의 삶을 살았던 급고독 장자가 어느 날 나이 들어 중병에 걸려 자리를 보전하고 누웠다. 그가 하인을 시켜 사리불 존자를 뵙고 싶다고 청하자 사리불 존자가 서둘러 병문안을 왔다. 평소 존경하는 존자였기에 아무리 중병이라도 누운 채로 맞을 수가 없다며 몸을 일으키려는 장자를 한사코 만류하여 침대에 편히 눕게 한 뒤 존자는 이렇게 물었다.

"장자여, 좀 어떠십니까? 병세에 차도는 있습니까?"

장자는 몸이 아파서 죽고 싶을 정도라고 하소연하였다. 그런 장자에게 존자는 말했다.

"장자여, 두려워하지 마십시오. 착한 일 한 적 없는 어리석은 범부라면 죽은 뒤 지옥에 떨어질 것을 걱정하겠지만 장자께서는 삼보에 대한 고결한 믿음을 지니셨으니 그 믿음의 힘으로 고통이 사라지고 지극한 즐거움만 생길 것입니다. 두려워하지 마십시오. 어리석은 범부라면 악한 일을 많이 하고 좋은 말씀을 많이 듣지 못하여 죽은 뒤 지옥에 나겠지만 장자께서는 성자의 자리에 오르게 될 것입니다. 어리석은 범부라면 지독하게 인색하고 욕심이 많았기에 죽은 뒤 지옥에 날 것이 걱정되겠지만 장자께서는 언제나 은혜롭게 베풀었고 선한 지혜를 지녔으니 이로 인하여 고통은 사라지고 성자의 자리에 오르게 될 것입니다."

존자의 다정한 위로를 듣던 장자는 몸과 마음이 가뿐해지는 것을 느꼈고, 병석에서 일어났다. 『중아함경』

생로병사의 네 가지 괴로움을 피할 수 있는 사람은 아무도 없다. 그토록 독실한 믿음으로 삼보에 보시 했던 장자도 예외는 아니었다. 그런 그가 병석에 누웠을 때 사리불존자의 위로는 병자나 임종환자를 향해서 불교가 어떤 입장을 취하고 있는지 알 수 있는 좋은 예이다.

부처님과 제자들은 병석의 환자에게 언제나 따뜻한 말로 격려하는 것으로 법문을 대신하였다. 몸과 마음이 피폐해진 환자들에게 그가 지금까지 얼마나 열심히 그리고 성실히 살아왔는지를 일깨워주어서 불안과 소외감을 없애주고, 환자들의 마음이 편안해진 뒤에야 존재라는 것의 덧없음을 일깨워주는 법문으로 나아갔다.

사리불 존자가 급고독 장자에게 행한 위로의 병문안은 『불설대지도론』에서도 확인할 수 있다.

경에 말씀하셨다. 나서부터 죽을 때까지 선행을 할지라도 임종에 있어서 악념_{惡念}이 있다면 바로 삼악도에 태어난다. 나서부터 지금껏 악행을 했을지라도 임종시에 선념_{善念}이 있다면 바로 천상계에 태어난다.

또한 당나라 승려 도선의 『사분율행사초』에서도 임종환자에게 기쁨을 안겨 주도록 권하고 있다.

임종할 때는 승려나 신도를 막론하고 가족과 친지 모두 베갯머리에 모인다. 병든 이를 지켜보며 정신이 확실한 동안에 그가 평생에 행한 선행을 소리 높이 불러서 듣도록 한다. 그 의미는 병자로 하여금 속으로 기뻐하고 죽고 난 뒤의 갈 곳을 걱정하지 않게 하며 정념을 지켜 흐트러짐 없이 좋아하는 곳에 태어나게 하기 위해서이다.

이처럼 가족들은 임종 환자에게 지나친 슬픔을 보이는 것보다는 임종 당사자의 마음을 편안하게 해 주기 위해 그가 지난 일생 동안 했던 일 가운데 기릴 만한 것들을 골라 계속해서 칭송해 주는 것도 좋다. 예를 들어 그가 선행한 일이 있다면 그 일에 많은 사람들이 기뻐했고, 감사했었다고 반복적으로 이야기 해주는 것이다. 이와 같이 당신이 우리 가족 곁에 있음으로 해서 가족들이 얼마나 즐거웠는지 혹은 얼마나 많은 은혜를 입었는지를 알려 그의 삶이 소중했다는 것을 알게 해 주는 것이 중요하다.[24]

임종의 여러 가지 경우

임종臨終은 죽음을 맞는다는 뜻인데, 특히 우리나라에서는 부모의 죽음을 자식이 곁에서 지켜본다는 뜻으로 쓰인다. 여기에서는 부모의 죽음 외에도 가까운 사람의 죽음에 임하는 태도를 더 포괄적으로 살펴보기로 한다.

① 자식의 죽음

일본 임제종의 센카이仙崖 스님에게 어느 날 부호가 청했다.
"저희 집안을 위해 가훈으로 삼을 말씀을 주십시오."
그러자 스님은 종이에 이렇게 써서 주었다.
"부사자사손사父死子死孫死 차외갱무경사此外更無慶事"
'아버지가 죽고, 아들이 죽고, 손자가 죽으니 이것 외에 다시 무슨 경사가 있겠는가'라는 의미이다. 어떻게 읽으면 온가족이 몰살을 당하라는 저주처럼 느껴지기도 한다. 부호가 버럭 화를 내며 따지자 센카이 스님이 말했다.

---

24 최준석 저, 『임종준비』(모시는 사람들, p.80)

"세상에서 가장 행복한 일은 태어난 순서대로 세상을 떠나는 일이지요. 그게 순리이지요. 늙은 아버지가 살아 있는데 어린 자식이 먼저 세상을 떠난다면 그것보다 더 슬프고 황망한 일이 어디 있겠습니까?"

내용인즉, 태어난 순서대로 세상을 떠나는 것이 순리이지만, 이 세상의 죽음은 순리를 따르지 않는다. 사람에게 가장 슬픈 일을 든다면 순리를 거스르는 일이 내 자신에게도 벌어진다는 점이다. 사랑하는 자식을 싸늘한 주검으로 품에 안는 부모의 심정은 상상도 할 수 없다. 억장이 무너지는 부모에게 무슨 말이 위로가 될 것인가. 경전에도 사랑하는 자식을 잃은 부모의 경우가 종종 등장한다.

부처님 재세 시의 일이다. 끼사고따미에게는 눈에 넣어도 아프지 않을 어린 아들이 있었는데 어느 날 갑자기 죽고 말았다. 사람들은 가슴이 아프지만 어쩔 수 없으니 이젠 묻어야 한다고 말했지만, 그녀는 아들이 죽었다는 사실을 받아들일 수 없었다.

"내 아들이 죽을 리가 없어!"

그녀는 싸늘한 어린 아들의 주검을 안고 어떻게든 되살리려고 애를 썼다. 사람들은 그런 어머니를 두고 미쳤다며 수군거렸고, 보다 못한 한 사람이 석가모니 부처님을 찾아가 보라고 일러 주었다.

과연 부처님은 그녀에게 반가운 말씀을 하셨다.

"지금 아이를 내려놓고 마을로 내려가시오. 가서 겨자씨 한 줌을 얻어 오면 그것으로 한번 살려보기로 하겠소. 단, 일찍이 단 한 사람도 죽은 적이 없는 집의 겨자씨여야 하오."

아들을 살릴 수 있으리라는 희망에 그녀는 온 동네를 헤매고 다녔다. 어느 집이나 겨자씨는 넘쳤지만, 죽은 사람이 나오지 않은 집은 단 한 집도 없었다. 해가 저물도록 집집마다 다니던 그녀는 그제야 단 한 가지 사실을 알아차렸다.

태어난 자는 누구나 죽으며, 죽음은 예외가 없다는 것! 그것은 내 자식이라 해도, 또 내 자신이라 해도 죽음을 빗겨갈 수는 없다는 것이다. 그녀는 이제 외아들의 죽음을 사실로 받아들였고, 그리고 아들을 장사지낸 뒤 출가하여 수행자의 길을 갔다.

또한 외동딸을 잃은 아버지에게 부처님은 다음과 같이 말씀하셨다.

이 세상에는 오래갈 수 없는 네 가지가 있다. 영원할 것 같으나 반드시 덧없게 되고, 부귀한 것은 반드시 빈천해지며, 만나면 반드시 헤어지게 되고, 건강한 이도 반드시 죽는 것이다. (『법구비유경』 권1)

그뿐만 아니라 사랑하는 어린 아들이 죽자 저승까지 찾아가서 아들을 찾아내려던 아버지의 이야기는 삶과 죽음의 길이 다르다는 이치를 일러주고 있어 음미해볼 만하다.

죽은 아들 생각에 슬픔을 이기지 못하던 아버지는 저승에 가서 아들을 만났다. 하지만 아들은 다른 아이들과 노느라 아버지가 온 것도 모르고 있었다. 아버지는 달려가서 아들을 와락 안으며 외쳤다.

"우리 아들 여기 있었구나. 자, 집에 가자. 네 생각에 엄마 아빠는 밥도 못 먹고 잠도 못 잤단다. 많이 보고 싶었다."

하지만 아들은 오히려 깜짝 놀라며 이렇게 외쳤다.

"대체 무슨 말씀을 하시는 건가요? 이 끝없는 윤회의 시간에 잠깐 당신께 의탁해서 아들이 되었지만, 이제는 아닙니다. 나는 또 다른 분의 자식이 되었습니다."

아버지는 아들의 냉정한 태도에 너무나 실망해서 부처님을 찾아뵙고, 아들의 냉정한 태도를 하소연하였다. 부처님은 이렇게 말씀하셨다.

"그게 이치 아니겠소 죽으면 이내 다른 곳에서 또 몸을 받습니다. 부모와 처자의 인연으로 모여 사는 것은 마치 여관에 묵은 나그네가 아침이 되면 일어나서 떠나는 것과 다르지 않습니다. 이내 흩어지고 마는 것이 당연한 이치이거늘 자기 것이라 생각하여 놓지 않으려고 애를 쓰고 번민하고 슬퍼하는 것이 사람입니다."

아버지는 그제야 '목숨은 덧없는 것이며 처자는 손님과 같다는 것'을 깨달았다. (『법구비유경』 권3)

'사람은 누구나 죽는다.'

이 사실을 모르는 사람은 없다. 하지만 이 일이 자신과 자신의 가족에게 닥쳤을 때 사람들은 저항하고 거부하고 당황한다.

'왜 내가 죽어야 하는데?'

'왜 나한테 이런 일이 벌어지는데?'

사랑하는 이의 죽음을 겪을 때 깊은 슬픔에 빠진다. 그게 엄연한 현실이라는 것을 받아들여야 하는 것이 남은 가족의 몫이다.

자식을 대할 때면 사랑을 쏟아 붓지만 자식이 '나의 것'이 아니라는 사실을 늘 가슴에 새겨야 한다. 자식은 내게 찾아온 손님일 뿐이요, 다음 날이면 떠나가게 마련인 존재라는 사실을 잊지 말아야 한다. 사랑하는 자식의 죽음을 맞은 어머니에게 부처님이 안겨준 위로는 '먼저 가서 어머니를 기다리고 있다'거나, '죽지 않고 당신의 가슴속에 영원히 살아 있다'는 따뜻한 위안이 아니라, 아무리 사랑하는 자식이라도 죽음을 면할 수는 없으며, 그게 살아 있는 자의 '현실'이라는 일깨움이었다.

② 배우자의 죽음

서로 다른 환경에서 자라다가 성인이 되어 만나 한 가정을 이루고 자식을 낳고 사는 것이 부부이다. 부부는 서로에 대한 신뢰와 사랑의 힘으로 살아가는데, 애써 피하려 해도 피할 수 없는 것이 죽음이다.

백년해로하지 못하고 배우자를 먼저 떠나보내는 심정은 애달프기 짝이 없다. 경전에는 배우자의 죽음과 관련한 내용이 종종 등장하는데, 무엇보다도 지나치게 슬퍼하지 말라는 당부가 가장 많이 눈에 띈다.

신심이 도타운 불자가 죽음을 앞두었다. 그런데 부인은 남편의 죽음을 받아들일 수 없어 죽어가는 남편을 붙잡고 몸부림을 치며 울부짖었다.

"우리는 부부로 평생을 지내왔는데 나만 혼자 두고 떠나면 나는 어찌 살라고 그러십니까! 나는 당신 없이 누구를 의지하고, 자식은 또 누굴 의지해서 살아가야 합니까!"

남편이 마지막 숨을 거두는 순간까지 아내는 서글프게 울면서 사랑의 마음을 거두지 못했다. 남편은 죽는 순간 아내의 콧속에 작은 벌레로 태어났다. 아내는 그런 줄도 모르고 조문을 온 남편의 친구에게 눈물로 하소연하였다. 하지만 눈물과 함께 콧물이 흘러내렸고, 콧속의 벌레가 미끄러져 땅으로 떨어졌다. 아내는 부끄러운 마음에 벌레를 발로 밟아 죽이려고 했다. 그러자 남편의 친구가 말했다.

"죽이지 마십시오. 그건 당신의 남편이 죽어서 벌레로 태어난 것입니다."

그 아내가 물었다.

"내 남편은 살아생전에 수행을 게을리 하지 않았습니다. 그런데 어찌 이런 미천한 벌레로 태어날 수 있겠습니까?"

"당신이 깊은 사랑을 거두지 못하고 슬퍼하여 울부짖으니, 고인이 마지막 순간에 은애(恩愛)와 애착의 마음이 일어나 죽어서 이런 벌레가 된 것입니다."

(『법구비유경』)

배우자와의 사별은 매우 큰 충격이다. 하지만 임종 시에 지나치게 커다란 슬픔에 잠겨 매달리면 환자에게는 오히려 해가 된다는 것이 불교에서 말하는 임종의 자세다. 환자의 마음은 주변 환경에 따라 움직이기 때문에 가족들은 의연한 마음가짐으로 환자를 편안하게 대해야 한다.

돌보는 이가 지켜야 할 사항
부처님을 모시듯 환자를 보살펴라

죽음을 앞둔 환자를 보살피는 전문 봉사자를 호스피스라고 한다. 불교계에서도 호스피스 제도가 차츰 자리를 잡아가고 있는데, 불교적 호스피스의 정신은 석가모니 부처님이 병든 비구를 보살핀 일에서 출발한다.

기원정사에서의 일이다. 비구 띳사에게 부스럼이 생기더니 이윽고 온몸으로 번졌다. 그런데 부스럼 증세는 점점 심해져서 끝내는 피고름이 흘러내리게 되었고 그는 통증에 시달리며 결국 쓰러지게 되었다. 하지만 어쩌된 일인지 동료 비구들이 그를 보살피지 않았다.

그러던 어느 날 부처님께서 사원 한 구석에 병든 채 방치된 띳사 비구를 발견하셨다. 부처님은 서둘러 더운 물을 준비한 뒤에 그의 몸을 닦아 주셨다. 부처님이 몸소 이같이 병든 비구를 돌보는 모습을 보자 다른 비구들이 나서서 말했다.

"부처님, 저희가 보살피겠습니다."

하지만 부처님은 다시 그 비구에게 따뜻한 물을 뿌려서 피고름에 달라붙은 가사를 벗기고, 손수 가사를 빨래하신 뒤 햇볕에 너셨다. 그리고는 그를 목욕시키셨다. 모처럼 목욕을 하게 되어 몸과 마음이 개운해진 그가 편안한 상태로 침상에 눕자 부처님은 띳사 비구와 다른 비구들에게 말씀하셨다.
"오래지 않아 그대들의 몸도 땅에 버려지고 마음 또한 사라질 것이다. 버려진 나무토막처럼 몸은 버려지고 말리라."
이 같은 덧없음에 대한 법문을 듣고 띳사 비구는 아라한을 이룬 뒤에 열반에 들었다.(『법구경』 41게송의 인연이야기)

한편, 부처님은 비구들이 병든 도반을 돌보지 않는 일을 꾸짖으시면서 다음과 같이 말씀하신다.

"병든 사람을 돌봐주는 것은 곧 나, 부처를 돌보는 일이요, 병든 사람을 간호하는 일은 곧 나를 간호하는 일이다. 왜냐 하면 내가 지금 직접 병자를 간호해주려고 하기 때문이다. 비구들이여, 세상에서 가장 참답고 커다란 공덕을 쌓는 일은 여래에게 올리는 보시이다. 여래를 극진히 모시고 공양 올리는 일보다 더 큰 공덕을 가져다주는 보시는 없다. 그대들에게 말하나니, 병자를 돌보는 일은 곧 나를 돌보는 일과 다르지 않다. 병자를 돌본다면 그대들은 커다란 복을 얻을 것이다."(『증일아함경』 권5)

세상에서 가장 큰 공덕은 바로 부처님을 가까이에서 모시며 공양 올리는 일이다. 부처님을 진심으로 공경한다면, 부처님이 수고로운 일을 하시게 해서는 안 된다. 그런데 부처님은 병든 사람을 보면 조금도 머뭇거리지 않고 그에게 달려가 몸소 환자의 몸을 씻기고 보살피며 빨래를 해 주신다. 불제자들이 병든 사람을 돌보지 않으면 부처님이 몸소 달려와 그 일을 하시게 된다. 존경하는 세존께서 이런 일을 하시게 내버려둘 수는 없으니, 진정 부처님을 존경하고 모신다면 앞장서서 환자를 돌보아야 한다는 뜻이다.

죽음과 질병을 돌보는 이의 10계율[25]

임종을 앞둔 환자를 돌보는 봉사자인 호스피스는 죽음에 대한 고요한 통찰력을 갖추어야 하며, 임종 환자가 임종을 자연스런 삶의 한 과정으로 긍정적으로 받아들이고, 남은 생 동안 인간으로서의 존엄성과 높은 삶의 질을 유지하며 가족과 친지들에게 둘러싸여 평온하게 마지막 날을 맞이하도록 도와줘야 한다. 호스피스의 대상은 임종이 6개월 이내로 예견되는 환자이지만, 환자의 가족 역시 폭넓게 돌봐야 할 대상에 들어간다. 따라서 호스피스는 다음의 열 가지 사항을 숙지하여야 한다.

① 죽음과 질병을 돌보는 이는 바른 신앙을 바탕으로 건강한 삶을 살며, 전인적인 돌봄을 제공하기 위하여 많은 연구와 실제적 노력을 한다.

---

25 『불교임상기도집』(능행편저, 아띠울) 호스피스의 활동에 대한 정의와 10계율은 이 책의 부록에 실려 있는 내용을 인용하였다.

② 죽음과 질병을 돌보는 이는 바른 생각, 바른 말, 바른 행동으로 자신의 인격과 품위를 갖춘다.
③ 죽음과 질병을 돌보는 이는 상호간에 인격을 존중해 주며, 자기 자신의 위치를 지키고 동시에 상대방의 위치를 인정하면서, 맡은 바 책임과 주어진 권한이 무엇인지 잘 분별하여 적극적이며 실제적인 봉사가 효과적으로 이루어지도록 한다.
④ 죽음과 질병을 돌보는 이는 봉사를 통하여 물질, 명예, 권력을 얻고자 하는 유혹에 넘어가지 않는다.
⑤ 죽음과 질병을 돌보는 이는 어려운 일을 만났을 때, 의사, 간호사, 성직자, 봉사자, 사회사업가 등과 함께 팀을 이루어 의논하여 해결한다.
⑥ 죽음과 질병을 돌보는 이는 환자나 가족들의 인격을 존중해 주며, 그들의 욕구를 민감하게 파악하여 구체적이고 실제적인 도움을 준다.
⑦ 죽음과 질병을 돌보는 이는 봉사를 통하여 알게 된 환자나 가족의 비밀이나 정보 등을 조심스럽게 취급한다.
⑧ 죽음과 질병을 돌보는 이는 환자나 가족들 간의 경제관계, 가족 간의 갈등 및 일반적인 사생활 문제 등에 함부로 관여하지 않는다.
⑨ 죽음과 질병을 돌보는 이는 봉사의 결과로 인하여 낙심하거나 교만해지지 않는다.
⑩ 죽음과 질병을 돌보는 이는 약속을 어기지 않는다.

임종의례의 유래와 절차

임종의례의 의미

죽음이 임박한 환자나 임종 직후의 고인이 편안하게 이승을 떠나 극락에 이르도록 가족과 스님, 재가불자 등이 행하는 의례이다. 불교에서는 임종 무렵을 매우 중요하게 여긴다. 왜냐하면 아무리 선업을 많이 짓고 살아왔더라도 임종 시에 마음이 불안정해지면 자신도 모르게 평소 자신이 행했던 악업을 떠올리게 되며, 환자가 마지막에 어떤 생각을 하느냐가 그의 다음 생을 결정짓기 때문이다. 따라서 환자가 밝고 편안한 마음으로 자신의 선업을 떠올릴 수 있도록 돕는 것이 임종의례 시 주변 사람들이 유념해야 할 첫 번째 사항이다.

임종의례는 환자의 죽음이 임박했을 때부터 시작하는데, 대개 환자의 증세가 악화되어 의식을 잃거나 의사가 죽음이 가까웠음을 알려줄 때부터 임종의례를 시작한다.

불교에서는 죽음의 순간을 식(識)이 몸을 떠날 때라고 보고 있는데, 이 식은 의학적으로 사망을 선고받은 뒤에도 짧게는 20~30분에서 길게는 하루 동안 몸에 남아 있다고 보고 있다.[26] 따라서 빈소를 차리기 전까지를 임종의례 시기로 본다.

---

26 『불교 상제례 안내』(대한불교조계종 포교연구실 편찬, 조계종출판사) p.30. 이상 임종의례의 절차에 대한 내용은 해당 책을 전적으로 참고 인용하였다.

임종의례 준비

환자를 청결한곳으로 옮기고 환자가 가장 편안하게 눕도록 자세를 잡아준다. 너무 밝은 곳은 커튼이나 병풍을 이용해서 밝기를 은은하게 유지하며 평소 환자가 좋아하던 경전을 곁에 놓고 손이나 목에 염주를 걸어 준다. 환자 주변에 작은 불상이나 탑 다라니, 경전을 모시고, 오색실로 부처님의 집게손가락과 환자의 집게손가락을 연결하여 부처님의 가피가 직접 드리우고 있음을 느끼게 하여 환자의 마음을 평온하게 해 준다.

수계와 염불

수계식

임종의례의 핵심은 수계이다. 이전에 계를 받았더라도 임종에 즈음하여 한 번 더 계를 받게 하는데, 환자 주변을 깨끗이 정돈하고 향을 사른 뒤에 다음의 순서를 따른다.

① 약식 수계식 절차

삼귀의-오계-연비-법명수여

환자의 상태에 따라 향을 생략할 수 있으며, 수계할 때 오계를 생략해도 무방하다. 수계자가 답하는 대목에서 보호자가 대신 답할 수 있고, 연비의 경우 남자는 왼팔, 여자는 오른팔에 참회진언을 외면서 받지만, 임종의례에서는 불붙이지 않은 향을 사용하여 상징적으로 하는 것이 좋다.

한편, 숨을 거둔 뒤에 수계를 할 경우는 삼귀의계와 오계 대신 무상계를 주는데, 이것을 수무상계受無常戒라고 한다.

② 정식 수계식 절차[27]

천수다라니 7편-십념 3송-삼귀의-오계-참회기도-참회진언-연비-반야심경

|예시|
수계자를 위한 참회기도

다함없는 생명의 빛으로
만중생의 어버이가 되시는 자비하신 부처님,
불자 ○○○는 지극한 마음으로 삼보님 전에
귀의하고 발원하오니
걸림 없는 하늘눈으로 밝게 보살피어
바른 귀의, 바른 참회 되게 하소서.
옴 살바 못자 모지 사다야 사바하 (21번)
(수계자에게 향으로 연비를 한다.)

---

27 능행 편저, 26의 책, pp.118~124.

기나긴 겁 동안에 신구의 삼업으로 지어 쌓인 죄
홀연히 한 생각에 없어지이다.
불꽃이 마른 풀을 태워 버리듯
하나도 남김없이 없어지다.
옴 살바 못자 모지 사다야 사바하(21번)

과거 오랜 겁 가운데
탐냄 성냄 어리석음으로
모든 악업을 지음이 한량없어
허공계가 다하여도 끝이 없을 것입니다.
이제 청정한 계를 수지하여
지극한 마음으로 참회하옵고
앞으로 다시는 악업을 짓지 않으며
항상 맑은 계율의 일체 공덕에 머물기를 맹세하나이다.
옴 살바 못자 모지 사다야 사바하(21번)

탐애貪愛와 우치愚癡가 있어
벗어나기 어렵고
무시이래로 무명 뛰어넘지 못하다가
말법 시대 불법의 귀한 인연 만나
참된 가르침 받들고자
지난 세월 지은 죄 참회하나이다.

옴 살바 못자 모지 사다야 사바하(21번)
무량겁 이래로

생사의 바다에 빠져 머물렀으니
이제 청정한 마음으로 모든 허물을 드러내고 뉘우칩니다.
거룩하신 부처님 앞에
이와 같이 지성으로 참회하오니
원컨대 저와 일체중생이 모두 청정하여지이다.
옴 살바 못자 모지 사다야 사바하 (21번)

일체 죄업이 청정하여 세세생생
보리심을 발하고
보리원을 세우며
보리행을 닦아서
보리도를 성취하게 하소서.

염불

① 염불의 의미

　염불은, 마음으로 부처님 생각하기를 잠시도 끊어지지 않게 하는 것이다. 입으로는 그 명호를 부르고 마음으로 부처님을 생각한다면 반드시 부처님의 가피를 입게 된다. 사는 동안 생업에 쫓겨 선업을 많이 짓지 못하고 마음공부도 하지 못한 환자에게는 임종할 때 사후세계에 대한 불안이 엄습한다. 이때 아미타부처님의 밝고 환한 극락세계를 상기하게 하여 임종환자의 마음에서 불안을 없애주며, 다음 생에 극락정토에서 성불할 수 있기를 기원하는 것이 염불의 의미이다.

　『대불정수능엄경』에는 '염불이란, 두 사람이 서로 생각하는 마음이 같다면 마치 물체에 그림자가 따르듯 여러 생에 서로 어긋나지 않을 것이다. 시방세계의 모든 부처님께서 중생들을 생각하시는 마음이 마치 어머니가 자식을 생각하듯 하시건만, 자식이 어머니를 등지고 도망간다면 아무리 생각한들 무슨 소용이 있겠는가. 이와 반대로 만약 자식이 어머니 생각하기를 어머니가 자식 생각하듯 한다면 이들 모자는 많은 생을 지나도록 서로 어긋나지 않으리라. 이와 같이 중생들이 지극한 마음으로 항상 부처님을 생각한다면 금생이나 내생에 반드시 부처님을 친견할 것이며, 머지않아 스스로 마음을 깨닫되 향이 몸에 배듯 하리라'라고 하고 있으며, 『불설무량수경』에서는 '어떤 중생이라도 그 명호를 듣고서 믿는 마음을 내고 환희하는 마음을 일으키고 내지 일념이라도 지극한 마음으로 회향하여 그 국토에 태어나기를 원하면 곧 왕생하여 불퇴전의 지위에 머물게 된다'라고 하였고, 『불설아미타경』에서는 '적은 선근과 복덕의 인연으로는 저 아미타국토에 태어날 수 없다. 만일 어떤 선남자와 선여인이 아미타불에 대해 말하는 것을 듣고 명호를 마음에 지니되 하루나 내지 이레 동안 흐트러지지 않고 일심으로 한다면 그 사람의 목숨이 끊어지려 할 때 아미타불과 성중이 그 앞에 나타날 것이며 마음이 뒤바뀌거나 혼란스럽지 않게 극락에 왕생할 것이다'라고 하였다.

인광대사는 '믿음과 발원과 염불 수행의 세 가지 밑천 양식을 두루 갖추어 놓아야 하며, 오직 자식이 어머니를 그리워하는 듯 간절하게 염불할 것'[28]을 강조하고 있으며, '임종이 가까운 환자를 돌보는 사람들은 오직 환자가 염불에 집중하도록 도와줘야 한다. 환자를 돌보는 사람도 조념염불助念念佛을 해 주어 마음속으로 부처님의 이름을 늘 생각하거나 부른다면 틀림없이 부처님의 자비로운 가피를 받아 극락에 왕생한다'[29]고 하였으니, 임종할 때의 염불의 중요성은 아무리 강조해도 지나치지 않을 것이다.

② 염불의 공덕

앞에서도 살펴본 것처럼, 염불하면 임종할 때 정신이 흐트러지지 않고 평온하게 불보살님의 인도를 받을 수 있는데, 『염불경』[30]에는 염불의 공덕을 30가지로 정리하고 있다.

1. 모든 죄를 멸한다.
2. 공덕이 무한하다.
3. 모든 불법 가운데 가장 뛰어나다.
4. 모든 부처님이 다 같이 증명하신다.

---

28 능행 편저, 27의 책에서 재인용
29 주세규 회집, 『염불수행대전』 (비움과소통) p. 721
30 대한불교조계종 교육원 불학연구소 간행, 『염불수행입문』 (조계종출판사) pp. 171~172

5. 모든 부처님이 다 같이 보호하신다.

6. 시방의 모든 부처님이 믿고 염불하기를 권하신다.

7. 몸에 병이 있어도 염불하면 모두 없어진다.

8. 임종할 때에 마음이 전도되지 않는다.

9. 염불의 한 법에는 많은 법이 두루 포함되어 있다.

10. 목숨을 마칠 때에 부처님이 오셔서 맞아주신다.

11. 작은 공덕으로 속히 정토에 왕생한다.

12. 연화대 속에서 화생한다.

13. 몸이 황금색으로 빛난다.

14. 수명이 길어진다.

15. 오래 살며 죽지 않는다.

16. 몸에서 광명이 빛난다.

17. 32상을 갖추게 된다.

18. 여섯 가지 신통을 얻는다.

19. 제법의 실상을 깨닫는 무생법인을 얻는다.

20. 항상 모든 부처님을 친견한다.

21. 여러 보살들이 반려자가 되어 함께 하신다.

22. 향과 꽃, 그리고 음악으로 하루 여섯 번 공양을 받는다.

23. 다함이 없는 옷과 음식이 자연히 생긴다.

24. 자유로이 도에 나아가 바로 보리에 이른다.

25. 항상 젊으며, 늙은 모습이 없다.

26. 항상 건강하며, 아플 때가 없다.

27. 다시는 삼악도의 지옥에 떨어지지 않는다.

28. 태어남이 자유자재하다.

29. 낮과 밤 여섯 번의 시간대에 항상 묘한 법을 듣는다.

30. 불퇴전에 머문다.

임종의례 절차

스님이 집례할 경우

환자의 임종 시에 스님이 의례를 진행한다면 다음의 순서를 따른다.

> 삼귀의-반야심경-수계-법문 또는 독경-염불-극락세계 발원문-사홍서원

재가불자가 집례할 경우

급박한 상황에서 재가불자가 임종의례를 진행할 경우 다음의 순서를 따른다.

> 삼귀의-반야심경-수계-독경-나무아미타불 염불-극락세계 발원문-사홍서원

| 예시 |

극락세계 왕생 발원문

천장을 비추는 달처럼
중생의 소망 따라 감응하시는 부처님,
이번에 ○○불자가 이제 세상 인연 다하여
아미타 부처님 품으로 돌아가려 하오니,
다겁생의 인연으로 이생에서 가족으로 만났다가 헤어지는
가슴 저린 비애와 슬픔 무엇으로 위로해야 하오리까?

○○불자께서는 생전에 마음씀이 자비롭고
아름다운 공덕행을 쌓았으니
아미타불과 관음세지 두 보살님을 비롯한
수많은 화신불의 영접 받아
아미타불 극락정토에 왕생하리라 믿습니다.
이제 이승에 남긴 인연과 미련은 모두 털어버리고
아미타 부처님 칠보연못 연꽃 속에 태어나서
무생법인의 법락을 누리소서.
또한 남은 가족 모두 건강히 뜻하는 일 모두 성취하고
부처님 진리 안에서 돈독한 신심 가꿔
위없는 깨침 언덕 이르도록 은덕을 베풀어 주소서.

이제 인연 맺은 사람들은
아미타불의 가피와 ○○불자의 극락왕생을 깊이 믿으며,
돈독한 신심으로 ○○불자의 왕생극락을 발원하나이다.

간절히 서방정토 아미타 부처님께 절하며
○○불자의 극락왕생을 발원하오니
가피 내려 주옵소서.
나무아미타불
나무아미타불
나무 서방극락세계 아미타불.³

---

31 이상의 임종의례와 그 이후의 장제례는 대한불교조계종 포교연구실에서 편찬한 『불교상제례안내-재가신도를 위한 상례와 제례 지내는 법』에 자세히 나와 있으며, 이를 참고하여 여법하게 의례를 행하면 된다.

한국불교의 세시풍속과 일생의례 바로알기
절에 가는 날

초판 1쇄 펴냄 2014년 2월 25일
1판 2쇄 펴냄 2014년 4월 29일

엮은이 대한불교조계종 포교원 포교연구실
발행인 이자승
편집인 김용환
펴낸곳 ㈜조계종출판사

책임편집 고주리
디자인 이경란
표지그림 이동연
제작 윤찬목 인병철
마케팅 김영관

출판등록 제300-2007-78호(2007.4.27.)
주소 서울 종로구 우정국로 67 대한불교조계종 전법회관 7층
전화 02) 720-6107-9   팩스 02) 733-6708
홈페이지 www.jogyebook.com
도서보급 서적총판사업팀 02) 998-5847
구입문의 불교전문서점 02) 2031-2070~3 / www.jbbook.co.kr

ⓒ 대한불교조계종 포교원 포교연구실, 2014
ISBN 979-11-5580-009-6 03220

- 책값은 뒤표지에 있습니다.
- 저작권법에 의하여 보호를 받는 저작물이므로 무단으로 복사, 전재하거나 변형하여 사용할 수 없습니다.
- ㈜조계종출판사의 수익금은 포교·교육 기금으로 활용됩니다.